본향의 리듬

탈교회 시대의 설교

월터 브루그만 지음 | 이승진 옮김

기독교문서선교회

기독교문서선교회(Christian Literature Center: 약칭 CLC)는 1941년 영국 콜체스터에서 켄 아담스에 의해 시작되었으며 국제 본부는 미국 필라델피아에 있습니다.
국제 CLC는 59개 나라에서 180개의 본부를 두고, 약 650여 명의 선교사들이 이동도서차량 40대를 이용하여 문서 보급에 힘쓰고 있으며 이메일 주문을 통해 130여 국으로 책을 공급하고 있습니다.
한국 CLC는 청교도적 복음주의 신학과 신앙서적을 출판하는 문서선교 기관으로서, 한 영혼이라도 구원되길 소망하면서 주님이 오시는 그날까지 최선을 다할 것입니다.

Cadences of Home:
Preaching among Exiles

Written by
Walter Brueggemann

Translated by
Seung-Jin Lee

Copyright © 1997 by Walter Brueggemann

Originally published in English under the title as
Cadences of Home: Preaching among Exiles
by Westminster John Knox Press
Translated and used by the permission of
Westminster John Knox Press
100 Witherspoon Street, Louisville, Kentucky 40202-1396

All rights reserved.

Korean Edition
Copyright ⓒ 2018 by Christian Literature Center
Seoul, Korea

Cadences of Home : Preaching among Exiles

추천사 1

김양일 박사_영남신학대학교 설교학 교수

　누군가 내게 그동안 신학을 공부하고 영향 받은 학자 가운데 가장 중요한 분을 꼽으라고 한다면 월터 브루그만이라 할 것이다. 그것은 성서학자로서 시대를 아우르는 그의 혜안과 통찰력, 설교학자로서 주어진 문제에 대한 접근 방식의 탁월함에 매료된 때문이다.

　월터 브루그만은 성경 본문에 대한 깊이 있는 이해와 그것을 통해 오늘도 말씀하시는 하나님의 메시지를 받는 작업의 중요성을 언제나 강조해 온 학자다. 그는 하나님의 말씀이 기록되고 들려지던 당시 삶의 자리를 사회학적으로 조망하는 방법을 통해 성경 텍스트를 새로운 시선으로 바라보고, 당시 그것이 어떻게 들렸는지에 깊은 관심을 갖는 수사학적 연구를 통해 메시지의 깊이를 드러내도록 계속해서 요구해 왔다. 『탈교회 시대의 설교』 또한 성경 본문 속에서 문제의 핵심을 발견하고 또 그 안에서 해결책을 찾고자 고민하면서 또한 오늘 이 시대의 희망을 조망하려는 저자의 끈질긴 애씀의 흔적이 곳곳에 묻어있음을 발견할 수 있는 책이다.

　합동신학대학원 대학교 교수로 계시는 이승진 교수님이 그간 한국 설교학계에 유익한 양서를 많이 번역해 오셨는데, 이번에도 브루그만의 역작인 『탈교회 시대의 설교』를 번역 소개해 주신 것은 우리 모두에게 참 소중한 선물이 될 것이라고 확신한다.

책을 쓰는 작업도 어렵고 힘든 작업이지만 번역자의 입장에서 원저자의 깊은 의미를 파악하고 이것을 소개하려는 이들에게 적절한 연결점을 찾아 최대의 이해치를 찾아가는 번역의 과정 또한 얼마나 힘든 일인지 조금이나마 알고 있기에 이승진 교수님의 수고가 남다르게 느껴진다. 하지만 번역자로서 이 과정을 마다하지 않고 거듭하여 감당하게 되는 것은 이 소중한 산고를 통해서 경험할 더 큰 기쁨을 기대하기 때문일 것이다.

2017년 12월 우리는 오실 예수님에 대한 기대와 새해에 대한 소망이 어우르지는 소중한 시간을 보내고 있다. 매일이 분주함으로 연속되는 일상이지만 지금으 또한 우리의 참 본향을 묵상할 수 있는 때이기도 하다. 이 책에 나오는 저자의 마지막 문장 표현처럼 "이 약속의 말씀과 함께 순례하는 신자의 정체성을 액면 그대로 수락하고 성령의 바람을 기다리는" 기다림과 소망이 필요한 때다. 절망을 넘어 복음이 주는 위로와 약속의 경이로움이 이 책을 통해 많은 독자에게 전해질 수 있기를 기대하며 기쁨으로 이 책을 추천한다.

추천사 2

김 대 혁 박사_총신대학교 신학대학원 설교학 교수

    월터 브루그만(Walter Bruggemann)의 책에는 항상 매력과 번뜩이는 통찰이 있다. 본서 『탈교회 시대의 설교』(Cadences of Home: Preaching among Exiles)도 마찬가지이다. 거친 세상 속에서 아픔과 눈물이 있는 성도의 삶을 놀랍게 역전시키는 찬송과 영광의 말씀 세계를 풀어내기 때문이다. 읽는 이가 성경 본문의 역사성과 저자 중심의 본문 해석 기준을 놓치지 않는다면, 그동안 기쁨의 찬가만을 부르는 승리주의적 설교(triumphant preaching)에 잠식되어 버린 한국 교회 강단에, 신앙공동체의 절절한 탄식과 하나님이 이루시는 실제적 회복을 담아내는 통전적 설교(holistic preaching)의 길을 이 책에서 발견할 수 있을 것이다.

    본서를 꼼꼼히 읽어 보라. 분명 상실과 절망으로 욱여싸는 오늘날 세상 속에서도 본향을 향해 묵묵히 걸어가는 신실과 소망의 신앙공동체에게 베풀어야 할 설교의 본질과 방식을 배우게 될 것이다. 그래서 신앙공동체가 말씀 세계가 연주하는 애가와 찬가의 선율과 리듬에 발맞추어 살아가게 하는 설교를 회복시켜 줄 것이다.

Cadences of Home : Preaching among Exiles

저자 서문

 필자는 동료 설교자와 함께, 그리고 동료 설교자를 격려하며 그들의 고민을 경청하는 사람들과 필자의 생각을 함께 나눌 수 있어서 아주 기쁘다. 오늘날 목회 사역의 다른 모든 영역도 마찬가지지만 설교 역시 그 어느 때보다도 더욱 위태롭고 부담스러워졌다는 사실을 모두 잘 알고 있다.

 필자의 생각으로는 만약 설교자와 청중 모두가 철저하게 변화된 사회 상황을 세밀하게 고찰한다면 몇 가지 긴급한 문제를 잘 풀어갈 수 있을 것이다. 사회의 변화를 따라잡게 되면 우리 내적인 압박감은 줄어들고 새로운 공동의 즐거움이 생겨날 것이다.

 필자가 오늘날 이 시대 기독교 교회가 직면한 상황을 올바로 이해하는 데 과연 유배(또는 강제추방이나 포로기, exile)라는 은유가 적합한 것인지에 대해 절대적으로 확신할 수는 없다. 왜냐하면 어떤 사람들은 오늘날 우리 교회가 그렇게까지 철저하게 권좌(權座)를 잃은 것은 아니어서, 유배라는 끔찍한 이미지와는 어울리지 않는다고 생각할 수 있기 때문이다.

 기껏해야 유배(exile)라는 것은 샐리 맥퍼그(Sally McFague)가 일깨워 주듯이 늘 존재할 수도 있지만 또 전혀 존재하지도 않는 헛된 은유(metaphor)일 뿐이다. 그럼에도 불구하고 비록 이 은유가 현실 교회에 대한 정확한 설명을 제공해 주지 못할지라도, 필자는 이 은유가 우리의 공동 작업을 가능하게 하며 또 그 작업에 활기를 불어넣어 줄 것이라고 믿는다.

본서의 작업을 막 끝낼 즈음에 필자는 프레드릭 뷰크너(Frederick Buechner)의 『고향을 향한 열망』(*The Longing for Home: Recollections and Reflections*)(San Francisco: Harper San Francisco, 1996)을 읽게 되었다. 언제나 그랬듯이, 뷰크너는 정교하고 명확한 표현을 사용하여 분명하고 풍성한 내용을 전해 주었다. 특별히 제1장, 제6장, 제8장에서 뷰크너는 다음과 같이 유배와 회향(回鄕)이라는 주제를 발전시키고 있다.

> 우리는 스스로가 진정한 고향으로 느끼며 또한 우리에게 손짓하는 온전한 전망(vision)을 내면에 소유하고 있습니다(110).

> 고향은 곧 기쁨입니다. 내가 믿기로는 우리의 두 눈에서 흘러내리는 눈물은 무엇보다도 향수병 때문에 생기는 눈물입니다(128).

> 투표권도 없고, 권력도 없고, 자신들을 위해 로비 활동을 할 대상도 없고, 떠돌이 고양이처럼 배회하는 도시의 거리에서 우리를 불편케 하는 그들의 모습을 마주치지 않으려고 애를 쓸 때 차라리 얼굴이 없는 편이 더 좋을, 그런 집 없는 사람들을 우리가 외면한다면 우리에게 화가 닥칠 것입니다. 그리고 매일 우리의 삶 속에서 발생했던 일에 관한 뉴스를 들으면서도 정작 우리 주변의 집 없는 사람을 외면한다면 우리에게 화가 닥칠 것입니다(104).

저나 여러분 같은 사람에게 집이 없다는 의미는 도처에 집이 존재하지만 그 집 중에 어느 곳도 실제로 들어가 살만한 집이 없다는 의미입니다. 집에 있다는 말의 진정한 의미는 진실로 평화롭다는 것인데, 우리의 삶은 서로 복잡하게 얽혀 있어서 모두를 위한 평화가 존재하기 전까지 우리 중 어느 누구에게도 진정한 평화는 존재하지 않습니다(140).

뷰크너는 우리보다 앞선, 상상력이 뛰어난 시인이다. 그러나 그는 필자와 마찬가지로 상황을 규정하는 교사의 역할을 맡고 있기에, 그가 윤리적 전망을 위하여 자신의 개성이 강한 시인의 목소리를 들려 주고 있다는 사실이 필자로서는 전혀 놀랍지 않다. 시적 목소리는 언제나 이스라엘의 최고 전망(vision)을 지향하기 때문이다.

본서는 설교의 기술과 행위에 대해 필자 스스로 무거운 책임감을 느끼며 다시 생각해 본 내용을 담고 있다. 필자는 소중한 설교 교사와 계속 교류하는 가운데 이 과업을 수행해 왔다.

먼저 그들 중에는 필자의 부친인 어거스트 브루그만(August Brueggemann)이 있는데, 굉장한 용기를 가지고 설교 사역을 수행했으면서도, 기꺼이 필자의 설교가 자신보다 더욱 앞서 발전할 수 있도록 지속적으로 격려해 주셨다.

신학대학원에서 필자의 설교학 교수이셨던 프레드릭 슈뢰더(Frederick W. Schroeder)와 어니스트 놀트(Ernest F. Nolte)는 키가 컸을 뿐 아니라 설교에 대한 비평 역시 날카롭고 혹독했다. 그들의 준비된 비판과 우리가 설교를 배우는 일과 관련하여 그들에게 유머와 품위가 부족해 보였던 모습은, 그들이 하나님의 말씀을 전하는 일을 얼마나 긴급하게 생각하였는지를 뒤늦게 깨닫게 되었다. 그들이 필자와 당시의 급우들에게 물려준 유산은 결국은 하나님의 말씀을 향한 간절함이었다. 필자는 그 간절함이 본서에도 반영되기를 희망한다. 비록 필자가 그들에게서 더 많은 것을 배우지 못했던 것을 일종의 그들을 향한 또 다른 충성심으로 용납해 줄 것을 기대하면서도, 실상 필자가 그들에게 진 빚은 아주 결정적으로 엄청나다.

필자는 찰스 캠벨(Charles Campbell)과 스탠 손더스(Stan Saunders)가 동료애를 갖고 본서의 여러 부분을 세심하게 읽고 교정함으로써 본서의 내용을 더욱 알차게 해 준 것에 대해 감사드린다.

그리고 템피 알렉산더(Tempie Alexander)의 탁월한 근면과 끊임없는 인내, 비할 바 없는 우아함에 대해서도 감사드리며, 원고를 교정하는 소소한 일을 정성껏 감당해 준 팀 심슨(Tim Simpson)에게도 감사 드린다.

필자는 본서를 오랜 친구이자 동료인 해일 슈로어(Hale Schroer)에게 기쁜 마음으로 헌정한다. 그는 필자가 설교에서 가장 소중히 여기는 열정, 기술, 예민함을 아주 분명하게 보여주었다. 그는 더 나아가 설교의 예전적인 맥락을 장기간 그리고 뛰어나게 숙고해 왔다. 필자는 그에게서 많은 것을 배웠으며 앞으로도 계속해서 배울 것이다.

Cadences of Home : Preaching among Exiles

역자 서문

이승진 박사
합동신학대학원대학교 설교학 교수

컬럼비아신학교(Columbia Theological Seminary)의 명예교수인 월터 브루그만(Walter Brueggemann, 1933년 출생)은 세계적인 구약신학자로서 지금까지 구약성경의 해석학 분야에 100여 편의 저서와 수많은 논문을 저술하였다.

월터 브루그만의 히브리 성경에 대한 해석 방법론은 조지 멘델홀(George E. Mendenhall)이나 노만 갓월드(Normal Gottwald) 같은 신학자들이 발전시킨 사회학적인 해석학과 그의 스승 제임스 뮬렌버그(James Muilenburg)의 수사 비평 해석학의 양대 산맥 안에, 칼 바르트의 말씀 신학과 유대교의 변증법 신학, 다양한 구전과 전승의 발전 과정을 고려하는 전승사 신학, 본문의 최종 형태를 중시하는 정경 비평, 여성신학, 해방신학, 구조주의 해석학, 그리고 포스트모던 철학 사조까지 통합적으로 활용하고 있다.

그는 필생의 역작인 『구약신학』(*Theology of Old Testament*, 류호준, 류호영 옮김 [서울: CLC, 2016])에서 이러한 통전적인 구약 해석학의 금자탑을 명실상부하게 보여주고 있다.

월터 브루그만은 21세기 포스트모던 사회 속의 기독교 교회를 위한 실천지향적인 구약신학을 발전시킨 학자로도 유명하다. 1978년에 출판된 『예언자적 상상력』(The Prophetic Imagination)이나 본서 『탈교회 시대의 설교』(Cadences of Home)는 구약신학이 어떻게 설교학과 같은 실천신학 분야에 유의미한 통찰을 제공할 수 있는지를 선명하게 보여준다.

『탈교회 시대의 설교』 저변에 깔린 월터 브루그만의 기본적인 전제는 구약성경에 등장하는 바벨론 포로기는 21세기 세속 사회 속에서도 예전의 기득권을 상실한 현대 교회의 목회자와 신자에게 창조적인 대안 공동체 형성을 위한 효과적인 은유 모델(metaphor model)이나 패러다임(paradigm)이 될 수 있다는 것이다.

근대 이전의 서구 기독교는 서구 사회에서 영적인 영향력을 발휘할 수 있었으나, 21세기 포스트모던 사회에 진입한 서구 교회(와 한국 교회)는 더 이상 예전과 같은 거룩한 영향력을 발휘할 수 없는 난처한 상황에 직면하였다.

이런 암울한 상황을 타개할 신학적인 돌파구를 어디에서 마련할 수 있을까?

> 월터 브루그만은 이 질문에 대한 해답을 포로기 유대 공동체가 붙잡았던 선지자적인 말씀과 여호와 하나님에 대한 증언 활동, 창조적인 상상력을 발휘하는 신앙공동체의 언어 활동, 기존 사회의 패권과 그 영향력에 대항하여 거룩한 정체성을 보존할 수 있는 본문 공동체, 그리고 본문 공동체가 추구하는 대안 세계에서 찾고 있다.

한편으로 이러한 관점은 21세기 포스트모던 사회를 향하여 거룩한 영향력을 발휘해야 하는 기독교 교회와 목회자의 설교 사역에 유의미한 통찰을 제공한다. 하지만 다른 한편으로 브루그만의 구약신학적인 실천신학이나 설교학을 개혁신학에 기초한 설교학의 관점에서 고찰할 때 신중한 비평의 여지를 남기는 것도 사실이다. 월터 브루그만은 모세오경의 저작권 문제를 구속 역사적인 관점에서 접근하지 않고 전승사 비평이나 문서설의 관점에서 접근하기 때문이다. 그는 본서에서도 암시하듯이 모세오경의 내용이 실제 모세와 이스라엘 백성의 구속 역사적인 실제 사건의 기록으로 이해하지 않고 '문자적인 환상'(a textual fantasy)의 가능성을 인정한다.

또 성경 해석 과정에서 본문의 다의성(多義性, polyvalence)을 긍정하며 저자 주도적인 세계보다는 본문 주도적인 세계를 중시하는 입장을 취한다.

구약 본문의 해석 과정에서 그에게 더욱 중요한 것은 본문이 전제하는 역사적인 저자의 사실적인 기록이나 그 본문이 가리키는 역사적인 실재 사건보다는, 독자의 창조적인 상상력이 본문의 수사적인 전략과 결합하여 독자를 유도하는 대안 세계(alternative world)와 이런 세계를 독자의 마음속에 창조하는 본문의 수사적인 실행 능력, 또는 그러한 문학적인 실행력을 추구하는 본문의 수사적인 의도(rhetorical intention) 같은 것이다.

월터 브루그만에 의하면 독자의 마음 속에서 구현되는 본문의 의도는 저자에게서 비롯되는 것이라기보다 수사적인 전략을 갖추고 있는 본문과 해석자 사이의 상호 작용을 통해서 파생되는 결과물이다.

그렇다고 그가 본문의 형성이나 해석 과정에서 저자의 고유한 역할 자체를 부정하거나 그 중요성을 부인하는 것은 아니다. 하지만 하나님의 말씀인 성경 본문이 작성된 배경에 대하여 개혁파 목회자들이 철저하게 확보하고 있는 구속 역사적인 실제 사건의 선행성이 그의 해석학 패러다임 속에서는 문학적인 작품 세계의 우선성 뒤로 희미하게 사라지는 것은 아쉬움으로 남는다.

그래서 수사 비평의 영향을 받은 그가 성경 본문의 수사적인 의도를 효과적으로 달성하는 수사적인 전략이나 그런 전략과 독자의 창조적인 상상력이 결합됨으로써 독자의 인식 지평 안에 형성되는 대안적인 세상을 중요하게 포착하는 것은, 실행력 있는 하나님 말씀의 선포를 추구하는 개혁파 설교자에게 상당한 통찰을 제공한다.

하지만 성경 본문이 작성되기 이전에 먼저 하나님의 계시적인 의도와 수사적인 의도가 선행하고 있었으며, 그러한 계시와 수사적인 의도의 연장선상에서 사건 계시와 말씀 계시가 구속 역사 가운데 주어졌고, 그러한 구속 역사 내의 계시 사건의 연장선상에서 성경 말씀이 기록되었다. 이러한 한계점을 숙지한다면 본서는 하나님에 관한 증언 활동과 언어 활동의 역동성에 관한 새로운 통찰을 더욱 풍부하게 심화시키는 데 유의미한 주마가편을 제공할 것이다.

본서를 번역하는 과정에서 김태범 전도사는 2장-4장의 일부분을 초벌 번역하는 데 도움을 주었고, 역자는 해당 내용을 포함하여 전체 원고를 일관성 있게 수정하였다. 그리고 설교학 박사과정에 참여하는 목회자들과 본서의 내용에 관하여 깊이 있는 토론을 나누고 말씀 선포의 역동성과 깊이를 나눌 수 있었던 것을 역자의 특권으로 생각한다. 본서가 앞으로 한국 교회 설교학의 지평을 한층 심화시키고 발전시키는 데 의미 있는 밑거름으로 활용되기를 기대한다.

Cadences of Home : Preaching among Exiles

약어표

AB	—Anchor Bible
CBQ	—*Catholic Biblical Quarterly*
GBS	—*Guides to Biblical Scholarship*
HBT	—*Horizons in Biblical Theology*
JBL	—*Journal of Biblical Literature*
JSOT	—*Journal for the Study of the Old Testament*
*JSOT*Sup	—*Journal for the study of the Old Testament – Supplement Series*
OBT	—*Overtures to Biblical Theology*
OTL	—*Old Testament Library*
SBLSP	—*SBL Seminar Papers*
SBT	—*Studies in Biblical Theology*
SNTSMS	*Society for New Testament Studies Monograph Series*
SVTP	—*Studia in Veteris Testamenti pseudepigrapha*
VTsup	—*Vetus Testamentu, Supplements*
ZAW	—*Zeitschrift fur die alttestamentliche Wissenschaft*
ZTK	—*Zeitschrift fur Theologie und Kirche*

contents

추천사 1 김 양 일 박사 _ 영남신학대학교 설교학 교수 ╱ 005
추천사 2 김 대 혁 박사 _ 총신대학교 신학대학원 설교학 교수 ╱ 007
저자 서문 ╱ 008
역자 서문 ╱ 012
약어표 ╱ 017

─제1장 | 포로민을 향한 설교 [20]

1. 포로기의 은유 ╱ 21
2. 포로기의 신앙 ╱ 26
3. 포로민을 향한 설교 ╱ 50

─제2장 | 재진술하는 리듬: 포로민 중의 연설 [60]

1. 애가와 불평의 넋두리 ╱ 63
2. 확언(確言) ╱ 66
3. 현실에 저항하는 영광송(榮光訟) ╱ 71
4. 약속 ╱ 76
5. 언어 사역 ╱ 80

─제3장 | 재상상(reimagination)으로서의 설교 [82]

─제4장 | 탈중심의 양식으로 증언하는 설교 [119]

1. 탈중심화된 교회 ╱ 125
2. 포로민을 위한 설교 ╱ 128
3. 새로운 현실에 대한 증언 ╱ 134
4. 포로민의 증언 ╱ 154

제5장 | 레토릭과 신앙공동체 162

1. 성경 해석을 위한 새로운 가능성 / 164
2. 유쾌한 성경 말씀 / 174
3. 독특성과 두께 / 206

제6장 | 복음을 엿듣기 220

1. 교회 내부인과 외부인 / 222
2. 찬양의 리듬 / 229
3. 복음의 리듬 / 239
4. 두 번째 수신자를 위한 복음 / 246
5. 두 번째 수신자의 응답 / 255
6. 회심 / 267

제7장 | 교회론의 모델을 성경적 관점에서 재고하기 273

1. 이스라엘 군주제 / 276
2. 군주제 이전의 이스라엘 / 280
3. 포로 후기 이스라엘 / 285
4. 성전으로부터 본문까지 / 296

제8장 | 단련된 준비 299

1. 이스라엘의 순례 여행 / 299
2. 미국의 순례 이야기 / 306
3. 새로움에 관한 하나님의 은사 / 311
4. 단련된 준비 / 320
5. 신선한 시작 / 354

제 1 장

포로민을 향한 설교

필자는 그동안 구약성경의 포로기 경험과 이에 대한 뼈아픈 성찰은 오늘날 북미권의 교회가 직면한 신앙의 상황을 올바로 이해하는 데 매우 유용한 은유를 제공할 뿐 아니라, 현재의 난관을 극복할 새로운 형태의 교회론을 구상하는 데에도 매우 효과적인 모델이라고 주장해 왔다[1](한편 잭 스톳츠[Jack Stotts]는 이와 비슷한 맥락에서 포로기보다는 오히려 사사 시대가 은유에 더 유용하다고 주장하였다.[2] 물론 스톳츠의 주장도 나름 주목할 만한 가치가 있다. 하지만 우리가 실체보다는 은유에 대하여 이야기하는 것이라면, 그런 주장을 양자택일식의 배타적인 선택으로 받아들일 필요가 없다).

오늘날 우리가 처한 상황을 재해석하는 데 은유가 가진 유용성은 마치 포로기의 은유가 오늘날의 상황을 정확하고 사실적으로 묘사하는

---

[1] 제1장의 제목, "포로민을 향한 설교"(Preaching to Exiles)는 E. W. Nicolson의 『포로민을 향한 설교: 예레미야서의 산문 전통에 관한 연구』(*Preaching to the Exiles: A Study of the Prose Tradition in the Book of Jeremiah*, [Oxford: Basil Blackwell Publisher, 1970])를 연상시킨다. Nicolson은 포로기가 구약 신앙의 전통 안에서 차지하는 중요한 역할을 부각시킨 최근의 연구를 주도한 학자 중 한 사람이다. 사실 Nicolson은 예레미야서 후반부만을 집중적으로 다루었기 때문에 필자의 연구에서는 이 부분을 제외하였다. 본서에서 "제8장 단련된 준비"와 "제7장 교회론의 모델을 성경적 관점에서 재고하기"를 보라.

[2] Jack Stott, "Beyond Beginnings," *Occasional Paper No. 2*, Theology and Worship Unit, Presbyterian Church (U.S.A.), 1992.

것으로 이해하듯이 그렇게 은유와 실체 사이의 일대일의 문자적인 대응관계에 있는 것이 아니다. 오히려 은유의 매력은 은유가 가리키는 실체에 대하여 다소 이상하면서도 장난스럽고 때로는 잘 맞지 않는 대응(또는 결합, match)을 보여주는 데 있다. 그럼으로써 은유의 목적은 그렇게 연결시키지 않는다면 전혀 주목을 끌지도 못하고 그래서 전혀 경험하지 못할 실체의 깊이를 새롭게 조명하여 밖으로 끌어내는 것이다.[3]

1. 포로기의 은유

물론 포로기의 은유를 통해서 오늘날 북미권 교회들이 직면한 현재 상황을 아주 쉽고 분명하게 이해할 수 있는 것도 아니고, 어떤 이에게는 그렇게 설득력을 발휘하지도 못할 것이다. 필자가 생각하기에 기독교적인 가치관이 여전히 생기 넘치고 영향력을 행사하는 것처럼 보이는 미국 남부에서는 포로기의 은유로 현재 상황을 해석하는 일이 더 어렵다.

그럼에도 불구하고 필자는 미국 남부의 오래된 종교 문화적인 현실에 대한 긍정적이고 낙관적인 인식의 저변에는 그동안 간직해 온 신앙과 삶에 관한 불안과 우려가 점차 증가하고 있다고 확신한다. 그러한

---

[3] 성경 본문 연구와 신학적인 성찰을 위한 은유의 중요성에 대해서는 다음을 참고하라. Phyllis Trible, *God and the Rhetoric of Sexuality* (OBT; Philadelphia: Fortress Press, 1978), 31-59, Sallie McFague, *Metaphorical Theology: Models of God in Religious Language* (Philadelphia: Fortress Press, 1982), 1-66 등.

걱정은 교회가 점차 침체하고 있다는 불안감으로 나타나거나 아니면 점차 감소하는 교회나 교단의 예산에 관한 위기 의식으로 나타나기도 한다.[4]

하지만 필자는 이러한 교회의 제도적인 복지 문제나 교회 예산 감소 문제가 아니라, 이와 전혀 다른 각도에서 즉 고향에서 '추방당한 사람'이 경험하는 불안의 관점에서 포로기의 은유를 다루고자 한다. 그래서 필자의 관심은 교회라는 제도가 아니라 현대 신자에 대한 목회적인 이해다.

물론 구약성경에 묘사된 추방당한 유대인은 문자 그대로 지리적으로 추방당했다. 하지만 이보다 더 중요한 점은 포로기 유대인이 추방 과정에서 과거에 이들에게 삶의 의미와 응집력을 제공했던 안정적이고 신뢰할 만한 세상의 상실을 경험했다는 점이다. 게다가 이들은 자신들이 그동안 소중하게 붙잡고 의지했던 신앙의 상징이 철저하게 조롱당하고 무시당하는 충격적인 상황에 빠졌음을 깨닫게 되었다.[5] 그래서 포로기의 경험은 단순히 지리적인 경험이 아니라 사회적이고 도덕적이며 문화적인 경험이다.[6]

4　필자가 현대 다원주의(pluralism)와의 연관성 속에서 교회를 논의할 때 북미권 교단 전체의 침체 문제와 관련된 쟁점에 대해서는 본서에서 자세히 다루지 않을 것이다. 하지만 이 쟁점에 관해서는 다음의 도서를 참고하라. Dorothy Bass, "Reflections on the Reports of Decline in Mainstream Protestantism," *Chicago Theological Seminary Register* 79 (1989): 5–15; "Teaching with Authority? The Changing Place of Mainstream Protestantism in American Culture," *Religious Education* 85 (Spring 1990): 295–310.

5　고대 이스라엘의 생활 속에서 이러한 상징의 영향력 상실에 관해서는 다음을 참고하라. Peter Ackroyd, "The Temple Vessels: A Continuity Theme," VTSup 23 (1972): 166–81.

6　Jacob Neusner에 의하면, 고대 이스라엘 백성이 포로기를 거치면서 경험한 역사–지리적인 경험이 이후의 유대주의를 위한 범례적인 토대로 발전하여, 실제적이고 구체적인 포로기 경

필자가 확신하는 것은, 구조적으로 안정적이고 신뢰할 만한 '세상'(world)에 대한 상실감과 아울러 삶의 의미를 제공했던 소중한 상징들이 조롱당하고 무시당하는 상황은 포로기의 본문과 오늘 우리의 상황 사이를 연결하는 설득력 있는 공통분모이다.[7]

그래서 필자가 보기에 우리 현대 기독교인들이 한편으로 복음전도의 차원에서(evangelical dimension) 오늘날의 사회적인 상황을 매우 낯설어하는 포로기의 차원을 경험한다고 생각한다. 말하자면, 의식 있는 기독교인들이라면 당연히 오늘날 소비자 중심의 자본주의와 배타적이고 호전적인 국수주의가 점차 지배력을 행사하는 현 사회에 매우 불편함을 느낄 것이다.

이런 상황에서는 그동안 견지해 온 기독교 핵심 교리와 우리 주변의 세속적인 사회 현실을 한꺼번에 수용할 수 있는 쉬운 방법은 없다. 그래서 의식 있는 기독교인이라면(스탠리 하우어워스[Stanley Hauerwas]나 윌리엄 윌리몬[William H. Willimon]의 윤리적이고 교회론적인 해명을 수용하는 것과는 관계없이) 이 세상에서 점차 '체류하는 이방인'(resident aliens)으로 살아가는 것이다.[8]

힘이 없는 유대인일지라도 온전한 유대인이 되고자 한다면 반드시 동일한 패러다임의 영향력을 공유해야 했다고 한다. 필자는 이 점에 관하여 특히 Daniel L. Smith의 풍성한 연구에 많은 도움을 받았다. Daniel L. Smith, *The Religion of the Landless: The Social Context of the Babylonian Exile* (Bloomington, Ind.: Meyerstone Books, 1989).

7 필자는 여기에서 Alfred Schutz의 입장에 공감하는 맥락에서 '세상'(world)라는 단어를 사용한다. Alfred Schutz, *Phenomenology of the Social World* (Evanston, Ill.: Northwestern University Press, 1967). 세상에 대한 동일한 개념에 대해 좀 더 이해하기 쉬운 설명은 다음을 참고하라. Peter L. Berger and Thomas Lucumann, *The Social Construction of Reality: A Treatise in the Sociology of Knowledge* (Garden City, N.Y.: Doubleday & Co., 1966).

8 Stanley Hauerwas and William H. Willimon, *Resident Aliens: A Provocative Christian Assessment of Culture and Ministry for People Who Know That Something is Wrong* (Nashville: Abingdon Press, 1989).

만일 누군가 기독교 신자가 여전히 교회 밖 세상에서 사회적으로 영향력을 발휘하고 있다고 주장하더라도, 그러한 기독교인 역시 기독교 복음이 추구하는 공적인 주장과 확신에 근거하여 말하고 행동해야 하지만, 분명한 것은 우리 기독교인이 점차 이러한 사회적인 권력의 흐름에서 점차 이방인처럼 밀려나고 있다는 것이다.

그래서 필자는 북미권의 목회자와 교인이 이렇게 기독교 신앙이 점차 주변화되고 있는 사회 현실에 대하여 좀 더 책임 있는 반응을 보여야 할 것을 주장해 왔다. 이러한 주변화는 아마도 젊은 사람이 더 심각하게 느끼고 있을 것이다.[9]

필자는 또 다른 한편으로 우리 북미권의 기독교인이 기독교적이기보다는 오히려 미국적인 **문화의 차원**(cultural dimension)에서 포로기를 경험한다고 생각한다. 이런 경험은 목회자가 해결해야 할 과제에 전혀 무관한 것이 아니다. 그동안 우리 기독교인이 자라왔던 고향 땅에서는 백인 남성의 서구적인 가치관이 지배력을 행사하였고, 우리 자신도 이러한 가치관을 아무런 불편 없이 수용했다.

그런데 이러한 서구 문화의 가치와 권위가 점차 사라지고 갑자기 포로기가 찾아왔다. 서구 문화의 가치관과 권위의 상실은 백인 남성이 아닌 사람에게는 일종의 해방 사건이겠지만, 대부분의 북미권 기독교인에게는 심각한 상실감의 원인으로 작용한다. 필자가 보기에 이러한

---

9 기독교 신앙의 영향력에 대한 장기간의 위협은 실상 그렇게 우익 종교단체들에게는 거리가 멀 뿐만 아니라 파괴적이기도 않고 다만 세속주의가 문제다. 오늘날의 교회가 상당히 만연해 있을 뿐만 아니라 지속적인 영향력을 행사하는 세속주의에 적극 대응하기보다는 오히려 전자의 문제에 에너지를 집중하려 하는 것이 오히려 더 심각한 문제라고 필자는 생각한다.

깊은 상실감은 소위 '정치적 올바름'(Political Correctness)이나 불쾌한 유머(ugly humor), 악해진 권력 행사를 통해서 표출되고 있다.[10]

하지만 우리 기독교인은 이러한 새로운 현상에 대한 불편함과 상실감의 와중에서도, '고향'처럼 편하게 안심할 수 없는 새로운 상황 속에서 기독교인답게 살아내야 하는 과제에 직면하였다. 이러한 상황에서 기독교 신자는 사라진 '고향'을 떠나보내고 스스로를 철저히 이방인처럼 느끼게 만드는 새롭고 '위험한' 장소로 당당히 들어가도록 도와줄 목회적인 도움이 절실하다.

필자가 '포로기'(또는 유배나 강제추방, exile)의 은유(metaphor)를 제안하는 배경에는 이 은유에 현 시대의 교회가 직면한 상황을 선명하게 이해할 수 있는 풍부한 자원이 들어 있기 때문이다. 물론 세속적인 문화에 직면한 **기독교인이 경험하는 포로기**와 과거 관례적인 주도권을 상실한 **문화적인 포로기**는 전혀 다른 문제다.

사실 복음전도 차원에서의 포로기와 미국 문화 차원에서의 포로기 모두, 기독교와 문화가 오랜 시간 동안 북미 권역에서 서로 분리되지 않고 긴밀한 관계를 맺으면서 발전해 왔다는 사실과 선혀 무관하지 않다.

---

10 "정치적인 올바름"에 관하여 다음의 자료를 참고하라. Rosa Eherneich, "What Campus Radical? The P.C. Undergrad Is a Useful Specter," *Haper's Magazine* (December 1991): 57–61; Louis Menand, "What Are Universities For? The Real Crisis on Campus Is One of Identity," *Haper's Magazine* (December 1991): 47–56. 역주—'정치적인 올바름'은 다민족 국가인 미국 사회에서 인종이나 민족, 종교, 성차별에 관한 편견을 배제하자는 주장을 의미한다. 북미권에서 기독교적인 가치관이 점차 다문화 다종교적인 가치관에게 사회적인 영향력의 자리를 내주면서 정치, 사회, 문화 각계에 배타적인 용어나 유머, 혹은 권력 행사를 비난하는 사회 현상들이 나타나고 있다.

이렇게 분명하게 두 가지에 초점을 두고 있는 '포로기'는 이미 현실의 징후가 되었고, 이를 마틴 부버(Martin Buber)는 '고향 상실의 시대'(epoch of homelessness)라고 표현했는데, 이미 존 로크(John Locke), 토머스 홉스(Thomas Hobbes), 르네 데카르트(René Descartes) 같은 인물을 중심으로 일어난 지적 혁명을 통해서 발생한 현상이다.[11]

하지만 본서에서 필자가 관심을 둔 것은 오랜 시간 전개된 철학적인 논쟁이 아니라 현재 북미권의 교회가 경험하는 구체적인 경험에 집중하는 것이다. 필자가 확신하기에 현 보수주의자나 진보주의자 구분 없이 깊은 상실감과 혼동감이 개인적으로나 사회적으로도 전방위적으로 밀려오고 있다. 이런 이유 때문에 현대 설교자는 기독교 교회가 감당하며 살아가야 하는 현실을 책임 있게 다뤄야 한다.

2. 포로기의 신앙

(포로기가 오늘날의 상황에 대한 적절한 은유로 받아들여진다면), 우리 현대 목회자들은 설교와 좀 더 일반적인 목회 사역을 통해서 현대 교회가 직면한 **포로기의 상황**과 그러한 포로기 가운데에서 형성되었고 또 포로기

---

[11] Martin Buber는 다음의 책에서 이렇게 적고 있다. "인류 문명의 역사에서 나는 정착의 시대와 고향 상실의 시대를 구분한다." Martin Buber, *Between Man and Man* (New York; Macmillan Co., 1965), 126. Buber는 현재 우리가 살고 있는 시대를 고향 상실의 시대로 이해한다. Buber에게 영향을 받은 동일한 관점은 다음을 참고하라. Nicholas Lash, "Eclipse of Word and Presence," *Easter in Ordinary*: *Reflections on Human Experience and the Knowledge of God* (Charlottesville, Va: University Press of Virginia, 1988), 199–218.

중의 신앙의 위기 문제를 효과적으로 다루는 **성경 자료** 사이의 상호작용에 대해 깊이 성찰해야 한다(이렇게 제시된 상호작용에는 우리의 주의력과 에너지와 자기 이해를 다시 조명하는 것도 수반한다는 것에 충분히 주의하라. 교회가 과거의 익숙한 "제도"에 안주하려고 할 때마다 설교자는 "왕"에 대해 말할 때에도 선지서 본문을 사용하는 편이 나을 것이다. 하지만 박탈감, 무너진 희망, 분노, 비탄에 잠긴 슬픔, 무력감이 스스로의 존재감과 공동체와 미래마저도 압도하는 포로기 상황이라면 이전과 분명히 다른 설교와 목회적인 도움이 필요하다).

포로기의 상황과 **성경 자료** 사이의 이러한 상호작용에 대하여 가장 눈여겨볼 것이 있다. 구약성경의 포로기는 유대인이 여호와 신앙을 저버리거나 절망에 빠지도록 하지도 않았고 사생활 중심의 종교로 물러나게 하지도 않았다. 반면에 포로기는 구약성경에서 가장 탁월한 성경책을 저술하도록 자극하였고 가장 눈부신 신학적 성찰을 이끌어냈다.

이 점이야말로 포로기의 위기에 대한 유대인의 활력 있는 반응이며, 이를 기독교적인 어법으로 바꾸어 표현한다면 세속 사회 속의 복음전도로서, 결코 주변 상황 때문에 무시되거나 손상될 수 없는 하나님의 복된 소식에 관한 굳은 확신과 신념에 근거한 것이다.

고대 이스라엘 백성에게서 이러한 활력 있는 신학적 상상력을 끌어낸 이 복된 소식은, 이성적으로 해명될 수도 없고 또 역사적인 상황에 관한 자료로 환원될 수도 없는 주춧돌 같은 것이다. 필자가 강하게 주장하고 싶은 것은, 오늘같이 문화적으로 기독교에 대한 배타성이 고조되어 기독교인 가운데 패배감이 무겁게 드리워진 상황에라도, 기독교 설교자들은 이성적으로 쉽게 해명할 수는 없지만 주춧돌 같은 신학적인 확신을 교회에 공급해 주어야 한다는 것이다.

이를 위해 대다수의 설교자들은 이전에 신학교에서 익숙하게 연구하지 않았던 포로기에 관한 성경 본문을 새롭게 고찰해야 한다. 과거에는 예비 목회자들은 포로기 본문은 자신의 처지와 매우 다르고 기껏해야 '후기 유대주의'(late Judaism)에 속한 본문일 뿐이라고 생각해서 신학교에서 별로 관심을 쏟지 않았다.[12] 이러한 새로운 포로기 본문에 대한 유용한 안내서를 다음과 같이 소개한다.

(1) 피터 애크로이드(Peter Ackroyd)의 『고대 근동과 구약 문학사』(*Exile and Restoration*, CLC 刊)은 이 주제에 관한 영어권의 고전적인 안내서로 역사 비평에 관한 핵심 사항을 다룬다.[13]

(2) 랄프 클레인(Ralph W. Klein)의 『포로기 이스라엘』(*Israel in Exile*)은 신학적이고 목회적인 함의를 담고 있어서 좀 더 쉽게 접근할 만하다.[14]

(3) 다니엘 스미스(Daniel L. Smith)의 『실향민의 종교』(*The Religion of the Landless*)는 과감하게 사회-역사 비평적인 연구 방법을 적용하여, 고대 이스라엘 포로민의 역사적인 상황과 문학과 신앙에 관하여 좀 더 직접적인 내용을 소개한다.[15]

---

12 기독교 신학과 신학 교육 분야에서 '후기 유대주의'를 천시하는 경향은, 포로 후기를 이전보다 퇴보적이고 열등하여 주의를 기울일 필요가 없는 영역으로 간주하는 '벨하우젠 가설'(Wellhausian hypothesis)의 영향력을 반영한다. 하지만 좀 더 최근에 신학자들은 이 시대에 담긴 신학적 중대성을 올바로 다루고자 그러한 편향적인 전제의 연결고리를 상당 부분 개선하였다.

13 Peter Ackroyd, *Exile and Restoration: A Study of Hebrew Thought of the Sixth Century B. C.* (OTL; Philadelphia: Westminster Press, 1968).

14 Ralph W. Klein, *Israel in Exile: A Theological Interpretation* (OBT; Philadelphia: Fortress Press, 1979).

15 Smith, *Religion of the Landless*. Smith는 포로기 연구에 사회-역사 비평적인 연구 방법을

포로기 신앙은 매우 다양한 관점에서 접근할 수 있지만, 필자는 포로기의 상황(circumstance of exile)과 그에 대한 성찰에서 비롯된 성경 본문의 자원(scriptural resources) 사이의 여섯 가지 상호관계를 다음과 같이 소개한다.[16]

1) 포로민은 자신들의 상실감을 솔직하게 인정해야 하고, 과거에 존재했지만 지금은 사라져서 앞으로 다시 회복되지 않을 것에 대한 통탄스러운 슬픔을 표현해야 한다.

오늘날 우리 북미권의 현대 문화 속에서 우리는 (일본의 경제력이 부흥하기 전까지) 전 세계에 지배적인 영향력을 행사했던 '좋은 시절'이 점차 사그라들고 있다는 사실을 솔직하게 인정해야 한다. 그리고 우리가 매우 개인적이고 즉각적인 방식으로 경험하는 모든 종류의 경제적인 불편에 대해서도 솔직하게 인정해야 한다. 또 교회 안에서도 교회 지도자, 목회자, 심지어 교단 차원에서 인정할 수밖에 없는 위대한 부흥기의 쇠락에 대해서도 솔직해져야 한다.

필자는 우리 교회가 아주 의도적인 방식으로 이러한 상실을 정직하게 표현하는 '정직한 상실의 공동체'(communities of honest sadness)가 되어

적용함으로써 그 이전의 Ackroyd나 Klein의 연구가 가진 약점을 개선시킨 가장 중요한 진전으로 평가받는다. 그는 포로기 사회적인 실체와 문학작품이 기능하는 방식에 그 사회적인 실체가 미치는 영향의 상호작용에 관심을 쏟았다.

16 필자는 여기에서 "상호연관의 방법"(method of correlation) 같은 것을 제시하겠지만, 이는 Paul Tillich가 제안한 것과 다르다. 필자는 이런 방법이 우리 시대를 위한 성경 본문으로 "역동적인 유비"(dynamic analogy)를 확립하는데 매우 유용하다고 생각한다. 이 방법은 필자가 논의를 전개하는 데도 편리하며, Paul Tillich가 제시한 방법 같은 프로그램에 대한 헌신에 대해서도 자유롭다. 필자는 이와 관련된 충분한 자료를 갖추고 있다.

야 할 것이라고 주장한다. 아마도 우리 교회는 유대인이 해마다 주전 587년의 예루살렘 함락을 일종의 전형적인 방식으로 기념하고 슬퍼하는 '티샤바브'(tishah b'ab)의 유대인처럼 현대 기독교 교회의 고향 상실을 정직하게 슬퍼해야 한다.[17] 이러한 슬픔의 공동체는 심지어 표면적인 경험은 세속적인 기쁨에 관한 것이더라도 예전에 있었던 것을 계속 상상하면서 현재 문화를 거부하는 '부정의 문화'(culture of denial)를 발전시켜야 한다.

이러한 노력을 위한 가장 효과적인 성경 본문 중에는 유대인들이 전통적으로 티샤바브의 통곡의 날에 읽어온 예레미야애가가 있다. 이 성경책은 예루살렘의 함락이라는 실제 사건을 초월하여 이와 유사한 수많은 공동체의 슬픔과 탄식을 위하여 읽혀지도록 의도되었다. 필자는 예레미야애가에서 당연히 관심을 쏟을 만한 여러 주제 중에서 다음 세 가지 모티프를 소개한다.

(1) 애가 시편은 다음과 같이 주변 상황에 대한 지속적이고 끔찍한 부정에서 시작된다.

> 쉴 곳을 얻지 못함이여(애 1:3).
>
> 모든 성문들이 적막하며(애 1:4).
>
> 그를 돕는 자가 없었고(애 1:7).
>
> 그를 위로할 자가 없도다(애 1:9, 16, 17, 21; 2:13).

---

[17] Delbert R. Hillers, *Lamentations: A New Translation with Introduction and Commentary* (AB 7A; Garden City, N.Y.: Doubleday & Co., 1972), xl–xli.

<u>스스로 쉬지 말며</u>(애 2:18).

이렇게 애가 시편은 포로민의 상실감을 솔직하면서도 집중적으로 묘사한다.

(2) 애가 시편은 (NRSV에서는 보통 종속절로 번역되거나 RSV에서는 의문문으로 표현되는) 파토스가 가득찬 진술로 마무리된다. 또 애가 시편은 1장 20절에서 종속절이든 의문문이든 이스라엘로서는 그 해답을 알 수 없지만 자신들이 하나님에게서 잊히고 버림당한 것이 아닌지를 묻는 애절한 질문으로 끝난다.

(3) 예레미야애가 3:18-23에서는 전형적으로 부정적인 슬픔과 긍정적인 소망 사이를 반복하는 유대인들의 통렬한 협상을 목격할 수 있다. 먼저 18절은 소망이 사라졌음을 확인한다. 그런데 21절에서는 다시 소망이 등장한다. 이어서 22-23절에서 이스라엘 백성은 인자와 긍휼, 성실하심이란 기쁨의 활력을 담은 위대한 세 가지 용어를 나열한다.

이러한 단어가 그 자체로 무슨 승리를 가져오는 것은 아니지만, 주목할 점은 이런 단어가 슬픔에 사로잡힌 이스라엘 백성 가운데 맴돌고 있으며, 유대인의 예술적인 분별력에서 사라지지 않고 있다는 것이다.

이렇게 슬픔이 정직하고도 온전히 표현되기 때문에, 신앙공동체가 그렇게 성급하지는 않더라도 서서히 기쁨과 활력으로 나아갈 수 있었다. 사실 슬픔을 통한 기쁨(buoyance through sadness)의 실천은 사별의 아픔을 승화시키는 유가족에게서 자주 목격하는 것이기도 하다.

그럼에도 불구하고 목회자들은 슬픔을 통한 기쁨의 실천이, 신앙공동체 전체의 차원에서 진행되는 것을 들어 본 적이 없다. 즉 우리가 예전에 맞수를 찾아보기 어려울 정도로 경제적인 초강대국의 지위를 상실한 것이나 기독교 영역에서 충만히 누렸던 '좋은 시절'의 상실을 공동체 전체의 차원에서 슬퍼해 본 적이 없다.

물론 포로기에 직면한 유대인의 슬픔은 이보다 훨씬 더 통렬하게 증폭될 수 있다. 그러한 슬픔은 전형적으로 시편 137편에 표현된 대로 애가에서 분노 이상으로 발전할 수 있다. 물론 이 시편이 끔찍한 장면으로 끝나기 때문에 오늘날 우리는 매우 당황스럽게 느낄 수 있다.

하지만 여러 유형의 신자를 만나는 목회자라면 어떤 사람에게는 시편 137편과 정확히 같은 이유로 본문과 정확하게 같은 정도의 분노를 표출할 수 있음을 이해할 것이다. 만일 우리도 갑자기 모든 것을 잃어버리고 고아가 되면 부당한 상실감 때문에 그들처럼 분노할 것이다. 따라서 교회는 이러한 본문 앞에서 경건한 척 은폐하거나 거짓된 확신을 강요해서는 안 된다.

이 시편에 묘사된 심각한 분노는 새로운 현실(new reality)을 따라잡으려는 행위로 이해할 수 있다. 만일 시온의 노래를 다시 부른다면, 그 노래는 이전의 모든 시온의 삶에서 떠나는 긴 여정일 것이다. 시편 기자는 이런 노래를 통해 힘들지만 부정할 수 없는 현실과 새롭게 관계 맺기를 시도한다.

2) 예레미야애가 5:20의 "영원히 잊으시오며…오래 버리시나이까"라는 질문은(사 49:14에서도 동일한 동사와 동일한 감정을 느낄 수 있다) 포로민들이 마치 '부모 잃은 아이들"과 같음을 보여준다.

달리 말하자면 이들은 잊히고 버림받은 고아들이다. 포로기는 멀쩡한 자녀들이 하루아침에 고아로 전락하는 시기이며, 많은 사람이 그런 처지에 떨어진 자신을 발견하는 시기다. 여기에는 어떤 포근한 고향집도 없고 전에 가족이 함께 지냈던 집도 없으며 이들과 함께 나누어 먹었던 가족 식사도 없다.

필자는 이 본문을 설명할 때 마치 우리가 그 어디에도 소속된 곳이 없음을 뜻하는 '뿌리 없음'(rootlessness)이란 용어를 제안한다. 알렉스 헤일리(Alex Haley)의 "뿌리"(Roots)라는 영화가 그토록 엄청난 인기를 모았던 배경에는 노예제도에 대한 미국인의 죄책감을 설득력 있게 묘사해서가 아니라, 그 영화로 전달되는 가족과 자기 뿌리와의 재회에 대한 간절한 열망에 모두가 공감했기 때문이다(이보다는 극적 효과가 작지만, 많은 사람들이 몰몬교도가 자기 조상의 뿌리를 올바르게 되찾는 일에 솔트레이크시티가 제 역할을 해 주기를 기대하는 것을 보면 참으로 놀랍다).

포로민은 이전의 익숙한 습관과 관례, 기억, 이전의 사진을 버리지 못한다. 그렇게 고향에서 뿌리가 뽑힌 이주민을 위한 성경 자료 중 하나가(우리에게는 다소 지루하게 느껴져서 빨리 책장을 넘기고 싶겠지만) 족보책(혹은 가계도, genealogy)이다.[18] 오늘날 우리는 족보책에 등장하는 오래된

---

18 족보의 기능에 관한 비평적인 이해를 위해서는 다음을 참고하라. Marshall D. Johnson, *The Purpose of the Biblical Genealogies: With Special Reference to the Genealogies of Jesus*

이름에 흥미도 없고 또 이들 이름은 우리 직계 조상이 아니라 다른 가족의 이름이라 생각되어서 책장을 빨리 넘겨 버린다.

하지만 우리와 무관해 보이는 족보책을 복원하다 보면 우리 앞서 위기에 직면했으나 위기 속에서도 희망을 꿈꿨으며 지금도 계속 우리를 믿어 주고 우리에게 희망을 걸고 있는 우리 모두의 엄마와 아빠의 목록을 확보할 수 있다. 또한 족보책은 세례 예식의 회복을 위해서도 효과적으로 사용될 수 있다. 왜냐하면 우리는 세례 예식을 통해서 새로운 가족과 결합하기 때문이다.

이 때 우리는 마치 이상해 보이는 삼촌과 근심 가득한 이모, 수많은 이야기에 연결되기 전까지는 그저 무심한 무리처럼 보이는 사람들을 처음 만나는 대가족 모임의 참여자 같다.[19]

하지만 일단 각각의 이야기가 알려지면 비로소 그 목록표는, 고유한 의미를 가지고 수많은 이야기를 생산해 내고 보관하는 기록물로 거듭난다. 성경에서 이러한 족보를 찾아볼 수 있는 대표적인 사례로는 가장 부도덕해 보이는 여인에 관한 이야기를 담고 있는 마태의 족보(마 1:1-17)와 믿음의 영웅이 등장하는 히브리서 11장의 목록이다.

족보 본문은 우리에게 수많은 엄마와 아빠의 이름을 알려 주고 또 이미 사망하였어도 여전히 우리를 내려다보는 믿음의 영웅에게 우리 독

(SNTSMS 8; London: Cambridge University Press, 1969); Robert R. Wilson, *Genealogy and History in the Biblical World* (New Haven, Conn.: Yale University Press, 1977).

19 사람들의 상상력을 자극하는 그런 이야기와 인물에 관한 탁월한 사례는 다음의 책에 소개되는 인물의 일대기를 참고하라. Russell Baker, *Growing Up* (New York: New American Library-Dutton, 1983) and *The Good Times* (New York: New American Library-Dutton, 1991).

자를 인도함으로써 고아의 외로움과 상실감을 극복하도록 도와 준다. 필자가 보기에 만일 족보책의 계통을 잘 이해할 수 있다면, 그 족보책은 오늘날 우리의 현재 신앙을 예전의 성경 내러티브와 연결시켜서 이해할 수 있는 효과적인 방안을 제시할 것이다.

또한 성경의 족보를 올바로 해석해 보면, 교회 신자는 교회 안에 있는 회중 구성원의 목록을 더욱 확장하여 자신이 성경과 연결되고 있음을 깨달을 수 있을 뿐만 아니라, 그 교회를 넘어 공개적으로 신앙을 위하여 투쟁하였고 헌신한 성경의 인물까지 연결될 수 있다. 그리고 그 목록에 등장하는 인물들에 대한 감사의 마음을 가짐과 아울러 우리 이름에 대해서도 동일한 책임 의식을 느끼며 생명책에 우리 자신의 이름이 함께 기록된 것이 과연 무슨 의미인지를 이해할 수 있다.[20]

3) 포로민들 대한 가장 명백한 실체이면서 동시에 가장 심각한 위협 요인은 바로 절망의 권세다.

포로기는 한편으로 그동안 잘 진행되던 모든 것이 돌이킬 수 없을 정도로 붕괴되는 상황이다. 그런데 또 다른 한편으로는 이렇게 심각한 상황에서도, 우리는 전혀 도움을 받을 수 없고 게다가 영원토록 이 상황에서 벗어날 가망조차도 보이지 않는다.

고대 이스라엘 사회에서 이러한 유형의 신학적인 절망은 다음 두 가지 신앙의 실패에 근거한다.

---

20 출 32:32f; 사 4:3; 56:5; 단 12:1; 계 3:5; 13:8; 17:8; 20:12, 15; 21:27.

(1) 이스라엘은 하나님의 신실성에 대해서, 달리 말하자면 자기 백성을 돌보시고 기억하시는 하나님의 능력에 대해서 의심하는 지경에 이르렀다(비교. 애 5:20; 사 49:14에서 인용됨).

(2) 이스라엘은 설령 하나님이 자신을 기억하시더라도 과연 자신을 구원하실 수 있는지 하나님의 구원 능력을 의심하게 되었다(비교. 사 50:2; 59:10).

어느 경우든 포로기의 이스라엘은 확연한 차이점을 가져다 줄 하나님에 대한 도움을 전혀 기대하지 못하고 그저 이방 가해자에게 계속 시달려야 하는 절망적인 상황에 직면하였다.

하지만 이러한 좌절과 절망에 대한 성경적인 대안은 이사야 40-55장에서 발견된다. 이 본문은 굳이 음악가 헨델(Handel)이 아니더라도 우리에게 어느 정도 잘 알려진 내용을 담고 있다. 그런데 이 본문에 대한 전통적인 비평 연구는 주로 "고난받는 종은 누구인가?" 같은 정신 산만한 질문에 집중해 왔다.

하지만 절망에 빠진 포로기 이스라엘 공동체 지도자들은 좀 더 현명하게도 운문의 일차적인 의도, 즉 하나님의 강력한 해결책은 포로기라는 절망적인 상황을 변혁하는 것임에 주목했을 것이다. 그래서 우리도 포로기의 운문에 담긴 풍부한 자원을 통하여 절망을 이기고 소망을 고취시킬 다음 네 가지 모티프에 주목할 필요가 있다.

(1) 복음은 포로기의 애가를 통해서 더욱 체계적인 신학으로 발전할 수 있었다.

이사야 40:9과 52:7에서 확인할 수 있는 복된 소식은 여호와께서 포로기 이방의 권세를 정복하셨고, 바벨론의 신들(사 46:1-4)과 바벨론의 왕권(사 47:1-11)을 무너뜨리셨다는 것이다. 그래서 이스라엘은 이제 자신들의 참 모습을 이해함에 있어서 더 이상 이방 땅에서 경험하는 가혹하고도 영원할 것 같은 권력을 의식할 필요가 없어졌다.

(2) 이사야 40장 이하(제2이사야)에서는 이스라엘의 신앙 속에 창조 신앙이 폭발적으로 발전하는 모습을 발견할 수 있다(비교. 사 40:12-17; 42:5; 44:24).

이 단계에서 하나님의 구원하시는 능력의 범위가 이스라엘의 작은 실수에 대한 처벌의 차원에 머무르지 않으며, 오히려 창조된 온 세상 만물이 이 연약하고 빈곤한 공동체를 위한 하나님의 변혁적인 실행을 위한 자원으로 동원되는 모습을 볼 수 있다. 이러한 노래에서 피조세는 너 이상 종말이 아니라 이스라엘의 구원을 위한 도구로 동원된다. 이런 이유로 이스라엘은 이전과 달리 크게 생각하고 또 만물을 소생시키는 생명의 원천을 크게 노래하도록 초청받는다.

(3) 이사야 40장 이하에 등장하는 심판의 연설을 살펴보면 하나님은 바벨론의 신들과 아주 통렬하고 가혹한 논쟁에 참여하여 그들의 주장을 허물어뜨리고 오직 여호와 하나님을 향한 신앙을 굳건히 회복하는 분으로 소개된다(사 41:21-29; 44:6-7; 45:20-21).

하나님께서 이러한 수사적인 행동을 진행하시는 목적은 이스라엘 백성이 눈에 보이는 위협적인 주권자 때문에 스스로 하나님과 맺은 언약적인 정체성을 쉽게 포기하지 않도록 하려는 것이다. 달리 말하자면 이러한 연설을 통해서 이스라엘 백성이 이 세상에서 자신만의 고유하고 독특한 정체성을 아주 대담하게 지켜낼 것을 청하는 것이다.

(4) 열방의 다른 신을 향한 이러한 대담하고 도발적인 연설은 이어 등장하는 구원 신탁에 담긴 단호하고 확정적인 위안과 조화를 이룬다(사 41:13, 14-16; 43:1-5).

롤프 렌토르프(Rolf Rendtorff)와 레이너 알버츠(Rainer Albertz)에 의하면 이사야서의 구원 신탁 안에서 창조 기사가 언급되는 이유는 단순히 세상 만물의 창조를 묘사하기 위함이 아니라 하나님께서 소중히 돌보시는 피조물인 이스라엘의 탄생과 창조를 극찬하기 위함이다.[21] 잘 알려진 것처럼 이사야 43:1의 "내가 너를 지명하여 불렀나니 너는 내 것이라"는 말씀은 세례 예식의 말씀을 상기시킨다. 그런데 이런 세례 예식의 말씀이 창조 기사 안에 등장한다.

이렇게 이방신을 향한 대담한 선언과 이스라엘 백성을 향한 부드러운 위로의 말씀이 함께 결합된 것은 이스라엘이 아무런 도움을 받을 수 없는 것처럼 보이는 현실 속에 사실은 자유케 하시는 하

---

21 Rolf Rendtorff, "Die theologisch Stellung des Schöpfungsglaubens bei Deuterojesaja, *ZTK* (19545) 3-13; Rainer Albertz, *Weltschöfung und Menschenschöfung: Untersucht bei Deuterojesaja, Hiob und in den Psalmen* (Calwer Theologische Monographien 3; Stuttgart: Calwer Verlag, 1974).

나님의 위로와 의지가 충만함을 암시한다. 그래서 이스라엘은 이 운문의 말씀을 통해서 자신에게 온갖 절망감을 안겨주는 이 세상(바벨론의) 지배자에게 압도되어 질식당하는 것을 멈추고 이 신탁의 말씀을 통해서 고향 땅을 향하여 나아가는 사람처럼(as) 행동하는 상상력의 자유를 받아들이고 누려야 한다.[22]

오늘날 우리 현대 교회가 처한 상황도 이와 마찬가지다. 즉 현대 교회에서 절망이 선교적인 열정, 청지기적인 관대함, 여유를 빼앗고 있다. 그러나 신탁의 말씀을 선포하는 시인은 눈에 보이는 모든 세속적인 증거에도 대항하여 과감하게 하나님 백성에게 원래 예정된 대안을 선포한다. 바로 이런 의미에서 믿음은 정확하고 본질적으로

바라는 것들의 실상이요 보이지 않는 것들의 증거다(히 11:1).

포로민이 아무 것도 바랄 수 없는 상황에서 오히려 보이지 않는 것마저 바라볼 수 없다면, 그들은 계속 바벨론의 노예로 지내야 할 것이다. 하지만 시인은 그토록 비참하고 부끄러운 자기 인식을 과감히 거절한다.

---

22 상상력의 연결사(copula)인 '−처럼'(as)에 관하여 다음을 참고하라. Garrett Green, *Imagining God: Theology and the Religious Imagination* (New York: Harper & Row, 1989), 73, 140 등등.

4) 포로기는 세상 속에서 하나님의 부재를 경험하는 시기다.

하나님의 부재란 단순히 개인적이고 정서적인 느낌만이 아니라 온 세상 가운데 '하나님의 영광이 떠났음'을 인정해야 하는 공개적이고 제도적인 압력이다. 고대 이스라엘 사회에서 이러한 느낌의 원인은 먼저 예루살렘 도성이 함락되어 그곳에 더 이상 하나님이 계시지 않고 성전 내부의 여러 기물이 함부로 더럽혀져서 하나님의 임재를 섬기는 도구가 마치 시장에서 거래할 수 있는 세상 물건처럼 취급됐기 때문이다.[23]

이전에 교회가 소중하게 다뤄왔던 기독교 상징물이 오늘날에도 가볍게 또는 경멸적으로 취급당하고 있다(필자가 보기에 이러한 현상은 국기 소각행위나 브라 소각행위처럼 '거룩한 질서와 전통'에 과감히 대항하려는 운동과도 상당 부분 결부되어 있는 것 같다). 오늘날 많은 사람들은 분통한 마음으로 "더 이상 거룩한 것은 없다"고 결론을 내리고 있다.

현대 사회에 하나님이 부재하시기 때문에 더 이상 보편적인 의미를 주장하기 어려워졌다. 하나님이 부재하시기 때문에 우리는 점차 이기적이고 야만스러워져가고 있다. 하나님이 계시지 않다고 생각하기 때문에, 사람들은 "모든 것이 가능하다"고 주장한다(물론 오늘날 대중적인 우익 종파들이 이러한 상실감을 효과적으로 이용하여 교세를 확장하기도 한다).

그런데 안타깝게도 (특히 개신교의) 비평적인 신학계가 모세오경의 '제

---

[23] Peter Ackroyd는 성전의 여러 기물이 역사적인 연속성을 어떻게 완전하고도 결정적으로 끊어 놓는지, 또는 역으로 엄청난 불연속성 중에서 어떻게 효과적으로 연속성을 구현하는 데 사용되는지를 잘 설명한다. Peter Ackroyd, "The Temple Vessels: A Continuity Theme."

사장 문서'(the Priestly texts)에 나타나는 '하나님 임재의 위기'와 관련된 성경 본문을 애써 무시해 왔다.[24] 무의식적으로 이것 아니면 저것만을 우기는 성례전주의에 대한 개신교의 강력한 거부감 때문에 그동안 제사장 문서에 담긴 하나님의 부재에 관한 본문을 완전히 무시는 하지 않더라도 제대로 관심을 쏟지 못했다.

그러나 오늘날 같은 포로기 상황에서 명심할 점은 하나님의 부재를 묘사하는 성경 본문은 하나님의 부재로 말미암은 포로기의 위기를 경험하는 현대 교회를 향한 중요한 목회적인 대안을 제시한다는 것이다. 만일 우리가 그런 본문을 하나님의 세속적인 부재의 상황 속에서 '거룩하신 분을 올바로 섬기는' 성례전의 회복으로 이해할 수 있다면, 그런 본문은 목회 사역을 위해서도 유용한 자원으로 활용될 수 있다.

이 본문의 저자는 비록 포로로 끌려온 바벨론 어디에서라도 하나님을 결코 놓칠 수 없다는 확신을 결코 포기하지도 않았고, 이 확신을 전혀 불가능하다고 생각하지도 않았다. 사실 당시 이스라엘 백성의 마음 한 구석에는 바벨론 같은 비참한 상황에서는 더 이상 하나님이 만나려 하지 않으실 것이라는 생각도 있었다.

그렇다면 과연 하나님은 어디에 계실까?

이 질문에 대한 응답이 바로 이스라엘의 성례전적인 삶 속에 계시다는 것, 그래서 하나님이 이스라엘을 통하여 바벨론 왕국의 세속성을 향

---

24 하나님의 현존성에 관한 일반적인 주제와 논쟁점에 관하여 다음을 보라. Samuel Terrien, *The Elusive Presence: Toward an New Biblical Theology* (Religious Perspectives 26; New York: Harper & Row, 1978). 특히 제사장 전통에서 이해하는 하나님의 현존성에 관하여 다음을 보라. Robert B. Coote and David Robert Ord, *In the Beginning: Creation and the Priestly History* (Minneapolis: Fortress Press, 1991), 특히 9-11장을 보라.

한 '대항적인 현존'(counterpresence)이 되신다는 것이다. 이스라엘이 거룩한 장소로 나와야 하는 이유는 바로 이러한 하나님의 대항적인 임재 안으로 나아가는 것이고, 바벨론/이스라엘의 대조적인 말씀이 아니고서는 적대감이 가득한 포로기 그 어디에서도 하나님의 임재를 경험할 수 없기 때문이다. 여기에서 필자는 성례전적인 임재의 회복에 관한 세 가지 함의를 (각주의 내용을 포함하여) 제시하고자 한다.

(1) 이스라엘 백성들의 성례전적인 삶의 중심에는 할례가 있었다(비교. 창 17장).

전통적으로 할례에 관한 이스라엘의 제의는 다소 가부장적이다. 하지만 포로기로 들어가면서 할례 의식은 여호와 신앙에 관한 풍부하고 거대한 은유로 발전하였다(비교. 신 10:16; 30:6; 렘 4:4). 게다가 할례 의식은 예수와 초대 교회를 거치면서 할례처럼 거룩한 구별을 의미하는 기독교의 세례 의식으로 변화하였다. 할례는 비록 바벨론 사람들이 쉽게 눈으로 볼 수 없더라도, 할례 받은 이스라엘 백성에게 제국 신민의 정체성과 다른 분명한 차별성을 제공했다.

(2) 바벨론 포로기에서 안식일 준수가 이스라엘 백성의 여호와 신앙을 표현하는 중요한 행위로 부각되었다.

필자가 확신하건데, 안식일 준수는 바벨론 제국이 규정하는 성공 시스템을 단호하게 거절함으로써 이스라엘 백성의 삶이 세속적인 성취가 아니라 위로부터 주어진 은사를 정기적으로 구현하는 삶임을 증명했다.

(3) 가장 중요한 점은 포로기 이스라엘 백성에게 성막(tabernacle)은 거룩하신 하나님을 만날 수 있고 그래서 그분을 신뢰할 수 있는 특별한 장소를 제공하는 하나의 상상력이 동원되는 인지적인 노력의 장소였다는 점이다(제의를 통한 하나님의 임재에 관련된 포로기의 관심과 관련하여 출 25-31; 35-40; 겔 40-48장 참고).

필자는 출애굽기 25-31장과 35-40장이 포로기 이스라엘 백성이 실제로 실행에 옮겼던 구체적인 실체를 묘사한다고 생각하지는 않는다. 이런 본문이 그저 문자적인 환상(a textual fantasy)에 불과할 수도 있다.

그럼에도 불구하고 이 환상은 하나님의 임재를 자극하는 환상이고, 출애굽의 하나님이 광야처럼 거칠고 황무한 세상을 살아가는 포로기 백성 가운데 다시 찾아오셔서 그들과 함께 순례하실 것이라는 적극적인 의지를 자극해 주는 것이다. 이렇게 여호와 하나님이 본문을 통하여 황폐한 세상을 살아가는 자기 백성에게 찾아오시고 인도하시기 때문에, 하나님의 임재라는 것은 무심코 우발적으로 경험하는 것이 아니라 아주 세심한 훈련과 관심이 필요한 것이다.

하나님의 임재와 관련하여 시각적인 (그리고 물리적이고 물질적인) 임재 방식에도 적절한 관심을 기울이는 것이 필요하며, 그래서 모든 임재가 반드시 음성이나 설교를 통해서만 이뤄지는 것은 아니다. 전통적인 개신교가 이러한 신학 사상이나 목회 실천을 거부한 이유도 충분히 이해할 만하다. 16세기에 로마가톨릭 성례주의의 끔찍하고 파괴적인 영향력을 차단하기 위해서 이렇게 거부할 만도 하다.

하지만 오늘날 현대 교회가 경험하는 포로기의 위기는 16세기 교회가 직면했던 로마가톨릭 교황의 성례주의 위협과 전혀 다르다. 오늘날 우리 현대 교회가 직면한 위협은 소비주의와 상업주의의 우상숭배로 가득찬 현대 문명의 공허감(a technological emptiness)이다. 오늘날 현대 교회가 고민해야 할 쟁점은 교회를 향하여 강력하고 매혹적인 영향력을 행사하는 현대 문명의 이데올로기에 효과적으로 대항할 수 있도록 우리 교회가 하나님의 거룩한 임재를 회복하고 상상하며 실행할 수 있는가 하는 것이다.

하지만 히브리서(7-10장)를 살펴보면 히브리서 저자는 암울한 상황에서도 전혀 움츠려들지 않고 성막에 내주하시는 그리스도의 관점에서 현실을 극복하고 있다. 필자가 보기에 이스라엘 포로민에게는 단순히 하나님에 대한 언어적인 임재 그 자체만으로는 너무나 빈약하지 않을까 생각한다. 그리고 바로 그런 이유로 앞서 소개하는 특징을 가진 제사장 문서가 정경에서 더욱 많은 비중을 차지하는 것은 아닐까 싶다.

같은 이유로 개신교의 제도적인 교회 전통에서 개혁주의 신앙도 바로 이렇게 균형 잡힌 성례주의를 지지하는 방향으로 교회일치운동이 이루어졌다. 세속적인 세상을 살아가는 포로민은 보이지 않는 세계를 바라보고 그 세계와 접촉해야 할 필요가 절실하다.

5) 포로기는 도덕적인 부조화(moral incongruity)를 경험하는 시기다.

달리 말하자면 포로기로 인한 끔찍한 파멸과 박탈이 너무도 극심하여, 포로민은 자신들이 경험하는 파멸의 끔찍한 운명을 선악에 관한 도덕적인 균형의 관점에서는 전혀 설명할 수 없었다. 포로기의 심판에 관한 아주 전형적인 성경의 해명은 이스라엘 백성이 토라의 말씀을 어겼기 때문에 하나님이 심판하셨다는 것이다. 그렇게 가시적인 범죄에 초점을 맞추는 해석 덕분에 이 세상이 나름대로 도덕적으로 일관성이 있고 신뢰할 만하게 유지될 수 있다.

하지만 그로 인한 희생도 적지 않다. 하나님의 도덕적인 신뢰성을 보호하고자 아주 심각한 무질서에 대한 비난의 근거를 하나님의 뜻에서 찾는 것이다. 하지만 필자가 보기에 이러한 비난으로 도덕적인 균형을 유지하는 것은 하나님의 심판을 너무나 억울하고 가혹한 것으로 변질시켜서 결국 이 세상의 악의 문제를 우리 인간의 죄악으로 충분히 해명할 수 없는 신정론의 문제를 파생시킨다. 그리고 우리 인간의 책임도 간과되면서 결국 이 세상을 더욱 불안정하게 만든다.[25]

구약성경 욥기에서는 하나님이 도덕적으로 모순된 세상과 관계하고 계시다는 신정론의 문제가 집중적으로 다뤄진다. 물론 욥기가 포로기의 상황과 밀접하게 결부되어 있다는 증거는 쉽게 발견할 수 없지만 많은 신학자가 그렇게 생각하고 있으며 많은 사람들은 욥기가 지나치게 단순한 인과응보 신학의 문제점에 직접적이고 의도적으로 응답하려는

---

25 Paul Ricoeur는 다음의 책에서 창세기가 인간을 범죄자와 피해자의 이중적인 관점에서 묘사하는 방식을 소개한다. Paul Ricoeur, *The Symbolism of Evil* (Boston: Beacon Press, 1967), 255-60. 하지만 창세기가 다만 인간의 범죄 문제에만 집중하는 것처럼 읽어가는 내러티브 안에서도, 이스라엘 사람들은 이미 자신의 사회적인 경험의 이중적인 모호성을 충분히 그리고 세심하게 암시하고 있다.

동기로 작성되었다고 믿는다.²⁶

개별적인 차이를 고려하여 욥기의 신정론 문제를 오늘날에 적용한다면, 이 신정론의 문제는 오늘날 포로기를 살아가는 현대 교회의 문제이기도 하다. 그런데 만일 포로기를 안정된 교회의 실패로 이해할 수 있더라도, 이 실패를 바로 우리의 실패로 받아들이기는 어렵다. 왜냐하면 현대 교회를 향한 세속주의의 위력은 우리가 감당할 수준도 아니고 또 이 문제로 누군가 몇 사람을 비난한다고 이 문제를 해결할 수 있는 것도 아니기 때문이다.

또 현대 교회의 포로기 문제를 서구 백인 남성의 주도권 확보 실패로 이해한다고 해서, 당장 서구의 백인 남성을 비난할 수도 없는 문제다. 하지만 욥기는 우리 현대 교회를 포함하여 그 어떤 포로기의 백성에게도 속 시원한 해답을 제공할 수 있으며, 단순한 도덕적인 균형의 문제로 쉽게 정리될 수 없는 현대 교회의 포로기 문제에 대한 해답도 발견할 수 있다.

필자가 생각하기에 이러한 신정론의 쟁점을 정직하게 노출시키는 것은 우리를 진리 안에서 자유롭게 하는 행위다. 이는 또한 도덕적인 부조화를 제대로 이해하는 것이고, 신앙의 현실을 단순히 공식적인 득점으로 격하시키지 않고 피상적으로 비난을 내뱉는 것을 거부하는 것이며, 하나님의 실패에 대하여 쉽게 이해할 수 없는 사상을 과감히 수

---

26 다음의 도서를 참고하라. Samuel Terrien, "Job as a Sage," in *The Sage in Isarel and the Ancient Near East*, ed. John G. Gammie and Leo G. Perdue (Winona Lake, Ind.: Eisenbrauns, 1990), 231–42, and Rainer Albertz, "The Sage Adds Pious Wisdom in the Book of Job: The Friends' Perspective," ibid., 243–61.

용하는 것이다. 욥기의 찬가 중에는 하나님의 끔찍한 고발(욥 9:13-24)과 욥 자신의 의연한 확신(욥 9:29-31)이 서로 결합하여 모든 도덕적인 쟁점을 한방에 날려 보내는 강력한 회오리바람의 등장을 준비한다(욥 38:1-42:6).

필자가 확신하기에 목회자는 포기의 극단에서 모든 것을 집어 삼키는 도덕적인 질문과 난제를 일순간 날려 보내고 지워버릴 신학적이고 목회적인 강풍을 확보하는 것이 매우 중요하다. 욥기의 노래 마지막 지점에서도 모든 실패와 결점, 비난과 죄책감이 일순간 사라진다.

이와 마찬가지로 우리도 여호와 신앙의 거칠고 위협적인 심연을 보여주는 거대하고 신비로운 전망대로 초대받았다. 이 노래는 과거에 도덕적인 해명과 정당한 변명을 얻을 수 없는 도덕적인 불모지에서 이스라엘을 구원하였고, 오늘 우리도 지나가는 길을 밝히 보기 어려워서 대신에 위험스러운 신뢰와 확신이 필요한 자리로 부르고 있다. 욥이 살던 세상은 교활한 악마와 아울러 놀라운 악어와 하마가 가득한 세상이었고(욥 40:15-24) 그 속에서 쉽게 해답을 찾을 수 없는 질문들이 많았지만 욥은 그 속에서도 하나님을 뜨겁게 찬양하였다.

욥이 살던 세상은 실망스럽더라도 위로부터 은사가 주어지고 인생살이가 불가해하게 계속되는 세상이다(욥 42:7-17). 만일 욥기를 철학적인 성찰이나 탐구로 오해한다면, 욥기가 전하려는 신앙의 핵심을 놓치는 것이다.

하지만 욥기를 하나님이 운행하시는 거대하고도 신비로운 세상에서 하나의 사소하고 자기중심적인 문제를 일순간 해결할 목회적인 자원이나 기회로 이해한다면, 포로민이 그 동안 이기적인 관심사를 뒤로하고 우리의 모든 도덕적인 규범을 능가하는 하나님의 신비 때문에 쉽게 해결될 수도 없고 설명할 수도 없는 하나님의 신비로 가득 찬 세상으로 적극 나아가도록 도와줄 것이다.

6) 포로기가 우리에게 위험한 이유는 이 시기에 우리가 지나치게 자신에게 몰두하다보니 자신을 벗어나 자기 바깥의 더 큰 실체를 다시 성찰하고 새롭게 상상하며 다시 진술하기 어려워지기 때문이다.

자기 몰입은 좀처럼 바깥 세상을 향한 에너지와 용기나 자유를 허락하지 못한다. 고대 이스라엘 백성이 기민하고 책임 있게 자신을 극복할 수 있던 한 가지 전략은, 포로민으로 하여금 자신들의 가혹하고 과중한 현실과 직접 대면하기보다는 오히려 신앙과 현실의 압력 사이를 지혜롭게 교섭할 수 있도록 안내하는 내러티브, 즉 세상을 향한 과감함과 지혜를 담은 내러티브였다.[27]

만일 앞서 살펴본 제사장 문서의 비평적인 문제를 건너뛸 수 있다면, 우리는 그러한 내러티브 본문을 믿음이 제대로 효력을 발휘하지 못하는 것처럼 보이는 이 세상에서 좀 더 당당하고 자유롭고 때로는 위험스럽게 신앙을 살아낼 수 있도록 안내하는 모범과 초청장으로 읽을 수 있다.

스미스(Smith)는 이러한 내러티브 본문이 포로민에게 어떻게 효과적인 기능을 감당하는지를 잘 해명하면서, 자신의 연구에 요셉과 에스더

---

[27] 필자는 Smith의 연구에서 이러한 내러티브에 관한 정보를 얻었다. Smith, *Religion of the Landless*, 153-78.

와 다니엘의 이야기를 포함시키고 있다. 필자는 그의 연구에 다음과 같은 간략한 설명을 덧붙인다.

(1) 요셉의 이야기는 이스라엘 백성이 제도화된 세상 정권과 잘 협력하면서도, 동시에 다른 한편으로 자기 백성을 제대로 돌볼 수 있는 분별력을 올바로 유지할 능력이 있음을 보여준다. 요셉은 자신의 세상 주권자가 규정하는 현실을 완전히 수용하지 않는다.
(2) 에스더의 이야기는 세상 정권을 기꺼이 그리고 충분히 능가하여, 자신을 위한 명예뿐만 아니라 동시에 자기 백성의 복지를 충분히 확보할 수 있는 용기 있는 유대인의 모습을 보여준다.
(3) 다니엘의 이야기는 뜻하지 않게 이방 왕국을 섬기는 자리로 부름을 받았지만, 자기 정체성의 뿌리를 제국 바깥의 하나님에게 내린 덕분에 오히려 이방 왕국을 향하여 당당한 권세를 행사할 수 있었던 한 젊은이의 모습을 보여준다.

이러한 성경 내러티브는 (리차드 니버가 소개한) '문화에 대립하는 그리스도' 모델과 전혀 다르며, 오히려 신자가 세상과 끊임없이 지혜롭고도 위험스러운 교섭의 과정을 밟아야 할 것을 암시한다. 순수주의자들이 보기에 이러한 교섭은 지나치게 타협주의자처럼 보일 수도 있다. 반대로 타협주의자에게는 이들이 지나치게 까탈스러운 사람으로 보일 수도 있다.

하지만 세상의 지배적인 문화와의 동화가 포로민에 대한 가장 심각한 위협이라면, 이러한 성경 내러티브에 등장하는 주요 인물은 자신들이 누구인지를 결코 망각하지 않았고, 자신들이 또 누구에게 속하였으며 섬겨야 할 분이 바로 하나님임을 결코 잊지 않았다.

그래서 필자는 오늘날에도 세례 받은 수많은 포로민 역시 그렇게 계속되는 교섭의 삶(a life of negotiation)을 살아야 한다고 믿는다. 이러한 성경 내러티브는 그 교섭 과정을 더욱 분명하게 해명함으로써 신앙공동체에 속한 신자의 자기 정체성을 더욱 명확하게 제시한다. 이러한 내러티브에 등장하는 놀랄만한 인물은 세상 제국의 언어를 잘 알고 기꺼이 사용하는 동시에, 자기가 본래 속한 나라의 모국어의 리듬을 결코 잊지 않는 이중언어자(bilingual)다.

3. 포로민을 향한 설교

포로기는 그 속에 풍부한 의미를 담은 은유임이 분명하다. 성경의 저자들이 포로기의 은유를 풍부한 상상력으로 해석했듯이 오늘날 우리도 그런 접근이 필요하다. 하지만 여기에서 필자는 은유와 실체 사이의 일대일 대응 관계에 대하여 자세히 논의할 마음은 없다. 다만 포로기의 은유는 오늘날 우리의 영적인 경험을 아주 신선한 방식으로 해명해 줄 수 있으며 성경의 자원을 그와 똑같이 신선한 방식으로 접근할 수 있도록 안내해 준다는 점을 다시금 강조하고자 한다.

실체와 은유 사이를 연결하는 대항 은유(countermetaphor)를 활용함으로써 얻을 두 가지 유익이 있다.

첫째, 포로기를 은유의 관점에서 고찰하면, 성경에서 일종의 만화경처럼 작용하여 우리 인생과 신앙을 다양한 각도와 차원, 그리고 측면과 맥락에서 이해할 수 있도록 도와주는 은유의 풍성한 다양성을 새롭게 이해할 수 있다.

그러한 접근을 통해서 우리는 영구적으로 고정된 것으로 간주했던 이전의 획일적이고 편협한 은유의 한계를 극복할 수 있다.

둘째, 포로기에 대한 대항 은유를 통해서 우리는 그동안 우리가 일상적인 것으로 당연시했던 눈에 보이는 세상도 쉽게 감지할 수 없거나 또는 쉽게 인정할 수는 없더라도 결국 은유적인 구성물(a metaphorical construct)에 불과하다는 사실을 새롭게 깨달을 수 있다.

달리 말하자면, 포스트모던적인 인식은 우리가 눈으로 바라보는 몇 가지 구성물 배후에 결코 변함없이 고정적으로 '주어진 실체'(given reality)라는 것은 존재하지 않고, 심지어 우리가 당연한 것으로 여기는 실체마저도 그것이 냉전(the cold war)이거나 소비중심의 자본주의, 자유로운 서구 세계, 남성 수도력 등 무엇이건, 모두가 수사적인 구성물(a rhetorical construct)에 불과하다는 점을 이해하도록 도와준다.[28]

세상과 자아의 실체를 이렇게 이해하면, 우리는 우리 주변의 모든

---

28 Garrett Green은 우리 현실을 감싸고 있는 주어진 것들(givens)이 실체에 관한 범례적인 구성물(paradigmatic construals)에 근거한다는 사실을 가르쳐 준다. Garrett Green, *Imagining God: Theology and the Religious Imagination*, 41-60. 실체를 구현하는 수사학의 결정적인 중요성에 대해서는 Wayne C. Booth가 제시한 종교와 수사학의 상호 간섭에 관한 글을 참고하라. Wayne C. Booth, "Rhetoric and Religion: Are They Essentially Wedded" in *Radical Pluralism and Truth: David Tracy and the Hermeneutics of Religion*, ed. Werner G. Jeanrond and Jennifer L. Rike (New York: Crossroad, 1991), 62-80.

주어진 것들(all those givens)의 변혁을 허락하는 리미널리티(또는 경계영역이나, 경계성, 변곡지대, liminality)를 발견할 수 있다.[29]

1) 앞에서 필자가 소개한 쟁점 속에는 오늘날 설교자가 유념해야 할 중요한 해석학적인 쟁점이 있다.

필자가 제시하려는 주장은 성경을 수많은 내러티브의 맥락 속에 들어 있는 여러 이미지로 구성된 실체에 관한 일련의 모델(또는 패러다임)로 이해해야 한다는 것이다.[30] 이렇게 성경이 가리키는 실체에 대한 내러티브 연출물은 사실에 대한 취재 보도문이 아니라 어떤 사실로부터 일정한 거리를 유지하고 일종의 정치적인 관심사를 투과한 예술적인 구성물일 수밖에 없다.

필자가 생각하기에 성경을 이렇게 몇 가지 은유적인 모델로 바라볼 때 얻을 수 있는 주된 유익은 성경이 하나님과 세상과 이웃과 자신에 관한 대항적인 깨달음이라고 사람들을 설득하고 개종시키려는, 실체에 대한 예술적이고 수사적인 제안(artistic rhetorical proposal)으로 이해할 수 있다는 것이다.

---

29 Victor Turner가 제시한 리미널리티(liminality)라는 개념을 활용하여 종교적인 변혁에 관하여 논의하는 방식에 대해서는 다음을 참고하라. Urban T. Holmes, "The Priest as Enchanter," in *To Be a Priest: Perspectives on Vocation and Ordination*, ed. Robert E. Terwilliger and Urban T. Holmes (New York: Harper & Row, 1975), 173-81, and Marchita B. Mauck, "The Liminal Space of Litual and Art," in *The Bent World: Essays on Religion and Culture*, ed., John R. May (Chico, Calif.: Scholars Press, 1981), 149-57.

30 Roy Schafer, *Retelling a Life: Narration and Dialogue in Psychoanalysis* (New York: Basic Books, 1992), 특히 2장 참고.

2) 포로기의 은유에 관한 필자의 주장은 몇 가지 해석학적 함의를 담고 있지만, 이뿐 아니라 신자의 삶과 신앙의 신비를 해명하는 데 유용한 목회적이고 교회적인 함의도 들어있다.

포로기 은유의 문학적이고 수사적인 초점은 세례 받은 공동체가 이 세상 속에서 자신들의 위치를 전혀 다르게 신앙적으로 이해할 수 있도록 안내한다.[31] 그리고 포로기 은유를 활용함으로써 목회자와 신자는 존재와 실체에 대한 관례적인 인식의 한계를 극복할 수 있으며, 안정적인 공적 생활의 보호자나 기관 목회자가 되는 것(혹은 될 필요성)이라는 위엄 있는 개념에서 탈출시키려는 것이다.

필자가 보기에 포로기 은유에서 얻을 수 있는 인식론적인 자유는 매우 실천적이면서도 구체적이다. 설교자가 포로민에게 설교하기 위하여 강단에 섰을 때 일차적인 과제는, (이 은유를 고려한다면) 세상을 대항할 정체성을 길러주고, 절망 속에서도 소망의 능력을 발휘하도록 격려하며, 이 세상 사회를 지배하는 수많은 질병과 강요와 유혹에서 해방시키는 심원하고 결정적인 자유를 확신시켜 주는 것이다.

설교자는 세상의 모든 공식적인 공공 정책이나 도덕 윤리를 감당하도록 부름받은 것이 아니라, 이 세상 속에서 대항적인 정체성(a counter identity)을 심어줄 핵심, 해결책, 용기, 능력, 자유를 제공하도록 부름받았다.

회중이 이렇게 실체에 대한 다소 이상한 구성물을 경청하고 여기에

---

31 William H. Willimon, *Peculiar Speech: Preaching to the Baptized* (Grand Rapids: Wm. B. Eerdmans Publishing Co., 1992).

참여할 때, 그 은유는 청중 내면에서 이전과 결정적으로 다른 차별성을 이끌어낼 것이다. 오늘날 취업 중인 남성과 여성은 바깥 세상을 살아가기가 참으로 험난하다는 사실을 잘 알고 있으며, 다시 정신 바짝 차리고 복원력을 가지고 맞서는 정체성이 없으면 금방 잡아먹힌다는 것을 잘 알고 있다.

교육을 마친 청소년도 한결 같이 출세와 성공을 향한 경주로 내몰리고 있다. 이럴 때 한 편의 설교로 모든 남녀와 아이들은 세상의 지배적인 문화가 감히 침범할 수 없는 자유의 세상으로 초청을 받는다. 이 자유의 세상은 세례 받은 사람들이 이미 잘 알고 있는 다음의 진리에 기초하고 있다.

(1) 상실과 슬픔에 관한 신자의 생각은 심중하고 고귀한 것이어서 하나라도 도외시하거나 부정할 수 없다.

(2) 신자의 뿌리 의식은 강한 소속감을 주고 우리의 정체가 누구인지를 알려주기 때문에, 우리는 세상의 어떤 주장이나 상업주의적인 유혹이나 경제적인 강요에도 결코 휩쓸리지 않는다.

(3) 창조주의 약속이 우리가 사는 세상과 우리 삶을 압도하기 때문에, 사람을 상업주의적인 소비자로 전락시키는 세속적인 절망감과 기만적인 좌절감은 우리 신자의 실존과 전혀 상관이 없다.

(4) 거룩하고 장엄한 하나님의 임재는 이 세상의 난잡스럽고 상업적이며 탐욕적인 음란과 그에 따른 공허한 신성모독에 대항하고 있다. 그래서 신자의 진정한 열망은 참다운 권위를 침해하는 모든 시시한 욕망을 압도하는 하나님의 거룩한 임재를 구하는 것이다.

(5) 우리가 사는 이 세상은 도덕적으로 일관성이 없고 오히려 심각한 부조리가 가득하여 이를 속 시원히 설명하거나 해결할 수도 없고 계속 부정할 수도 없다. 그런데 이렇게 노골적으로 낡아빠진 개방성이 하나님의 경외로운 거룩성의 실체와 긴밀하게 연결되어 있다.

(6) 우리 신자는 항상 쉽게 길들여질 수 있다. 그럼에도 우리는 성경 안에서 타협주의자의 순종과 수치스런 순응 이상의 구별된 삶을 살아낼 자원이 있음을 스스로에게 계속 상기시켜 주는 저항과 도전과 교섭에 관한 내러티브 모델을 발견할 수 있다. 또 우리는 신앙 때문에 발생한 난제를 여유를 가지고 대면했던 성경 인물의 이름을 안다.

3) 이 신앙 모델은 스탠리 하우어워스(Stanley Hauerwas)와 윌리엄 윌리몬(William H. Willimon)이 자주 비난하는 '분파적인 퇴거'(또는 분파적인 은둔, sectarian withdrawal)와는 전혀 다르다.[32]

세례를 통해 세상과 구별된 신자는 매일 세속적인 바벨론 사람과 함께 살아가면서도 스스로가 그들을 능가하는 분의 임재 앞으로 나아간

---

32 Willimon과 Hauerwas를 가리켜서 종종 분파주의자로 칭하는 비평은 상당히 오랜 기간 동안 정착된 '그리스도와 문화'에 관한 H. Richard Niebuhr의 카테고리에 기인한다. 하지만 이렇게 낡은 범주가 오늘날 서구 문화 속의 기독교 교회가 직면한 실제 상황을 더 이상 제대로 설명하지 못한다는 점은 분명하며, 그래서 이러한 비평은 오히려 Niebuhr의 유형론에 제기되어야 할 것이다. 이 점에 관하여 다음을 참고하라. Robert E. Webber, *The Church in the World: Opposition, Tension, or Transformation?* (Grand Rapids: Zondervan Publishing House, 1986), 261-78.

다는 것을 발견한다. 그들은 참으로 피할 수 없다. 이러한 세례 정체성은 그저 게토 속으로 숨어드는 존재를 위해 의도된 것이 아니다. 오히려 이 정체성은 지배적인 문화 속에서 한편으로는 결코 타협할 수 없는 자유를 가지고서 그에 참여하도록 의도된 것이다.

예레미야 선지자는 신자가 세상의 지배적인 문화에서 벗어나는 위험에 관하여 잘 알고 있었다. 이런 이유로 선지자는 포로민에게 보내는 서신에서 계속해서 문제를 쏟아내는 이 세상에서 어떻게 살아가야 하는지를 교훈한다.[33]

> 너희는 내가 사로잡혀 가게 한 그 성읍의 평안을 구하고 그를 위하여 여호와께 기도하라 이는 그 성읍이 평안함으로 너희도 평안할 것임이라(렘 29:7).

포로민에게는 이 세상에서 완전히 분리된 평안이란 존재하지 않으며 이 세상을 떠나서 하나님을 개인적으로 만날 수도 없고 세상 왕국의 여러 문제에서 완전한 자유를 누리도록 허락되지도 않았다. 고통스러운 유대인이 알고 있는 유일한 **샬롬**이 있다면 그것은 바벨론을 위한 **샬롬**뿐이다.

예레미야 선지자의 서신은 포로기 유대인 공동체가 바벨론 왕국에서는 전혀 맛볼 수 없는 거룩한 염려와 기도로 오히려 바벨론에 **샬롬**의 영향력을 발휘할 수 있다고 조언한다. 바벨론 왕국에서 멀어지려는 영

---

[33] Daniel L. Smith는 "고난 중에 있는 집단의 사회 심리학"(social psychology of a group under stress)에 관한 서신에 관한 가장 탁월한 연구를 제공한다. Daniel L. Smith, *Religion of the Landless*, 127-38.

적인 소외감이 다시 바벨론으로 다가가는 영향력을 만들어 낸다.

4) 마지막으로 하지만 결코 성급하지 않게, 포로민을 향하여 선포할 설교 주제는 귀향(home coming)이다.

하지만 포로민에게 약속된 고향은 지난해에 떠나온 추억 속의 고향이 아니다. 그런 고향은 더 이상 회복 불가능할 정도로 무너졌기 때문이다. 오히려 포로민이 열망하고 또 돌아가기를 소망하는 고향은 이들을 향한 하나님의 선한 의도가 결정적으로 작용하는 하나님의 왕국이다. 신약성경 저자들은 그 나라에 관하여 좀 더 구체적으로 묘사하고자 노력하지만, 그런 묘사 역시 간접적이고 그림자에 불과하다. 왜냐하면 그 나라는 우리가 알고 있는 모든 범주를 초월하기 때문이다.

귀향을 복음과 하나님 나라에 연결시키는 것은 결코 무리가 아니다. 귀향과 복음의 연관성은 이미 이사야 40-55장과 에스겔 37:1-14에서 분명히 언급된다.

칼 바르트(Karl Barth)가 '먼 길을 떠나는 하나님의 아들'이란 주제 아래 하나님의 아들의 순종에 관하여 설명하는 부분은 매우 인상적이다.[34] 칼 바르트의 강조점은 빌립보서 2:5-11처럼 예수의 자기비움과 겸손이지만, 이 주제가 해당되는 본문은 물론 탕자 이야기다.[35] 역으로 말해서 예수의 승귀에 관하여 설명하는 중에 칼 바르트는 '인자의 귀향'

---

34 Karl Barth, *Church Dogmatics* IV/1 (Edinburgh: T. & T. Clark, 1956) #59, 157-210.
35 Ibid., 180-83, 188-94.

이란 표현을 사용한다.[36]

바르트의 표현 속에는 인간 실존의 진행을 당연히 포로기로 규정한다는 점에서 바르트의 전형적인 초월주의(transcendentalism)가 내포되어 있기 때문에 여기에 중요한 비평을 제기할 수 있다. 하지만 필자가 주장하려는 요지는 바르트가 기독론적으로 취급하고 부버가 다소 철학적으로 취급하는 포로기/귀향의 은유를 올바로 이해하려면, 이 은유가 현대의 정치, 경제, 사회관계에 관한 구체적인 현실에 관하여 교회론의 관점에서 지시하는 것으로 이해해야 한다는 것이다.

그렇다면 포로민의 입장에서 하나님의 나라로의 귀향을 기다린다는 것은 무슨 의미인가?

성경에서 하나님의 나라 이미지는 이적과 기사에 관한 내러티브와 함께 등장한다. 이 내러티브 안에서 하나님은 이 세상이 불가능하다고 생각하는 구체적인 변혁을 행동으로 나타내 보이신다. 하나님 나라는 생명과 기쁨 그리고 이 세상 모든 것에 대한 하나님의 불가능성이 갑자기 가능해지는 구체적인 시점이자 장소이며 영역이다.[37] 이곳에서 미래를 기다리며 소망하는 포로민은 하나님의 불가능성에 시선을 고정한다.

포로민은 그렇게 함으로써 불가능성에 대한 이 세상 사람들의 판단과 결정을 거부하고, 결국 세상의 지루한 가능성과 연대하는 일에서 관심을 거두어들인다.

---

36 Karl Barth, *Church Dogmatics* IV/2 (Edinburgh: T. & T. Clark, 1958) # 64, 20-154. 눅 15:11-32의 비유에 관하여는 21-25를 보라.
37 하나님 나라의 불가능성에 대해서는 다음을 보라. Walter Brueggemann, "Impossibility and Epistemology in the Faith Traditions of Abraham and Sarah (Genesis 18:1-15)," *ZAW* (1982): 615-34.

세상에 대한 도발적인 연대를 거부하는 것은 미래에 대해 유일하게 만 보이는 세상의 가능성을 새롭게 받아들여 세상과 타협하는 것이다. 하지만 이러한 결정은 하나님의 기적을 거부하는 것이고, 포로기의 기만적인 세상 속으로 끊임없이 몰입해 들어가는 것이나 다름없다. 복음이 제공하는 대항적인 전망을 포기하는 것은 분명 "배부르게 하지 못할 것을 위하여 수고"하는 것이다(사 55:2).

제 2장

재진술하는 리듬: 포로민 중의 연설

포로기(또는 유배)는 사회적, 문화적 상실의 상태로서 지리적인 사건보다는 예전적이며 상징적인 행위이다.¹ 이는 기원전 6세기에 포로 상태에 있던 유대인들의 상황이었으며, 오늘날 우리 서구 문화의 상황이기도 하다. 알란 민츠(Alan Mintz)는 포로기의 신학적인 의미를 다음과 같이 설명한다.

> 포로 사건이 비극적인 이유는 기존 의미의 패러다임, 특별히 하나님과 이스라엘 백성 간의 유대관계에 대한 패러다임이 산산이 무너졌기 때문이다.²

의미를 규정하는 전통적인 패러다임이 무너진 상황에서 분명히 포로민들은 언어(speech)에 대해 주의 깊게 그리고 지속적으로 관심을 기울일 수밖에 없다. 왜냐하면 붕괴되고 있는 의미로부터 새롭게 드러나는

---

1 오늘날 북미권 교회가 직면한 위기 상황에 대한 유용한 은유로 필자가 포로기(또는 유배, exile)를 사용하는 신학적인 근거에 대해서는 다음을 참고하라. Walter Brueggemann의 『탈교회 시대의 교회』, 제8장 "단련된 준비"와 제1장 "포로민들을 향한 설교"을 참고하라.

2 Alan Mintz, *Hurban: Responses to Catastrophe in Hebrew Literature* (New York: Columbia University Press, 1984). 필자는 이 자료와 관련하여 Tod Linafelt로부터 상당한 도움을 받았다.

의미로 옮겨가기 위해서는 극도로 절제되고 상상력이 넘치는 언어 행위(speech)가 요구되기 때문이다.

민츠(Mintz)는 포로기의 주요 연사(시인)를 이렇게 설명한다.

> 먼저 이 재앙을 표현하고 그 다음에 위협받고 있는 의미의 패러다임을 재구조화하고, 대치시키며, 재묘사함으로써 창의적인 생존을 모색한다.[3]

필자는 이와 같은 상황에서 언어에 무엇이 요구되며 어떤 언어 행위가 가능한지 이해하는데 폴 리꾀르(Paul Ricoeur)의 통찰이 아주 유용한 방법이라 생각한다. 리꾀르(Ricoeur)는 '한계 표현'(limit expressions)을 허용하고 또 그것을 요청하는 '한계 경험'(limit experiences)이라는 관점을 제시한다.[4]

한계 경험에서는 모든 전통적인 묘사와 설명은 그 설득력을 상실한다. 만약 우리가 이런 극단적인 상황에 직면하면, 우리는 평범한 것을 말할 수 없고 무언가 '비범한' 것을 말하도록 요청받는다.[5] 이러한 비범한 한계 표현은 평상시의 현실에 대한 모든 전세와 가정들로부터 벗어나서 현실을 전혀 차원이 다르게 재진술하는 언어로 표현된다.[6]

그리하여 이와 같은 언어적 선포는 이 선포가 있기 이전에는 알지 못했던 세계로 연사와 청중을 초대한다.

---

3 Mintz, *Hurban*, 2.
4 Paul Ricoeur, "Biblical Hermeneutics," *Semeia* 4 (1975):107–45.
5 Paul Ricoeur가 언급하는 '비범한 연설'(odd speech)에는 선포적인 연설과 경구, 그리고 비유도 포함된다. 다음을 참고하라. Ricoeur, "Biblical Hermeneutics," 109–18.
6 Ricoeur, "Biblical Hermeneutics," 31, 127.

분명한 점은, 포로기에는 과거의 표현에 얽매이지 않는 완전히 새로운 것을 말해야 하지만 이러한 새로움을 불러일으키는 대담한 연설은 기존의 신뢰할 수 있는 언어 표현(speech)을 좀 더 새롭게 사용해야 한다는 것이다. 그러나 '재묘사'(redescription)의 역할을 수행하기 위해서는, 청중을 강화시키고, 뒤엎고, 깜짝 놀라게 하는 대담하고도 모험적인 방식의 언어적인 표현을 구사해야 한다.

필자는 포로기라는 주제를 우리가 처한 서구의 현재 상황을 묘사(혹은 재묘사)하는 유사 사례로 바라봄으로써, 우리에게 깊은 상실감을 주는 백인 중심적이고 남성 중심적이며 식민지에 대한 헤게모니를 상실한 현재 서구의 상황이 우리의 힘으로는 온전히 설명할 수도 없고 대처할 수도 없는 '한계 경험'의 상황임을 논증하고자 한다.

이와 같은 상황은 '한계 표현'을 요청한다. 오늘날 설교자들이 이 점을 고려해야 하는 이유는 이러한 한계 경험에 직면한 설교자들은 '재앙을 있는 그대로 묘사'하고, '창의적인 생존'을 가능케 할 의미의 패러다임을 재구성하며, 대치, 혹은 변경하기 위해 새로운 언어를 선포해야 할 의무와 동시에 그런 가능성을 겸비한 사람들이기 때문이다.

필자는 오늘날 설교는 이중적 책무를 감당해야 한다는 것을 논증하고자 한다. 그래서 기원전 6세기에 포로 상태에 있던 고대 유대인들이 실향(失鄕)이라는 '한계 경험'을 보듬고 견디기 위해 사용한 '한계 표현'의 **네 가지 사례**를 자세히 살펴보고자 한다.

필자의 생각으로는 이로부터 극심한 상실과 당혹의 시기에 처해 있는 오늘날 우리의 설교에 유용한 단서들을 발견할 수 있을 것이다.

1. 애가와 불평의 넋두리

포로기에 첫째로 해야 할 과제는 재앙을 제대로 묘사하는 일이다. 다시 말하자면 상실로 인해 발생한 고통을 생생한 이미지로 진술해야 하는데, 이는 상실을 바르게 표현하여 포로민들이 상실이라는 깊은 부정적 상황 속에서 상실을 올바로 직면할 수 있도록 하기 위함이다.

이와 같이 상실을 명명하여 올바로 직면해 보면, 이 상실은 하나님께 탄원으로 바쳐지며, 하나님은 변덕스럽고 실패처럼 보이는 상황에서도 참으로 신실한 모습으로 이 상실에 개입하시게 된다.

이러한 언어 행위(speech)는 고통, 상실, 슬픔, 수치와 분노와 같은 격렬한 감정들을 대담하게 드러낼 수 있는 솔직함을 필요로 한다. 이러한 상실에 대한 명명과 대면을 위하여, 고대 유대 공동체는 애가(슬픔을 표현하는)와 불평의 넋두리(분노를 표현하는)라는 예전적 전통에 의존함으로써 자신들에게 가장 적합한 언어 양식(speech)을 찾아냈다.[7]

상실과 무력함과 연약함이 가득한 슬픔을 가장 풍부하고도 극단적으로 진술한 책은 예레미야애가이다. 이 책은 오늘날 우리의 문화적 상황과는 매우 거리가 먼 것처럼 보이기 때문에 오늘날 많이 연구되거나 널리 응용되지는 못한다.[8] 그러나 만약 우리가 깊은 상실의 상황에 직

---

[7] 애가에 관한 기본적인 참고도서로는 다음을 보라. Claus Westerman, *Praise and Lament in the Psalms* (Atlanta: John Knox Press, 1981).

[8] Mintz, *Hurban*, 17–48. Mintz의 책은 애가에 관한 가장 설득력 있는 제안을 담고 있다고 생각된다. 이 외에도 가장 신뢰할만한 주석서로는 다음을 보라. Delbert R. Hillers, *Lamentations: A New Translation with Introduction and Commentary* (AB7A; Garden City, N.Y.: Doubleday & Co., 1972).

면해 있다면, 이 시(예레미야 애가)는 우리에게 중요한 언어 자원(speech resource)으로 활용될 수 있다. 이 짤막한 애가는 예루살렘의 파괴(이에 대한 유사한 상황으로서 필자는 우리에게 익숙했던 특권과 확신의 상실을 제시했다)에 대한 슬픔을 묘사한 다섯 편의 확장된 시로 구성되어 있다.

첫 번째 시(1장)에서 상실의 도시 예루살렘은 버림받고, 수치를 당하고, 연약하고, 학대에 노출되어 있으며, 주변에 아무런 후원자나 변호인이 없는 '과부와 같다.' 예루살렘의 유기(遺棄)라는 주제는 '위로할 자가 없음'과(2, 9, 16, 17절), '쉴 곳이 없음'(3절), 그리고 '돕는 자가 없음'(7절)이라는 표현으로 거듭 묘사된다.

여기에 나타나는 이미지는 눈물에 휩싸였고 폭행당하고 있으며 학대에 노출된 여인의 이미지이다.[9] 예레미야애가 3:21과 3:23에 강력한 희망과 확신의 진술이 나타나기는 하지만, 이 애가의 모음은 '버려짐'을 탄식하는 것으로 끝난다.

> 주께서 어찌하여 우리를 영원히 잊으시오며 우리를 이같이 오래 버리시나이까(애 5:20).

---

9 Mintz, *Hurban*, 24. 이 특정한 이미지와 관련하여 가장 유용한 통찰을 제시하고 있다. 비참하게 버림받은 여인의 모습으로 묘사되는 예루살렘의 이미지의 편리성은 이 이미지를 통해서 고통의 무게가 가장 정확하게 전달되는 생생함 때문이다. 비참한 여인의 이미지 대신 죽음의 이미지라면 최종적인 파멸에 관한 거짓된 위안만을 전달했을 것이다. 고통스럽지만 죽음으로 끝나면 회상 속에서 과거의 고통이 다시 생각날 것이다. 하지만 성폭행 당하여 더럽혀진 여인이라면 더 이상 위로받을 수 없는 고통을 계속 생생하게 증언할 뿐이다. 그래서 밤에 슬피 울며 눈물이 뺨에 흐르는 여인의 모습으로 시온이 묘사된다면, 그 성의 비참하고 절망적인 상황이 가장 강력한 이미지로 전달될 수 있다(애 1:2). 여인은 밤새도록 슬피 울며 그 눈물은 뺨을 가득 적시고 있다. 이는 단순히 지속적인 고난에 관한 추상적인 주제가 아니라 파국적인 종말에 노출된 한 사람의 운명에 관한 문제다.

이와 똑같은 '잊혀짐'에 대한 탄식이 좀 더 거칠고 분노 어린 불평의 넋두리가 담긴 시편 74편에 분명하게 나타난다. 이 시편에서 시인은 더욱 적극적으로 낙담스러운 상황을 하나님께 토로하면서 하나님께서 행동하실 것을 간청한다.[10]

이 시는 '주의 대적'이 '주의 성소'(4절, 4-9절 참조)에 행한 일을 실황 중계하듯 하나님께 탄원한다. 그 다음 이 시는 하나님께 그분이 직접 행하셨던 과거의 놀라운 기적들을 다시 기억나게 하는 영광의 노래로 나아간다(12-17절). 이 기적들은 모든 피조계에 대한 하나님의 주권적 통치와 혼돈으로부터 생명체를 이끌어 낸 하나님의 능력과 관련이 있다.

현재 성전의 재난적 상황과 하나님의 영광스러운 과거를 나란히 제시함으로써, 이 시는 불경한 적들을 패퇴시키고 탄압받는 자들이 수치를 당하지 않도록 하나님께서 지금 행동하실 것을 간청한다(21절, 18-23절 참조). 이 시편을 읽는 이들은 언어의 직접성, 재앙적인 현재의 고난에 대한 솔직함, 그리고 하나님께서 충실하게 행하실 것에 대한 활기찬 기대에 대해 깊은 인상을 받을 수 있다.

이스라엘 공동체가 직면한 재앙적인 상황은 애가와 불평의 시편을 통해서 그들이 느끼는 그대로 하나님도 느끼시도록 아주 사실적으로 표현된다. 우리가 처한 현재 서구의 낙담스러운 상황이 이 고대의 희

---

10 애가와 시편 74편의 한 가지 차이점은 '애가'(lament)와 '불평'(compliant)의 차이이다. 다음의 논문은 그런 차이점을 정교하게 구분해 놓았다. Erhard Gerstenberger, "Jeremiah's Complaints: Observations on Jer.15:10-21," *JBL* 82 (1963): 405, n. 50. 애가는 개선의 여지가 남아있지 않은 비극을 슬퍼하는 것이고, 불평은 고통 중에 하나님의 도움을 간청하는 것이다. 애가와 불평의 차이점과 상호관계는 독일어로 *Klage*와 *Anklage*를 통해서 잘 전달된다.

문(戱文, ancient travesty)과 그리 다르지 않은 상황이라면, 필자는 우리 가운데 존재하는 상실, 분노, 당혹스러움의 느낌을 표현하는 일이 시편의 시인들처럼 오늘날 목회자의 주된 과업이라는 사실을 강조하고 싶다.

이 때 다소 극단적인 이미지가 필요한 이유는 언어의 표현이 정치적/경제적 완곡어법이 지니는 엄청난 자기기만의 무게를 거뜬히 이겨내야 하기 때문이다. 왜냐하면 우리가 의지했던 이 세상의 오래된 안정적 기반인, 예루살렘 성전이 파괴되고 사라진 것처럼 모두 끝났고 사라졌기 때문이다. 슬픔과 고통과 분노는 예나 지금이나 상실에 대한 가장 적절한 반응이다. 이러한 반응에는 다소 거칠고 완강한 표현이 필요하며, 고대 이스라엘은 우리가 직면한 고난의 상황을 좀 더 대담하게 표현할 수 있도록 도움을 제공한다.

2. 확언(確言)

애가와 불편의 넋두리에서 이스라엘은 하나님께 직접 말을 건다. 이스라엘은 주도적으로 자신들이 처한 실향(失鄕)의 상황을 하나님께 올바로 진술한다. 쇠약과 낙담의 시기에 용감하게 말을 해야 하는 주체는 그 낙담을 경험한 사람들이다.[11] 이러한 사실은 고대 이스라엘의 언

---

11 Elaine Scarry, *The Body in Pain: The Making and Unmaking of the World* (New Yokr: Oxford University Press, 1985); Judith Lewis Herman, *Trauma and Recovery: The Aftermath of Violence-From Domestic Abuse to Political Terror* (New York: Basic Books, 1992).

어 활동에서도 풍부하게 드러난다.

그러나 이스라엘의 한계 표현이 이스라엘의 목소리에만 국한되는 것은 아니다. 여호와의 음성도 포로기의 대담한 수사적 표현 속에서, 정확히 말하자면 이스라엘이 하나님으로부터 유기됨을 느끼는 그 상황에서도 사라지지 않고 계속 등장한다. 제2이사야서의 시에서 하나님은 스스로 너무 오랫동안 침묵하셨음을 인정하시며 강력한 음성으로 그 침묵을 깨겠다고 약속하신다. 하나님은 다음과 같이 말씀하신다.

> 내가 오랫동안 조용하며 잠잠하고 참았으나 내가 해산하는 여인 같이 부르짖으니 숨이 차서 심히 헐떡일 것이라(사 42:14; 62:1 참조).[12]

제2이사야의 '구원의 신탁'에서 이스라엘은 절망적인 상실의 상황에서도 하나님께서 이스라엘과 함께 동행하시며 이스라엘을 위해서 존재한다는 전형적인 확언의 말씀을 듣는다. 가장 정확하고도 간결하게 말하자면, 이 확언의 신탁은 하나님의 입술로 다음과 같이 선언된다.

> 두려워하지 말라 내가 너와 함께 함이라(사 41:10; 참조. 사 41:13, 14; 43:1-5; 44:8; 렘 30:10-11).[13]

---

12 학대받은 여인의 이미지를 가진 예루살렘과 해산하기 직전의 고통스런 여인의 이미지를 가진 여호와 하나님 사이에는 강력한 상호 이미지의 작용이 진행된다.
13 이 장르에 관한 탁월한 연구로는 다음을 참고하라. Edgar W. Conrad, *Fear Not Warrior: A Study of 'al tira' Pericopes in the Hebrew Scriptures* (Brown Judaic Studies 75; Chico, Calif.: Scholar Press, 1985).

죠셉 시틀러(Joseph Sittler)는 특별히 이 말이 부모가 방금 악몽을 꾼 아이를 안심시키는 것과 아주 유사하다고 주장한다. 이처럼 부모가 주는 확언은 참으로 존재를 재규정하는 진술이다.[14] 사실, 이 같은 확언의 말씀은 악몽을 효과적으로 종결시킨다. 왜냐하면 이 확언은 유배 사건으로 말미암아 하나님이 떠나셨다는 절망을 불식시킬 만큼 충분히 신뢰할 만하고 강력하게 하나님의 돌보심이 함께 한다고 주장하기 때문이다. 이제 이 확언 속에서 하나님이 떠났던 장소가 하나님이 함께 하는 장소로 변화하면서 생명에 대한 엄청난 잠재력을 확보하게 된다.

엄밀한 의미의 구원 신탁은 매우 정형화되어 있지만, 클라우스 베스터만(Claus Westermann)에 의하면 확언의 주제와 관련하여 다양한 형태의 변형된 표현들이 발견된다고 한다. 여기에는 그가 명명한 '구원의 확언'과 '구원의 선언,' 그리고 '구원의 묘사'가 포함된다.[15] 우리는 형태의 다양성에 대해 지나친 관심을 기울일 필요는 없다. 우리가 고려해야 할 중요한 점은, 리꾀르(Ricoeur)가 '재진술'이라고 명명한 바와 같이 언어 선포에 동반된 상황을 변혁시키는 능력이다.

예레미야애가 5:20은 '잊혀지고,' '버림받았다'라는 끝없는 절망 의식 속에서 끝을 맺는다.

---

14 Joseph Sittler, *Grace and Gravity: Reflections and Provocations* (Minneapolis: Augsburg Publishing House, 1986), 99–100. 다음의 좀 더 포괄적인 연구 자료도 참고하라. Grail R. O'Day, "Toward a Biblical Theology of Preaching," in *Listening to the Word: Studies in Honor of Fred B. Craddock*, ed. Gail R. O'Day and Thomas G. Long (Nashville: Abingdon Press, 1993), 17–32.
15 Claus Vestermann, "The Way of the Promise Through the Old Testament," in *The Old Testament and Chriatian Faith: A Theological Discussion*, ed. Bernhard W. Anderson (New York: Harper & Row, 1963), 202–9.

주께서 어찌하여 우리를 영원히 **잊으시오며** 우리를 이같이 오래 **버리시나 이까**(애 5:20).

이사야 49:14에서는 이 두 용어가 다시 등장한다(아마도 의도적으로 인용되었을 것이다).

오직 시온이 이르기를 여호와께서 나를 **버리시며** 나를 **잊으셨다** 하였거니 와(사 49:14).

그러나 이사야 49:15-16에서는 억제할 수 없는 두려운 질문들에 대해 하나님이 잊지도 않으시고 거부하지도 않으시고서 친히 답변의 말씀을 주신다.

여인이 어찌 그 젖 먹는 자식을 잊겠으며 자기 태에서 난 아들을 긍휼히 여기지 않겠느냐 그들은 혹시 잊을지라도 나는 너를 잊지 아니할 것이라 내가 너를 내 손바닥에 새겼고 너의 성벽이 항상 내 앞에 있나니(사 49:15-16).

또한 이사야 54:10에서는 하나님께서 잠시 동안 이스라엘을 버리셨음을 인정한 후에(7-8절 참조), 그리고 포로 경험의 황폐함을 창세기의 홍수에 비교한 후에(9절), 하나님께서 자신의 영원한 신실함을 선언하시는 모습으로 등장한다.[16]

---

16 이 본문에 대해서는 다음을 참고하라. Walter Brueggemann, "A Shattered Transcen-

산들이 떠나며 언덕들은 옮겨질지라도 나의 자비는 네게서 떠나지 아니하며 나의 화평의 언약은 흔들리지 아니하리라 너를 긍휼히 여기시는 여호와께서 말씀하셨느니라(사 54:10).

여호와 하나님의 세 가지 속성 – 변함없는 사랑, 평화의 언약, 긍휼히 여기는 마음 – 은 홍수를 뒤엎기에도 충분하며 부재와 수치를 극복함과 포로됨의 공포를 물리치기에도 충분하다.

우리는 보증된 확언의 말에 너무 익숙해져 있어서 이와 같은 언어 선포가 얼마나 대담한 믿음의 행위인지 잘 깨닫지 못할 수도 있다. 위협받고 있는 의미의 패러다임을 재구성하고, 대치시키고, 수정하기 위하여 얼마나 현실의 인식과 반대되게, 그리고 그 인식을 뛰어넘어 대담하고도 어처구니없어 보이는 발언을 하는 것인지 제대로 깨닫지 못할 수도 있다.

하지만 이러한 발언은 연사의 입장에서 뿐 아니라 청중의 입장에서도 강력한 믿음의 행위이다. 확언의 의도는 청중의 마음에 믿음을 형성하려는 것이다. 포로기는 하나님이 부재한 시기로 널리 받아들여지고 있지만, 이제 시인은 바로 그런 상황에서 하나님께서 함께 하시고 패배로부터 새로움을 이끌어 내고자 성실함으로 역사하고 계시다고 담대하게 선언한다.

우리 시대에 있어 이와 유사한 상황은 복음의 설교가인 시인(preach-

---

dence?": Exile and Restoration," in *Problems and Prospects in Biblical Theology*, ed. Steven J. Kraftchick et al. (Nashville: Abingdon Press, 1995), 169-82.

er-poet)이 우리의 특권과 헤게모니가 상실된 한 가운데에서 위에서 언급한 성격의 선포 사역을 감당하는 것이다. 확언을 말하는 것은 기존의 패러다임을 계속 유지하려는 것이 아니다. 왜냐하면 확언은 '재앙적 상황의 묘사' 이후에, 다시 말해 슬픔과 불만이 느껴지고 밖으로 쏟아서 표현된 다음에 비로소 등장하기 때문이다.

이전의 모든 확신이 흔들려 무너지려는 경제적인 몰락과 성 정체성의 혼란 속에서 이와 같은 확언의 새로운 의미와 가치는 오직 철저한 상실 속에서 상실과 더불어서, 그리고 오직 그러한 상실을 통해서만 비로소 제대로 파악되는 언약의 신실함처럼 '새롭게 형성되는 것들'은 오직 하나님의 권능과 신실함에 의해서만 가능하다고 주장한다.[17]

이와 같은 선포는 오직 '믿음으로만' 가능하다. 사실 복음은 언제나 이와 같은 문제 상황 속에서 이러한 방식으로 선포된다.

3. 현실에 저항하는 영광송(榮光訟)

애가와 불평의 넋두리와 대조되는 것은 '승리의 노래들'로 말미암은 찬양송이다. 이러한 찬가는 심각한 시련의 상황이 하나님의 능력과 자비에 의해 개선될 때 비로소 온전하게 울려 퍼진다. 이스라엘은 애굽

---

17 필자가 판단하기에 경제적 상실과 성의 혼란의 문제는 지금도 교회를 난처하게 만들 뿐만 아니라 앞으로도 그러할 것이기에 여기에서 이 두 가지 문제를 언급하였다. Marx와 Preud의 비교 연구에서도 분명하게 드러났듯이 이 두 주제가 서로 긴밀하게 관련을 맺고 있음을 이해하는 것이 많은 도움이 될 것이다.

으로부터 구원받은 이후로 계속 하나님을 향한 찬가를 불러 왔다(출 15:1-18, 21). 이런 대담한 영광의 노래는 패배와 혼란과 죽음의 상황에 생명을 주시며 개입하시는 여호와 하나님의 결정적인 능력과 신뢰할 만한 헌신에 대해 이스라엘이 보고 들은 것을 그대로 노래한다.

그리하여 시편 77:11-20의 회상의 영광송은 창조와 혼돈에 질서를 부여하는 하나님의 능력까지 거슬러 올라간다. 그리고 시편 77:11-20에서 낙담한 예배자는 출애굽을 기억하며 묵상한다. 그래서 이스라엘의 찬송은 이와 같은 소중하고 구체적인 기억에 의하여 하나님께서 과거에 행하신 일은 그분이 현재와 미래에 행하실 일과 동일할 것이라는 희망과 확신의 행위로 승화된다.

포로기에 영광송의 진정한 가치는 하나님께서 행하신 과거의 '경이로운 일'을 기억하는 행위가 아니라 그분이 미래에 행하실 일에 대한 기대에 찬 선언에 있다. 이스라엘은 하나님께서 장차 주권적으로 자유케 하실 행위를 새 노래로 찬양하도록 부름을 받았다(사 42:10).

바벨론 유수의 상황하에서는 바벨론의 신들이 승리했고 반대로 하나님은 약해서든 아니면 무관심해서든 결국 실패하셨다는 것이 분명해 보였다. 어떤 이유든 이러한 암담한 상황이 말하는 것은 하나님보다는 오히려 다른 권세가 더 신뢰할 만하고 즉각적인 보상을 제공하기 때문에 결국 여호와 하나님에 대한 충성은 더 이상 효력이 없다거나 그럴 가치가 없다는 것이다.

그러나 제2이사야서의 노래는 현실에 대한 '자명해 보이는' 독법(讀法)을 그대로 수용하지 않았다. 시인이 부르는 찬송은 자명한 것처럼 보이는 현실 상황을 오히려 거부하고 여호와 하나님의 구원하시는 힘이 이제 새로운 활동을 시작한다고 주장한다. 그동안 이스라엘은 하나님께서 더 이상 이스라엘을 돌보지 않는다고 결론을 내렸는데도 말이다.

> 야곱아 어찌하여 네가 말하며 네가 이르기를 내 길은 여호와께 숨겨졌으며 내 송사는 내 하나님에게서 벗어난다 하느냐(사 40:27).

28-31절의 응답하는 찬송에서 시인은 여호와께서는 과거, 현재, 미래를 아우르는 모든 세대의 하나님이시며, 피곤치 아니하시고 약하지 않으시고 무력하지 않으시며, 희망을 붙잡는 이들에게 힘과 능력을 공급하시는 분이심을 역설한다. 이 역설에 뒤이어 하나님이 어떤 분인지에 대한 진술과 이 하나님을 신뢰하는 이들에게 주어지는 약속의 말씀이 등장한다.

> 오직 여호와를 앙망하는 자는 새 힘을 얻으리니 독수리의 날개 치며 올라감 같을 것이요 달음박질하여도 곤비하지 아니하겠고 걸어가도 피곤하지 아니하리로다(사 40:31).

이러한 영광의 찬송은 세상을 바벨론 신들이 통치한다는 생각을 단호하게 거부한다는 사실에 주목할 필요가 있다. 영광송은 겉으로 그렇게 보이는 바벨론 신들의 통치에 대항하여 모든 권세를 소유하시며 그를 의지하는 자들에게 능력을 공급하시는 분이 실은 여호와 하나님이심을 주장한다(사 46:1-4 참조).

이와 동일한 부정과 긍정의 대조가 이사야 41:21-29의 영광송에서도 분명히 등장한다. 부정적인 맥락에서 바벨론 신들은 자신들에 대해 해명하도록 부름을 받지만 이들은 참으로 초라할 정도로 이 일에 실패한다(21-23절). 이러한 모습은 그들이 실상 아무것도 아니라는 결론을 이끌어 낸다. 게다가 이와 같이 '아무것도 아닌 우상들'을 자기 신으로 떠받드는 사람들 역시 '아무것도 아닌 존재'가 되고 만다.

> 보라 너희는 아무것도 아니며 너희 일은 허망하며 너희를 택한 자는 가증하니라(사 41:24).

좀 더 긍정적인 맥락에서 볼 때 참된 변혁을 가져오실 수 있는 분은 오직 여호와 하나님뿐이시다(25-27절). 이렇게 이스라엘의 영광송의 특징은 기존의 세속적인 자료에 반대하며 의미가 '재구성되어지거나, 대치되어지거나, 수정되어진' '재진술된 세계' 속에서 살아가도록 이스라엘 백성들을 초청한다는 점이다.

오늘날 우리가 부르는 찬양의 행위는 일반적으로 위험스럽지 않은 행위가 되고 말았다. 우리 중에서 찬양은 종종 도피적인 환상이거나 혹은 현재 상황에 대한 무미건조한 긍정의 행위에 불과하다. 그러나 사실 영광송은 특정한 대상(우상)에 대한 충성을 무가치한 것으로 내던지고 그와는 다른 충성의 대상(하나님)과 그 믿음 안에서 현실을 끌어안고 정당화시키는 대담할 정도로 정치적이며 논쟁을 유발하는 행위이다.[18]

---

[18] Walter Brueggemann, "Praise and the Psalms: A Politics of Glad Abandonment," Part I.

제2이사야서의 맥락에서 찬송시는 하나님께서 자기 백성을 귀향시킬 의도를 갖고 계시며, 따라서 비언약적 방식으로 세계를 규정하고 있는 바벨론의 신들을 거부해야 한다는 확신을 제공한다. 격동과 혼란에 처한 우리의 상황에서 고찰하자면 성경의 하나님을 찬양하는 찬송은 하나님과의 친밀한 관계에 근거하여 작동되는 언약 친화적 세계에 대한 확신을 보여주며, 이 세상을 단순히 세속적인 이기심과 탐욕, 두려움, 학대, 혹은 절망의 세상으로 특징짓기를 거부한다.

우리를 당혹스럽게 하는 오늘날 현재의 세계는 종종 모든 선한 것은 끝났고 혼돈의 힘이 승리한 것처럼 묘사된다. 그러나 찬송의 전통은 교회가 이러한 현재의 상황을 확인할 뿐만 아니라 창조자이자 해방자이신 하나님의 통치가 이러한 현재의 장소에서 경이로운 새 일을 만들어 내는 무대로 재진술할 힘과 능력도 공급한다.

이렇게 찬송에서 비롯된 믿음을 노래하고 선언하는 행위는 두려움의 신들과 반(反)언약적인 힘과의 관계에 굴복하지 않겠다고 선언하는 것이다. 오늘날 우리가 직면한 포로기의 상황에서 '새 노래'를 위한 언어 활동과 찬송은 강력한 갱신의 행위이다.

The Hymn, A Journal of Congregational Song 43(3) (July 1992), 14–19, Part II, ibid. 43 (4) (October 1992): 14–18.

4. 약속

앞에서 언급했던 확언과 찬송은 모두 예언적인 성격을 지닌다. 이 확언과 찬송은 여호와 하나님이 아직 눈에 보이지 않고 가깝지 않은 미래에 새 일을 곧 행하시리라는 기대감을 불러일으킨다.

그러나 고대의 포로민은 보다 직접적이고 특별한 방식으로 하나님의 확실한 미래, 즉 약속의 신탁에 몰두했다. 즉 포로기의 이스라엘 백성들은 하나님께서 현재의 대혼란의 상태로부터 새 일을 만들어 내실 수 있으며, 하나님의 선의(善意)가 보다 충만하게 구현된 세상이 곧 임박하였다고 믿었다.

그런데 이스라엘의 가장 대담한 약속들이 미래의 희망을 억제하는 포로기에 만들어지고 선포되었다는 사실은 매우 놀랍다. 이 약속들은 하나님께서는 상황에 붙잡힌 포로가 아니시며 오히려 존재하지 않는 것을 불러 존재케 하는 분이심을 주장한다(롬 4:17 참조).

여기서 필자는 이러한 포로기의 약속 중에서 가장 잘 알려지고 가장 강력한 세 가지 본문을 인용하고자 한다.

첫째, 예레미야 31:31-34은 하나님께서 율법의 순종을 목표로 하면서도(33절), 반역의 현실을 무력화시키는 용서에 뿌리를 둔 새 언약을 이스라엘과 맺을 것을 천명한다(34절).[19]

---

19 이 구절에 관한 유용한 토론을 위해서는 다음을 참고하라. Norbert Lohfink, *The Covenant Never Revoked: Biblical Reflections on Christian-Jewish Dialogue* (Nahwah, N.J.: Paulist Press, 1991), 45-57. Lohfink는 이 구절이 기독교의 대체주의적인(supersessionist) 관점으

그런데 구약에서 특히 신명기적 전통에 비추어 볼 때 포로 상태에 대한 주된 가정은 그것이 곧 징벌이라는 것이다(왕하 17:7-23; 사 40:2 참조). 그런데 새언약에 대한 약속에서는 하나님의 용서가 그 백성들의 죄악을 압도하다는 것과 이스라엘의 근원적인 신학적 현실은 '그들의 죄를 더 이상 기억하지 않는' 여호와 하나님께서 새로운 미래를 창조하실 정도로 자비로운 분이심을 주장한다.[20]

둘째, 에스겔 37:1-14에서 에스겔 선지자는 유배의 형벌과 그 이후의 귀향에 대한 적절한 은유를 제공한다.

가장 극단적인 이미지는 포로 상태는 곧 죽음이라는 것이다. 죽음의 상태에서는 희망이란 찾아볼 수 없다. 그토록 죽음의 힘은 강력하고도 결정적이기 때문이다. 그러나 이런 죽음의 이미지와 아울러 철저하고도 수사학적인 단절 속에서 이 선지자는 대담하게도 하나님의 성령의 힘으로 '내가 너희의 무덤들을 열겠고,' '내가 너희를 너희 고국 땅에 두리라'고 강력히 주장한다(13-14절). 포로 상태가 최종적인 상태가 아니라는 것이다.

다시 말해 죽음이 최종적인 현실이 아니라는 것이다. 이렇게 이스라엘의 상황은 결코 절망적일 수 없는데, 그 이유는 포로 상태라는 실망스러운 상황 속에서도 하나님의 변혁의 바람(성령)이 불어 그 백성들을 위한 새로운 일을 만들어 내기 때문이다.

로 해석될 수 없음을 분명히 밝혔다.
20 용서에 관해서는 특히 왕상 8:27-53을 참고하라.

셋째, 이사야 65:17-25의 시(필자는 이 시가 바벨론 유수로부터 귀환한 조금 뒤인 기원전 520년경에 작성된 것으로 추정함)는 놀라울 정도로 기대감에 찬 방식으로 '하나님의 구원을 묘사'한다.

이 시인은 새로운 사회관계, 새로운 경제적 가능성, 새로운 하나님과의 교감을 특징으로 하는 새 땅과 새 예루살렘을 기대하고 있었다. 실로 시인은 절망적인 이스라엘의 현 상황과 완전히 대조되는 구체적인 미래를 예상하고 있었다.

모든 약속들은 구체적으로 묘사되고 있지만 하나님 자신의 직접적인 말씀의 선포로 제시되고 있다는 점에 주목할 필요가 있다. 이 말씀의 권위는 눈에 보이는 상황에 근거하는 것이 아니라 말씀하시는 하나님의 신뢰성에 달렸다. 새로운 일을 일으키겠다는 하나님 자신의 결의가 폐쇄적이고 절망적인 현재의 상황 속으로 침투하고 있다.

그래서 포로민들은 약속이 지니는 힘에 대하여 그리고 모든 상황을 극복하고 새 일을 행하실 하나님의 능력에 대하여 숙고하는 일을 결코 피할 수 없었다.[21]

그런데 약속은 오늘날 거의 설득력을 잃어버리고 말았다. 이러한 현상은 부분적으로는 지성적인 문제이다. 왜냐하면 오늘날 현대인들이 현실을 인식하는 계몽주의적인 관점에서는 '외부로부터' 우리의 고정된 세계 안으로 갑자기 돌발적으로 침투해 들어올 수 있는 새로운 것은 결

---

21 포로민들이 절망과 좌절의 문제를 극복하기 위하여 실천했던 용서의 능력에 대해서는 다음을 참고하라. Rubem A. Alves, *Tomorrow's Child: Imagination, Creativity, and the Rebirth of Culture* (New York: Harper & Row, 1972), 182-205. Rubem A. Alves는 이렇게 설명한다. "희망을 붙잡고 가는 것이 왜 그토록 중요할까? 희망이 없다면 기존의 상태로 계속 절망하든가 아니면 주변의 광기에 잡아먹히기 때문이다"(193).

코 존재하지 않는다고 믿기 때문이다. 그래서 약속의 상실은 또한 새로운 것을 원하지 않을 뿐만 아니라 우리가 선호하는 현재 시제를 조금 향상시키거나 보장할 수 있는 것만을 원하는 현대인들에게 일종의 자연스런 결과물이다.

백인과 남성과 서구에게 제공되었던 특혜들이 점차 사라짐에 따라, 어떤 사람들은 이러한 '실종'을 두려움과 분노를 유발하는 끔찍한 상실로 경험할 수도 있다.[22]

그러나 복음주의적 신앙은 (어떤 사람에게는) 소외감을 느끼게 하는 이러한 상실의 상황을 (모든 이들을 위한) 하나님이 새로운 일을 실행하기 위한 출발점이자 모체(母體)로 인식할 수 있도록 한다. 그리하여 복음주의적 언어 선포는 우리에게는 불가능해 보이지만 하나님께서 우리가 처한 끔찍하고도 당혹스러운 상황 속에서 일하실 것이라는 기대감과 실마리와 약속을 찾아내는 역할을 한다.

그래서 설교자는 당장 눈에 보이는 단서와 예감으로부터 말씀을 선포하지는 않는다. 왜냐하면 소망이란 '보이지 않는 것에 대한 확신,' 즉 우리가 신뢰하는 하나님의 인격에 뿌리를 두는 확신이기 때문이다.

---

22 필자가 끔찍한 상실감을 묘사하는 의미로 사용하는 '종결'이란 용어는 Francis Fukuyama의 주장에 대한 반대의 의미를 담고 있다. Francis Fukuyama, *The End of History and the Last Man* (New York: Fress Press, 1992). 필자가 판단하기에 서구 자본주의에 대한 다소 이기주의적인 주장은 일종의 낭만적인 환상이다. 그는 현대의 종말적인 상황을 승리의 관점에서 이해한다.

5. 언어 사역

발화(speech), 혹은 민츠(Mintz)가 칭한 바 '언어 사역'(ministry of language)은 포로기에 활용할 수 있는 얼마 되지 않는 소중한 자원이다.[23] 포로민들은 그 특성상 발화(speech) 이외의 다른 모든 자원들을 제국으로부터 강탈당한 상태이다. 포로민은 자신들의 정체성이 부인되는 상황 속에서 정체성을 신실하게 유지하는 방법으로 자신들의 '모국어,' 즉 아이였을 때 어머니로부터 배웠던 언어를 소중하게 지켜야만 했다.

고대의 유대인들은 그 실향의 세계에서 자신들의 정체성을 '재진술해 주는' 언어를 소중히 지켜냈다. 이들의 언어는 포로로 끌려간 제국의 관원들이 발명했거나 그 사용을 승인한 것도 아니었다. 오히려 이들의 언어는 언약 공동체의 오래된 언어 관습 속에서 생겨났고, 불평의 넋두리, 애가, 확언, 찬송과 약속의 말들과 같은 저항의 발언을 용기 있게 신뢰했던 시인의 복음적인 담대함 속에서 공식적으로 승인되었다. 그래서 이러한 대담한 발언들은 실로 이스라엘의 '모국어'에서 나온 언어 형태라고 할 수 있다.

우리가 살고 있는 '모더니즘적'(modernist) 교회(진보적이든 보수적이든)에서는, 한편으로는 인식론적 붕괴 때문에, 또 다른 한편으로 다른 형태의 언어가 더 신뢰할 만하고 '더 타당하다'라고 생각하기 때문에 우리 고유의 영적인 '모국어'가 점차 사라지고 있다. 그리고 우리 자신의 것이 아닌 다른 언어들 때문에 교회는 점차로 복음에 대해서도 침묵하게

---

[23] Mintz, *Hurban*, 29.

되었다. 왜냐하면 말할 수 있는 방법(믿음)이 사라지면 말할 내용(복음)도 결국 사라지기 때문이다. 그래서 포로민에게는 무엇보다도 주변 상황에 휘둘리지 않고 자유롭게 자신들의 고유한 언어 행위를 진행할 공간이 필요하다.

필자가 보기에 옛 '의미의 패러다임'이 우리 가운데에서 심각한 위협에 처해 있다. 상황이 그렇게 심각하지 않다고 더 이상 태연한 척 할 수 없다. 이런 상황에서 우리는 '재난적 상황을 정직하게 표현하고' 의미의 패러다임을 '재구성하고 대치하고 수정할' 믿음과 그 전략을 조상들로부터 배워야 한다.

두 가지 일은 모두 다 고된 일이다. 그럼에도 불구하고 세속적인 현실에 저항하며 하나님의 미래를 예언하면서 모든 속박에서 풀어주는 설교자들은 이런 대담한 과업을 계속해야 한다. 바로 그러한 언어 안에서, 그러한 언어와 더불어, 그리고 그러한 언어로부터 '새로운 모든 것'이 생겨날 것이다.

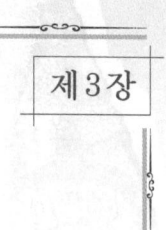

재상상(reimagination)으로서의 설교

이번 장에서는 현대의 새로운 문화적이고 인식론적인 맥락 속에서 필자가 복음적 설교에 대하여 이해하고 있는 열여섯 가지 논제들에 대해서 고찰하려고 한다.

1. 오늘날 설교의 상황이 변화한 이유 중에 하나는 이전에 교회가 주장했던 절대적인 가치들이 더 이상 신뢰를 얻지 못하기 때문이다.

이 말은 교회가 지니는 신학적 절대 가치들이 신뢰를 상실했다는 것이 아니라, 그 가치들을 분명히 밝혀 주는 이전의 방식들이 점점 더 의심을 받고 있고 제 기능을 하고 있지 못하다는 것이다. 필자 생각에 이런 상황이 발생한 이유는 우리 교회들이 의지했던 이전의 방식들이 점점 더 가부장적이고, 계급적이고, 권위주의적이며, 독백적(獨白的)이라고 느껴지기 때문이다.

그러나 이 네 가지 형용어구들에 대한 불신은 지식과 권력 사이의 상호관계에 대한 점증하는 '불신'때문에 생겨났다. 오늘날 우리 사회에는 전통적인 권위에 대한 불신이 아주 광범위하고도 뿌리 깊게 자리를 잡

앉으며, 이러한 현상은 실증주의, 즉 과학적이고 정치적인 실증주의의 실패에 뿌리내리고 있다. 오늘날 많은 사람들이 점점 더 '절대적 지식'이란 공개적인 토론의 장에 참여한 사람들 간의 대중적인 합의를 의미한다고 생각한다.[1]

이러한 '절대주의'(absolutism)는 '절대적 힘'을 확보한 척 가장하지만, 이러한 태도는 당연히 의심의 대상이다. 지배적인 지식의 가장자리에 있는 사람들은 지배적 힘을 행사하는 사람들을 더 이상 절대적 지식에 대한 감독자로 허용해 주지 않는다.

2. 교회의 절대 가치를 천명하도록 안내했던 이전의 방식들이 힘을 잃어버림과 동시에 전통적인 역사 비평의 성경해석 전략도 점차 설득력을 잃어가는 현실에 직면했다.

이 말은 역사 비평이 실패했다거나 혹은 '파산'했다는 의미가 아니라, 이 방식이 부적절해졌다는 의미이다. 왜냐하면, 오늘날 일부 진영에서는 역사 비평에 근거한 성경 연구는 그저 엘리트 교육을 받은 사람들만의 '절대주의적 방식'(modes of absolutism)의 한 형태로 간주되고 있기 때문이다. 역사 비평이 어떤 특정한 힘의 '시녀'가 되었다는 사실은 점점 더 분명해지고 있다.[2]

이러한 태도는 연구의 주제를 학문적인 정치력으로 통제하려는 현실

---

1 Richard Rorty, *Philosophy and the Mirror of Nature* (Princeton, N.J.: Princeton University Press, 1970), 335.
2 필자는 '시녀'라는 단어가 성차별의 역사를 반영하고 있음을 잘 인지하고 있다. 그럼에도 역사 비평의 위치에 대하여 시사점을 제시하고자 의도적으로 이 단어를 사용하였다.

과 관련이 있을 뿐 아니라, 역사 비평의 발흥(發興)이 마치 '초자연적인 것'을 추방해 주었고, 전체 교회가 지켜온 오랜 전통을 마치 진리의 한 가지 형태로 낮게 평가했기 때문이기도 하다.³

성경해석에 관한 방법론적인 토론이 주류를 형성한 학계에서는, (텍스트를 해석자로부터 거리를 두게 하는) 오래된 역사 비평과 '새롭게 등장하는 (사회적, 문화적, 정경적) 비평학' 사이에 긴장이 점차 고조되고 있다.⁴

현재의 상황은 다음과 같이 일반화될 수 있을 것이다.

사회적 권력과 영향력의 이양을 '정치적인 올바름'(political correctness)의 방식으로만 여기려는 비평학자들은 역사 비평이라는 옛 방식을 격렬히 고수할 것이고, 반면에 해석의 힘을 재분배하는 것을 지지하고 힘의 재분배로부터 이익을 기대하는 학자들은 사회적, 문학적 비평을 더 선호할 것이다.

사실, 오래된 노선의 역사 비평은 성경해석 학계에 정착된 '실증주의'(positivism)의 특정한 형태인데, 이러한 사실은 역사 비평이 필자가 논제 1에서 좀 더 일반적으로 주목했던 의심을 받는 이유를 설명해 준다. 필자는 역사 비평으로부터의 이탈이 반계몽주의나 정치적 행위, 혹은 관념론적인 투쟁으로 오해될 수 있음을 잘 알고 있다. 그러나 이러한 꼬리표는 자기만족에 빠진 실증주의의 맥락에서만 치명적인 함축

---

3 비평학의 저변에 깔린 지성적이고 관념론적인 혁명에 대해서는 다음을 참고하라. Paul Hazard, *The European Mind: The Critical Years 1680-1715* (New York: Fordham University Press, 1990); Susan Bordo, *The Flight to Objectivity: Essays on Cartesianism and Culture* (Albany, N.Y.: SUNY Press, 1987).

4 '새롭게 등장하는 비평학'에 대해서는 다음을 참고하라. Steven L. McKenzie and Stephen R. Haynes, eds., *To Each Its Own Meaning: An Introduction to Biblical Criticisms and Their Applications* (Louisville, Ky.: Westminster/John Knox Press,1993).

의미를 지닌다.

3. 설교와 관련하여 새롭게 등장한 전방위적인 현실은 해석 공동체인 지역 회중의 다원성(pluralism)에 관한 것이다.

가장 폐쇄되어 있고 외부와의 적극적인 교류가 없는 예전 공동체 회중은 밖에서 볼 때 매우 이질적이라고 단호하게 평가할 수 있다.[5] 더욱이 이 새롭게 등장한 다원성은 더 이상 절대적 주장만으로 극복할 수 없다. 왜냐하면 이런 절대적 주장은 목회자의 강력한 권위에 의한 것이든 교파적 금언에 의한 것이든 세상 현실을 그와 달리 평가하고 경험하려는 사람들을 파문(破門)하는 데 도움이 될 뿐이다. '우리의 진리'의 하나됨과 완전함을 유지하려는 열정이 격렬하면 격렬할수록 이와 같은 관행은 더욱 더 분열을 초래할 것이다.

그러나 신뢰성 있고 정중한 대화의 형태를 띠고 다른 해석에 개방적인 판단을 내릴 때에만 우리는 목회적으로 그리고 유용하게 회중의 다원성의 문제를 정직하게 지면할 수 있다.[6] 이러한 대화에는 상대방을 '변화시키려고' 고집부리는 사람이나 마치 대화의 결과를 사전에 충분히 알고 있다고 자만하는 사람들은 결코 참여할 수 없다. 오직 다른 사

---

[5] 대부분의 예배 공동체를 균질집단으로 이해하는 것이 일반적인 관례이며, 이는 의심의 여지가 없는 사실이다. 하지만 그러한 균질집단 공동체 안에서도 점차 획일적인 공감대를 확보하는 것을 어렵게 만드는 폭 넓은 견해와 확신들이 점차 많아지고 있다. 이러한 이질성은 함께 공유할 수 있는 공통의 관점에 기초한 다양성과는 상당히 다르다.

[6] David Lochhead, *The Dialogical Imperative: A Christian Reflection on Interfaith Encounter* (Maryknoll, N.Y.: Orbis Books, 1988); David Tracy, *Plurality and Ambiguity: Hermeneutics, Religion, Hope* (New York: Harper & Row, 1987).

람들의 선의를 충분히 존중하며 대화에서 함께 얻을 '진리'가 대화 참가자 중에 어느 누구로부터도 발견될 수도 있다는 당혹스런 생각을 기꺼이 수용한 사람들만이 참여할 수 있다.

필자는 이러한 접근 방법이 상대주의처럼 비춰질 수 있다는 것도 잘 안다. 그러나 항상 해답을 주장하는 오만한 '객관주의'는 신앙공동체에게도 파괴적이고 새로운 진리를 발견할 기회마저도 파괴한다. 그러므로 설교는 성급한 결론을 내리지 않고 한 가지 제안을 제시하거나 지지하는 맥락 속에서 선포되어야 한다.[7]

4. 성경 말씀을 듣고 해석하는 공동체의 관점과 지향점으로 갖추어야 할 다원성은 성경 텍스트의 다의성(多義性, polyvalence)에 대한 최근의 이해와도 일치한다.

텍스트는 여러 의미를 향하여 열려있으며, 둘 이상의 의미가 동시에 정당하고도 본문에 충실할 수도 있다. 이 점은 간단히 말하자면 오늘날 많은 설교자들이 한결같이 성서일과표에서 지정된 본문을 따라서 설교한다는 사실에서 더욱 분명해진다. 물론 성서일과표에 따른 모든 설교가 반드시 정당하고 충실하다는 것은 아니지만, 다수의 설교자들은 분명 성서일과표 설교의 일치성 안에서 지역 교회의 독특성을 향한

---

7 Alasdair MacIntyre, *Tree Rival Versions of Moral Enquiry: Encyclopedia, Genealogy, and Tradition* (Notre Dame, Ind.: University of Notre Dame Press, 1990). Alasdair MacIntyre에 의하면 기포드 강연회(Gifford Lecture)와 같은 엄숙한 자리에서도 강연자는 모든 청중이 수락해야 하는 한 가지 결론을 선언하는 것이 아니라 한 가지 제안을 제시하는 인식론적인 분위기를 선호한다고 한다.

다양성을 확보하고 있다.

그런데 오늘날에는 지역 교회의 다양성이 성경 본문의 '올바른 의미'를 추구했던 오래된 역사 비평 전통에 도전장을 내밀고 있다.[8]

필자가 다의성을 주장하는 이유는 그리스도인들이 유대인의 해석 전통으로부터 해석학적인 유익을 얻을 수 있도록 초청하기 위함이다.[9] 사실 유대인의 해석 전략은 텍스트를 임의적으로 해석자의 의도 속에 가두지 않고 다양한 독법(讀法)들이 함께 사용되도록 허용하는데, 그 결과 해석자들이 텍스트의 풍부한 농도(rich density)를 제대로 경험할 수 있다. 이와 같은 독법 속에는 텍스트의 소리를 다양하게 청취하고 저자의 좁은 의도에 갇히지 않는 유대인들의 미드라쉬 해석 전략이 깔려 있다.[10]

최근 연구에 의하면 미드라쉬 해석 전략에는 프로이드(Freud)의 심리 분석 이론과 그의 꿈 해석에 대한 실제가 부지중이긴 하겠지만 강력한 유사성으로 발견된다고 한다.[11] 프로이드(Freud)는 꿈의 의미에 대한 해석의 가능성이 무한히 열려 있음을 이해했다. 이러한 점에서 꿈에 대

---

8 다음의 유명한 구분을 참고하라. Krister Stendahl, "Biblical Theology, Contemporary," in *The Interpreter's Dictionary of the Bible A-D* (Nashville: Abingdon Press, 1962), 418-32. 이에 대한 비평적인 응답으로는 다음을 참고하라. Ben Ollenburger, "What Krister Stendahl 'Meant' – A Normative Critique of 'Descriptive Biblical Theology,'" *HBT* 8 (June 1986):61-98.

9 Susan A. Handelman, *The Slayers of Moses: The Emergence of Rabbinic Interpretation in Modern Literary Theory* (Albany, N.Y.: SUNY Press, 1982).

10 Ibid., 21,34. Moshe Idel, "Infinities of Torah in Kabbalah," in *Midrash and Literature*, ed. Geoffrey H. Hartman and Sanford Budick (New Haven, Conn.: Yale University Press, 1986), 141-57.

11 See Handelmann, *The Slayers of Moses*, 141-52.

한 해석 전략은 텍스트의 독법과 크게 다르지 않다.

아울러 중요한 점은, 텍스트가 비현실적인 환상이 아닌 것처럼 꿈도 비현실적인 환상이 아니며, 다양한 가능성을 염두에 두고 해석할 때 비로소 발견이 가능한 깊은 진리를 담고 있다는 사실이다. 텍스트를 지나치게 독자의 입장 안에 가두는 것은 텍스트 해석자에게, 그리고 설교자에게 전혀 도움이 되지 않는다. 왜냐하면 이런 폐쇄적인 습관은 결국 텍스트와 청자 모두에게 해(害)가 되기 때문이다. 텍스트의 해석자와 청자는 모두 다양한 독법이 필요한 존재들이다.

5. 현실은 텍스트에 의해 그 대본이 작성된다. 다시 말해 현실은 텍스트에 의해 형성되고 그 권위를 부여받는다.

폴 리꾀르(Paul Ricoeur)는 현실이 스스로 존재하지 않고 오히려 텍스트대로 살아가고 있음을 우리에게 탁월한 방식으로 보여주었다.[12] 리꾀르가 의미하는 '텍스트'는 더 이상 '저자'의 통제를 받지 않고 스스로 증언하며, 스스로 해석될 것을 주장하는 문어적인 담화(discourse)를 가리킨다. 그리고 해석이란 '텍스트의 의도를 지금 이곳에 맞게 전용(轉用, appropriate)하는 것'이다.[13]

그러나 지금 여기를 지향하는 텍스트의 의도는 '저자'로부터 생겨나

---

12 Paul Ricoeur, "From the Hernemeutics of Texts to the Hermenutics of Action," *From Text to Action: Essays in Hermenutics II* (Evanston, Ill.: Northwestern University Press, 1991), 105-222; Richard Harvey Brown, *Society as Text: Essays on Rhetoric, Reason, and Reality* (Chicago: Chicago University Press, 1987).

13 Ricoeur, *From Text to Action*, 121.

는 것이 아니라 해석의 행위 내부에서 수행되는 작업에서 파생된다.

이 텍스트는 인식될 수도 있고 혹은 눈에 보이지 않을 수도 있다. 텍스트가 위대한 종교적 '고전'일 수도 있고, 강력한 철학적 전통이거나, 오래된 부족의 신념일 수도 있다.[14] 텍스트는 공동체가 신뢰하여 다시 조사를 하지 않더라도 이전에 당연히 '주어진 것'으로 받아들이는 현실에 대한 설명이다. 이 텍스트는 현실을 특정한 방식과 형태로 '서술한다.' 그래서 하나 이상의 즉 다수의 텍스트가 존재하는 세계에서는 하나의 텍스트가 기술하는 상황에 또 다른 텍스트가 끼어들 경우, 그 두 번째 텍스트는 기존 현실을 '재서술할'(redescribe) 수 있다.[15]

설교자는 이런 논제에 근거하여 '텍스트가 없는'(textless) 세계는 존재하지 않는다는 사실을 분명히 인식해야 한다. 이런 주장은 종종 비판을 받는다. 그러나 잘 생각해 보면 이 주장은 분명 사실이다. 사람들은 자기 나름의 세계를 기술하는 텍스트를 이미 마음에 품고 설교단 앞으로 다가간다.

그래서 텍스트를 해석하는, 즉 텍스트의 의도를 지금 이곳에서 새롭게 전용(轉用)하는 설교자는 결코 아무런 전제나 선이해가 하나 없는 순백의 진공 상태에서 해석하는 것이 아니다. 해석자는 해석의 과정에서 다양한 경쟁관계에 있는 텍스트에 직면하는데, 성경 본문은 이런 경쟁관계에 있는 텍스트를 통해서 현실을 있는 그대로 기술하기보다는 전

---

14 고전(classic)에 대해서는 다음을 참고하라. David Tracy, *The Analogical Imagination: Christian Theology and the Culture of Pluralism* (New York: Crossroad, 1981).

15 Paul Ricoeure, "Biblical Hermeneutics," *Semeia* 4 (1975): 127. 묘사를 통한 세상의 구성과 재구성에 관한 설명으로 다음을 참고하라. David H. Kelsy, *The Use of Scripture in Recent Theology* (Philadelphia: Fortress Press, 1975).

복적(顚覆的)으로 그리고 혁신적으로 기존 세상을 다시 기술한다.

6. 오늘날 우리 문화에서 현실에 대한 주요한 대본 작업(scripting)은 르네 데카르트(Rene Descartes)와 존 로크(John Locke), 토마스 홉스(Thomas Hobbes), 그리고 장 자크 루소(Jean-Jacques Roussau)와 연관된 계몽주의에 뿌리를 내리고 있다. 계몽주의는 자율적인 개인주의라는 개념에서 출발하여, 필립 리프(Philip Rieff)의 『치유법의 승리』(The Triumph of the Therapeutic)에서 종결된다.[16]

17세기가 시작되면서 '세계 형성'(world making)에 대한 전제들이 급격한 변화를 겪는데 이러한 변화를 모두 수용하기는 쉽지 않다.[17] 16세기의 종교개혁과 30년 전쟁, 그리고 과학의 발흥에 의해 중세 기독교의 패권은 점차 무너졌는데, 수잔 보르도(Susan Bordo)가 명백히 밝힌 것처럼, 그 결과로 기존 세상의 확실성에 대하여 심각한 문제 제기가 등장했다.[18]

---

16 Philip Rieff, *The Triumph of the Therapeutic: Use of Faith after Freud* (New York: Harper & Row, 1966). 계몽주의에 관한 좀 더 일반적인 설명을 위해서는 다음을 참고하라. Susan Bordo, *The Flight to Objectivity, and Stephen Toulmin, Cosmopolis: The Hidden Agenda of Modernity* (New York: Free Press, 1990). 필자도 다음의 책에서 계몽주의적인 의식의 변화가 성경해석에 끼친 상당한 영향을 제대로 평가하려고 노력하였다. Walter Brueggemann, *Text Under Negotiation: The Bible adn Postmodern Imagination* (Minneapolis: Fortress Press, 1993), 1장.
17 Paul Hazard, *The European Mind*. 이 외에도 다음을 보라. Klaus Scholder, *The Birth of Modern Critical Theology: Origins and Problems of Biblical Criticism in the Seventeenth Century* (Philadelphia: Trinity Press International, 1990).
18 Bordo, *The Flight to Objectivity*. 저자에 의하면, '어머니 교회'(mother church)의 상실로 인하여 어머니처럼 양육을 제공해 줄 또 다른 확실성을 확보하려는 시도들이 나타났다.

'그리스도의 진리'만으로는 예전과 같은 확실성을 더 이상 찾아보기 어렵다는 것이 너무 분명해졌다. 왜냐하면 기독교의 신앙고백에 대한 다양한 차이점들이 점차 그리스도의 하나된 진리를 무너뜨렸기 때문이다. 그 이후로 신자(信者)들은 성령의 인도함을 받는 '이성'이나 인간의 이성에 의해 재단된 성령에 의지할 수밖에 없었는데, 이는 분명 진리의 순환 논리나 마찬가지이다. 사실 데카르트(Descartes)는 '새로운 진리'를 기독교의 주장과 연관시키려는 시도로서 의심(또는 회의)을 기반으로 한 거대한 지성적인 패러다임을 도입했다. 그 결과로 진리를 판단하는 주체로서의 개인이 등장하게 되었다.[19]

이러한 인간 지성의 자율성은 행위와 윤리의 자율성을 초래했고, 그 결과 개인은 주변 세상을 판단하고 수용하는 절대 기준의 자리에 올랐다. 그리고 자율적인 이성이 절대 권력을 차지한 최종 결과로 자기 탐닉적인 자기 몰두가 나타났는데, 이러한 자기 몰두에 빠진 사람들은 종교를 자기애적인 서비스 조달이나 소비주의로 몰고 가고, 공동체의 '다른' 요구 사항은 고려하지 않은 채 자신의 행복과 쾌락만을 무한히 추구하려 든다.[20]

이처럼 '현실을 대본화하는' 작업은 그 배후에 깊이 있는 비판적 사고가 깔려 있지만, '텍스트'를 제대로 인식하지 못하고 또 텍스트의 뿌리나 그 의도를 제대로 인식하지 못하는 현대인들은 현 세상이 제공하는

---

19 데카르트 철학에서 비롯되는 개인 자아의 등장에 대해서는 다음을 참고하라. Charles Taylor, *Sources of the Self: The Making of the Modern Identity* (Cambridge, Mass.: Harvard University Press, 1989).

20 개인주의의 긍정적인 대안에 관하여 다음을 참고하라. Paul R. Sponheim, *Faith and the Other: A Relational Theology* (Minneapolis: Fortress Press, 1993).

대본을 무작정 환영하고 또 그대로 따르려고만 한다.[21] 그래서 대중화된 설교 현장에 참여하는 오늘날의 많은 현대인들은 이 세상을 그대로 진술하는 '현실의 텍스트'에 의존할 수밖에 없는 것은 매우 당연한 일이다. 게다가 설교자들 역시 이렇게 텍스트에 의하여 형성된 세계에서 그대로 설교할 수밖에 없다.

7. 계몽주의의 대본화 작업은 오늘날 거대하고도 광범위한 패권을 행사한다.

계몽주의의 전통은 우리가 흔히 영위하는 공적인 삶의 모든 영역에서 지배적인 가정을 형성한다.

첫째, 경제 분야에서는 이러한 텍스트에서 생겨난 관념론이 '다다익선'이나 '최대 다수의 최대 행복,' 그리고 '각자는 자신의 행동에 대한 권리와 책임을 지닌다'라는 몇몇 주장에 근거하여 작동하는 소비지상주의 세상으로 구현된다.

이러한 경제적인 '가치체계'는 당연히 자신의 행복을 가져다 줄 제한된 재화에 대한 다른 경쟁자들의 가치나 주장을 불신하게 만든다. 텔레비전 광고는 현실에 대한 이런 경쟁적인 관점을 조장하는 주된 목소리이며, 이와 동일한 방향으로 작용하는 대중 스포츠와도 밀접하게 연

---

21 Adam Smith의 작품 배후에 자리하고 있는 Hobbes의 본문에 대해서는 다음을 참고하라. Milton L. Myes, *The Soul of Modern Economic Man* (Chicago: University of Chicago Press, 1983).

결되어 있다.²²

단적인 예로 유명세를 타는 대학 스포츠 팀의 감독들이 체결하는 '신발 계약'이 그렇다.

둘째, 정치 분야에서는 이와 동일한 관념론이 유럽의 자민족 우월주의와 식민주의적인 특권 의식 속에 뿌리내리고 있으며 최근에는 팍스 아메리카나(Pax Americana)를 통해서 종종 표출된다.

이러한 관념론은 미국이 다른 나라나 민족들에 보다 더 우월한 권력으로 판결을 내리고 영향력을 행사할 때 이 세계가 좀 더 올바르게 발전한다는 가정에 기초하며, 미국이 가진 특권적인 지위를 물질적인 번영과 세속적인 권력의 관점에서 향상시키려고 애쓴다. 그리하여 공권력을 행사하는 행정부는 바로 그렇게 무제한의 물질을 소비하는 개인의 능력을 보장하는데 집중한다. 이러한 뿌리 깊은 집착은 계속해서 '강력한 미국'을 주장하는 모습 속에서 더욱 분명하게 드러난다.

정치 분야에서 미국적인 패권에 대한 집착의 문제는 데오도오 루즈벨트(Theodore Roosevelt) 대통령 재임시 국무장관이었던 엘리후 루트(Elihu Root)와 그의 팽창주의 사상을 통해서 더욱 힘을 얻게 되었다. 루트(Root)는 헨리 스팀슨(Henry Stimson)의 멘토였는데, 스팀슨(Stimson)은 탁월한 변론과 정치적인 전략을 통해서 현대 세계 전체를 미국이 혼

---

22 Neil Postman, *Entertaining Ourselves to Death: Public Discourse in the Age of Show Business* (New York: Penguin Books, 1986), and *Technology: The surrender of Culture to Technology* (New York: Random House, 1993).

자 서책임질 수 있다는 자만심을 고조시켰다.[23] 스팀슨의 미국 주도적인 외교정책 때문에 냉전은 더욱 심화되고 결국 베트남에까지 부정적인 파장을 끼쳤던 영향력 있는 인물들의 후원자 노릇을 감당했다.[24]

물론 베트남 전쟁이 전부는 아니다. 오늘날 미국은 초강대국이 되었고 자신의 방식대로 모든 것을 해결할 수 있다고 생각한다. 그 결과 미국은 종종 그 정당성이 제대로 검토되지 않은 예전의 패권을 계속 유지하고자 옛 식민지 열강들이 취했던 탐욕적인 모습을 보이곤 한다.

셋째, 결국 유럽과 미국의 정치계와 경제계 저변에 작동하는 계몽주의 텍스트는 이기적인 특권과 탐욕에 대한 흔들림 없는 논리적 근거를 제공한다.

계몽주의 텍스트는 정치적 우위와 경제적 지배를 의미할 뿐 아니라, 심지어 이 텍스트를 지지하는 것에 대한 도덕적 정당성마저 보장한다. 한편 이러한 생각은 교회 안에서도 발견되는데, 서구 교회가 다른 세계의 모든 교회 상태를 점검하고 판단하는 특권을 가진 것처럼 처신한다. 결국 오늘날에는 진리마저도 어떤 식으로든 서구적인 도덕과 결부되어 있다.

이렇게 현실을 규정하는 서구의 텍스트는 자신들의 능력과 생산성,

---

23 Godfrey Hodgson, *The Colonel: The Life and Wars of Henry Stimson 1867-1950* (New York: Alfred A. Knopt, 1990).

24 Walter Isaacson and Evan Thomas, *Wise Men: Six Friends and the World they Made* (New York: Touchstone Books, 1988). 현자들(Wise Men)에 관한 Kai Bird의 견해도 참고하라. Kai Bird, *The Chairman, John F. McCloy: The Making of the American Establishment* (New York: Simon & Schuster, 1992), 663.

그리고 자신들의 특권의 기준에 '부합하지' 않은 사람들에게는 극도로 가혹한 것이고 부당한 것이다. 이 텍스트는 일종의 '사회적인 다원주의'(social Darwinism)를 만들어 냈는데, '사회적인 다원주의'에서는 빠르고, 똑똑하고, 가문이 좋고, 잔혹한 사람들이 최고의 사람들로 인정받는다.[25] 그리고 그 반대편에 있는 사람들은 그런 능력이 없는(=생산성이 떨어지는=올바르지 못한) 사람들로 천시 받는다. 심지어 현대 사회에서 발생하는 많은 사회적 문제들과 사회적 불평등이 이러한 텍스트에 의해서 정당화되기까지 한다.

이렇게 현실을 규정하는 텍스트는 기존의 상상력에 상당한 권위를 행사할 뿐만 아니라 이런 텍스트에 저항하는 사람들의 상상력에도 엄청난 권위를 행사한다. 칼 마르크스(Karl Marx)가 지적했듯이 이 텍스트는 이 텍스트가 약속한 혜택에 참여하지 못한 사람들 뿐 아니라 이 텍스트로 인하여 희생당한 사람들의 마음까지도 강력하게 유혹한다. 마르크스(Marx)가 말한 금언은 "지배계급의 사상이 결국 지배적인 사상이 된다"라는 것이다.[26]

게다가 마르크스(Marx)는 지배계급이 나서서 물리적인 힘을 직접 행사할 필요가 없고 다만 '지배력을 행사하는 극장'(hegemonic theatre)을 통해서 영향력을 행사할 수 있음을 직시했다.[27] 필자가 생각하기에 이러

---

[25] Adrian Desmond와 ames Moore는 '사회적인 다원주의'(social Darwinism) 사상은 다윈 Darwin 자신의 생각에서도 그렇게 동떨어진 개념이 아니었으며 경쟁적인 진화론에 관한 연구를 진행하는 동안에 자신의 사회적인 지위에 대해서도 그렇게 생각하고 있었다고 주장한다. Adrian Desmond and James Moore, *Darwin* (New York: Warner Books, 1991).

[26] 다음의 토론을 참고하라. David McLellan, *The Thought of Karl Marx: An Introduction* (London: Macmillan & Co., 1971), 41–51.

[27] 사회적인 관계의 형성과 유지 과정에서 '사회적인 극장'(social theatre)의 기능에 관하여 다

한 체제 안에서는 마치 누구나 성공할 수 있는 것처럼 유혹하는 복권이 그러한 상상력의 도구일 것이다.

아! 이 시스템은 얼마나 탁월한 시스템인가!

8. 인간의 변혁(사람들이 변화하는 방식)은 교리적인 가르침이나 맹목적인 확신을 수용함으로써 발생하는 것이 아니라, 우리에게 주어진 이전의 대본과 그에 대한 해석을 전복하고 대안적인 텍스트와 현실을 모두 새롭게 다시 진술하는 또 다른 대본을 기꺼이 수용할 때 발생한다.

사람들은 기존 세계에 대한 자신들의 입장이 담긴 진술을 갑자기 바꾸지 않는다. 우리들 대부분은 기존 생각에 몰두하여 원래 자리에 오래 머물며, 새로운 경험이 이전의 텍스트와 충돌할 때에도 떠나가려는 이전 텍스트 속에 어떤 의미가 있지는 않은지 궁금해 한다.[28]

이렇게 우리들 대부분은 강압적으로 주어지는 새로운 대안을 쉽게 받아들이려 하지 않는다. 그와 같은 강압은 오히려 이전의 것을 계속 변호하게 만들고, 또 새 것에 대하여 방어적인 태도를 취하도록 만든다.

빅터 터너(Victor Turner)는 사회적인 변혁과 재정위의 과정에는 그가 '리미널리티'(또는 경계영역이나 경계성, 변곡지대, liminality)라고 명명한 과

음을 참고하라. E. P. Thompson, *Customs in Common* (New York: New Press, 1991), 86-87.

[28] Leon Estinger, *A Theory of Cognitive Dissonance* (Palo Alto, Calif.: Stanford University Press, 1962).

제3장 / 재상상(reimagination)으로서의 설교 97

도기가 있다는 점에 주목하였다.[29] 리미널리티란 이전의 사회 현실을 구성하던 요소들이 점차 위태로워지지만 새로운 대안들이 아직 채택되지 않은 중간 단계의 시기나 과정을 의미한다.

이와 같은 중간 단계에서 우리는 리미널리티의 모호함을 수용하고 그 긴장에 주목하며 강요하는 압력에 굴복하지 않고 자유롭게 현실에 대한 대안적 텍스트를 작성해보고 점검할 수 있는 안전한 장소가 필요하다.

필자가 오늘날의 설교에 대하여 느낀 인상으로는 지나치게 긴급하고 열정적인 대부분의 설교가 우리가 어떻게 변화하는지, 그리고 변화가 주어졌을 때 사람들이 어떻게 변화를 수용하는지에 대하여 세심한 주의를 기울이지 않는 것 같다. 교회의 설교자들이 설교하도록 위임받은 성경 텍스트는 인간의 변혁에 관한 것이지만, 이것을 제시하는 특유의 방식들은 오히려 성경 텍스트의 유연한 주장과 충돌하여 오히려 변혁에 큰 장애물이 되고 있다.

그래서 매력적이고 효과적인 대안은 자신의 주장을 부드럽게 하거나 입맛에 맞도록 할 필요는 없으나, 위협적인 것처럼 보이는 새로운 텍스트를 수용하거나 전용(轉用)하는 것에 대하여 거부감이나 저항감을 누그러뜨리는 유연한 방식을 사용하는 것이다. 설교는 대안을 선언하는 행위일 뿐 아니라, 아직 많은 것을 알지도 못하고 수용하지도 못하

---

29 Victor Turner, *The Ritual Process: Structures and Anti-Structure* (Ithaca, N.Y.: Cornell University Press, 1969). Victor Turne의 연구에 대한 해설과 비평에 대해서는 다음을 참고하라. Bobby C. Alexander, *Victor Turner Revisited: Ritual as Social Change* (Atlanta: Scholars Press, 1991).

는 과도기의 방식이기 때문이다.

9. 성경 텍스트는 그 내부의 모든 분열과 부조화에도 불구하고 현 세계에 대한 대안적인 대본을 제공한다. 그래서 성경 텍스트를 설교하는 것은 이 대안적인 텍스트를 통해 바라보는 낯선 세계를 탐구하는 것이다.

이 논제는 우리에게 두 가지 중요한 사항을 상기시킨다.

첫째, 성경 텍스트는 실로 세상의 계몽주의 텍스트에 대한 강력한 대안이며, 따라서 우리들 대부분이 교회로 가져오는 지배적인 세상 텍스트의 대안을 제공한다.

오랫동안 우리는 계몽주의적인 자유와 행복이 미국화된 양식인 '아메리칸 드림'(American Dream)이 복음과 적절한 조화를 이룬다고 생각했다.[30] 미국이란 나라는 이 세상에서 하나님의 대리인이요, 하나님의 전형(典型)이요, 하나님께서 가장 축복하신 국민이라는 것이다.

필자가 보기에 이렇게 노골적인 형태의 주장을 거부하는 사람들조차도 이런 주장을 조금 정도가 덜한 방식이지만 그대로 수용해왔다. 그러나 오늘날 우리가 잘 아는 바와 같이 '아메리칸 드림'은 훨씬 전에 복음의 주장과 결별했으며, 뒤늦게나마 그런 사실을 인정할 것을 요청받고 있다.

---

30 이러한 조화에 관한 기본적인 연구로 다음을 참고하라. Robert Bellah, "Civil Religion in America," *Daedalus* 96 (Winter 1967):1-21; Robert Bellah, *The Broken Covenant: American Civil Religion in Time of Trial* (New York: Crossroad, 1975). Martin Luther King의 권력에 입장은 그가 여전히 이러한 조화에 호소할 수 있었다는 점에서 발견된다.

세상의 지배적인 텍스트는 인간의 진취성을 현실의 핵심으로 간주하는 반면에 복음은 거룩함을 그 핵심으로 증언한다. 지배력을 행사하는 텍스트로부터 파생되는 것은 '자아'이지만 복음에서는 '이웃'이 생겨난다.

만약 우리 모두가, 진보적이든 보수적이든, 이 두 가지 서로 경쟁하는 텍스트들(이 둘 사이에 공통부분은 매우 작아서 우리는 이 둘 사이에 하나를 선택하고 싶어하지 않는다) 사이에서 올바른 판단을 내린다면, 설교자와 회중은 진지한 설교에 대해 더 자유로워질 것이다. 설교자는 반드시 복음이라는 대항적 텍스트(countertext)가 진정한 대안임을 보여주어야 한다.

둘째, 여기에서 주목할 두 번째 통찰은 설교자는 성경 텍스트로부터 복음이 지배하는 세계를 단지 진술만 하는 것이 아니라 청중으로 하여금 그 세계를 상상할 수 있도록 돕는다는 것이다.[31]

진술하고 재진술하는 모든 텍스트는 우리 수중에 당장 들어 있지 않은 무엇인가를 제시하는데, 결국 이 텍스트는 청중에게 새롭게 전용(轉用)되어서 모든 현실이 텍스트를 통하여 수용된다. 이런 것들이 왈라스 스티븐스(Wallace Stevens)가 다음의 수수께끼 같은 진술로 의도했던 깃임에 틀림없다.

> 시는 최고의 허구입니다. -
> 부인… 그러나 허구 속에서 윙크를 합니다.[32]

---

[31] Walter Brueggemann, *Text Under Negotiation: The Bible and Postmodern Imagination* (Minneapolis: Augsburg Fortress, 1993) 2-25. 여기에서 필자는 성경해석 작업은 대항 상상력(counterimagination)에 투자하는 것이라고 주장했다.

[32] Wallace Stevens, "A High-Toned Old Christian Woman," *in The Collected Poems of Wal-*

설교자는 진실을 드러내는 '허구'와 거래한다. 그러나 이런 이유 때문에 설교는 매우 긴급하고도 능숙하게 행해져야 한다. 이러한 복음의 세계는 그 자체만으로는 '실제'(real)가 아니며, 이 신뢰할 만한 발언은 힘을 잃은 텍스트로부터 떠나서 성경 텍스트를 각자의 상황에 맞게 전용(轉用)하도록 허용할 경우에만 비로소 새로운 힘을 얻을 수 있다.

허구를 실제로 만드는 그러한 상상의 행위는 개럿 그린(Garret Green)이 '–처럼'(as)을 '상상력의 계사'(또는 연결사, copula of imagination)로 주장한 데서 잘 나타난다.[33] 개럿 그린은 'as'라는 조사가 상상력을 연결시켜 준다고 주장하면서 허구를 '현실'(real)로 만드는 이러한 창의적인 행위에 대하여 명쾌하게 설명하였다. 필자는 개럿 그린의 말을 어떤 사건이나 사물이 다른 어떤 것'으로서'(as) 먼저 해석되어야만 그것을 각자의 입장에 맞게 전용할 수 있다는 의미로 이해한다.

첫째, 개럿 그린의 통찰은 해석되지 않은 사건이나 사물은 전용할 수 없다는 의미가 들어 있다.

사건이나 사물은 해석되기 전까지는 이용할 수 없고, 해석이 될 때, 이것들은 비로소 'as'에 의해 새롭게 수용될 수 있다.[34]

둘째, 허구를 실제로 만드는 상상력에는 (문제집에서처럼) 책의 뒷부분

---

lace Stevens (New York: Vintage Books, 1954), 59.

33　Garrett Green, *Imagining God: Theology and the Religious Imagination* (San Francisco: Harper & Row, 1989), 73, 140.

34　David J. Bryant, *Faith and the Play of Imagination: On the Role of Imagination in Religion* (Macon, Ga.: Mercer University Press, 1989), 115. 상상력에서 '간주하기'의 의미에 관한 유용한 통찰을 제시한다.

에 당연한 정답이 기록되어 있는 것은 아니다.

그래서 어떤 해석학적인 'as'(-같은)라도 다른 'as'만큼의 설득력을 발휘한다. 설교자가 실행하는 것은 이 세상과 우리의 삶이 복음의 보호 아래 있는 것'으로서' 바라보거나 그렇게 받아들이도록 제안하는 것이다.

이와 같은 창의적인 'as'는 계몽주의적 해석의 보호 아래에 있는 '것처럼' 여겨지는 이 세계와 우리의 삶의 단절을 의미한다. 우리는 언제나 현실에 대한 계몽주의적 진술을 우리에게 당연히 '주어진'(given) 것처럼 받아들여 왔다.[35] 그러나 개럿 그린에 의하면, 계몽주의적 진술은 우리에게 일방적으로 '주어진'(given)것이 아니라, 단지 오랫동안 지속된 강력한 'as'일 뿐이며, 이제 이 복음주의적 'as'가 여기에 새롭게 대항하는 것이다.

10. 이 대안적인 대본의 제안은 종합적이고 보편적인 주장을 통해 제시되는 것이 아니라, 자그마한 방식으로 대안적 상상력을 제공해주는 구체적이고 특정한, 그리고 특정 지역을 배경으로 하는 텍스트를 통해서 제시된다.

모든 설교자와 모든 성경 텍스트의 해석자가 '조직신학'과 같은 결정적인 전제를 가지고 해석 작업을 진행한다는 사실에는 의심의 여지가

---

[35] '주어진 것'에 관한 신화와 관련하여 다음을 참고하라. Thomas Kuhn, *The Structure of Scientific Revolution* (Chicago: University of Chicago Press, 1976). 다음의 중요한 저서도 참고하라. Mary Hesse and Michael Arbib, *The Construction of Reality* (Cambridge: Cambridge University Press, 1986).

없다.[36] 이것은 당연하다. 그러나 이런 조직신학적 사고는 현실에 대한 일관성을 유지하기 위해 때로 필수적이지만, 성경 텍스트를 해석하는 주된 방법은 될 수 없다. 사실, 조직신학에서 우리가 취하는 거시적 시야는 장기간 동안 안정된 자리를 차지할 수 없는 작은 텍스트들을 선별하여 꿰매어 연결한 것이다.

물론 이런 제안에도 깊은 의견의 차이가 존재한다. 브레바드 차일즈(Brevard Childs)가 제안한 '정경 비평'(canonical criticism)은 대체로 거시적인 안정화를 추구한다.[37] 이 제안은 어느 정도 정당한 측면도 있지만, 텍스트를 지속적으로 연구하고 읽고 숙고하다 보면 안정화 역시 지속적으로 점검되고 변화한다는 점도 사실이다.

그러므로 텍스트를 구체적이고 특정하게, 그리고 지역적 배경을 담아 제시할 것을 주장하는 것은, 여러 부분들로 구성되어 있고 이 부분들 간의 정확한 관계가 분명하지 않은 성경 텍스트의 본질과도 상응한다. (따라서) 해석 행위 그 자체는 매번 그 부분들이 서로 간에 어떤 관련을 맺는지에 대한 주요한 의사결정 행위가 된다.

그러므로 설교자는, 만약 성경 텍스트를 진지하게 받아들인다면, 설교에서 모든 성경 진리를 말하지 않고 하나의 상세한 텍스트에 초점을 맞추어 그것이 어떤 'as'를 만들어 내는지 살펴보려고 한다. 매번의 설

---

36 다음을 참고하라. David R. Blumenthal, *Facing the Abusing God: A Theology of Protest* (Louisville, Ky.: Westminster/John Knox, 1993). 우리가 일련의 흐름을 따라 살아간다는 David R. Blumenthal의 주장은 상당한 비난을 받았다. 하지만 누구에게든 다소 과장된 주장인 것 같다.

37 Brevard S. Child의 최근 연구를 참고하라. Brevard S. Child, *Biblical Theology of the Old and New Testament: Theological Reflection on the Christian Bible* (Minneapolis: Fortress Press, 1992), 70-94.

교에서 항상 보편적인 진리를 선포하지 않아도 된다는 점은 설교자에게 큰 위로가 될 뿐만 아니라, 설교가 교회 안팎에서 발생하는 모든 이슈에 대해 보편적인 실천 방향을 제시해야 하는 것도 아니라는 사실 역시 교회에게도 큰 위안이 될 것이다.[38] 변혁을 위해서는 특정 지역을 배경으로 하는 세부내용을 가지고 진행해도 충분하다.

그와 같은 '부분적 작업'의 한 가지 사례로 몇 가지 성경 구절을 자유롭게 인용할 수 있다. 창세기 12-50장의 선명한 기억 속에서, 우리는 본문의 사건과 행동들이 그 가문의 구성원들의 이름과 구체적 내용을 알고 있는 한 가문을 배경으로 하여 특정 지역에서 전개된다는 사실을 알 수 있다.[39] 아마도 보다 강력하게, 예수님의 비유는 한 시대와 한 장소의 세부사항에 놀라울 정도로 초점을 맞추고 있다.[40]

이처럼 구체성을 강조하는 것과 관련하여 산드라 쉬나이더스(Sandra Schneiders)는 '유월절의 상상'(paschal imagination)이라는 구절을 통하여 그 의미하는 바를 더 잘 이해할 수 있도록 돕는다. 이 표현에서 그녀는 텍스트가 세계의 구성에 동반되는 주체/객체의 분열을 어떻게 극복할 수 있는지를 보여준다.[41] 제이콥 뉴스너(Jacob Neusner)도 어떻게 유대인

---

38 Toulmin, *Cosmopolis*, 186-201. Toulmin은 이 책에서 보편적인 확신으로부터의 후퇴의 긍정적인 측면을 아주 탁월하게 논증하고 있다.
39 예를 들어 다음의 책에서 요셉 내러티브에 관한 탁월한 묘사를 참고하라. Gabriel Josipovici, *The Book of God: A Response to the Bible* (New Haven, Conn.: Yale University Press, 1988), 75-89.
40 John R. Donahue, *The Gospel in Parable* (Philadelphia: Fortress Press, 1988). 복음 진리의 비유적인 특징을 잘 이해하고 있는 저자는 이 책에서 비유에 관한 깊이 있는 연구 결과를 제시하고 있다. 그는 '상상력이 빈곤한 사막'에서 살아가는 사람들에게 꼭 필요한 비유적인 연설의 중요성에 주목한다(212).
41 Sandra M Schneiders, *The Revelatory Text: Interpreting the New Testament as Sacred Scrip-*

들이 경건과 의례의 작은 행위들을 통하여 스스로를 유대인의 정체성에 부합하는 자로 주장할 수 있는지를 보여준다.[42]

이런 세부사항들은 최근까지 기독교가 우리 사회에서 지배적 위치를 점령하는 동안에 분명한 요약 내용을 다루고 있을 때에는 그다지 불필요했을지도 모른다. 그러나 이제는 기독교가 헤게모니의 상실과 더불어 다양한 방법으로 지배적인 텍스트에 대항하는 주장을 담은 작은 파편들처럼 밀려났다.

이런 상황에서 설교자는 한편의 설교를 마치 오랫동안 굳어진 현실에 대한 매우 이상하고도 색다른 진술에 또 새로운 세부사항을 제공하는 것으로서 이해할 수 있을 것이다.

11. 설교라는 작업은 상상력을 발휘하는 행위이다. 다시 말해, 인식, 경험, 그리고 최종적으로는 신앙을 대안적인 방식으로 재조직화하는 이미지를 제공하는 행위이다.

성경 본문 설교를 통하여 회중에게 제시되는 새로운 대안은, 이러한 '현실의 대본화 작업'이 사실은 현실에 대한 지배적인 진술과 심각할 정도로 대립하고 있음을 보여주려는 것이다. 그래서 두 대본은 항상 충돌하는 것은 아닐지라도 서로 간에 심각한 긴장 관계에 있음을 드러낸다.

만약 설교를 통해서 명료하고도 활기찬 대안을 제시하지 못하면, 어

---

tures (San Francisco: Harper, 1991), 102–108.
42 Jacob Neusner, *The Enchantments of Judaism: Rites of Transformation from Birth through Death* (New York: Basic Books, 1987), 214. 저자에 의하면 "상상력의 힘 속에서는 우리도 유대인이다"라고 한다.

떤 선택도 주어지지 않은 것이고 따라서 회중은 대안적인 선택을 할 수 없다. 물론 역사상 상당기간 동안 상상력에 대한 부당한 거부감이 존재해 왔다. 이러한 의심은 아리스토텔레스까지 거슬러 올라가는데, 그는 상상력은 열등하고 신뢰할 수 없는 지식의 원천이라고 혹평했다.[43] '객관성'에 대한 계몽주의적 견해들의 쇠락과 더불어 점차 상상력은 중요한 지식의 한 가지 유형으로서 복원되었다. 가스통 바슐라르(Gaston Bachelard)는 지식을 발생시키는 데 있어서 상상력이 수행하는 창의적 기능을 강력하게 서술했다.[44]

그의 저작물에 대하여 리차드 키어니(Richard Kearney)는 다음과 같이 설명하였다.

> 바슐라르는… 상상력을 지성적으로 궁핍한 상태가 아니라 음악 연습실 같은 오디션, 즉 자아가 아닌 타자의 음향시설로 간주한다. 상상력에 대한 그의 시적인 모델은 이차원적이다. 한편으로는 제공하기와 다른 한편으로는 수용하기, 투사와 발견, 사물로의 원심적 탈출과 자아에로의 구심적 귀환. 주관성과 존재 사이의 틈 사이에 걸쳐있는 '교차 리듬"에 대한 이러한 견해는 바슐라르의 시학 이론을 구체적으로 보여준다.[45]

---

43 상상력에 관한 연구의 역사에 대해서는 다음을 참고하라. Green, *Imagining God*, ch. 1; Richard Keaney, *The Wake of Imagination* (Mineapolis: University of Minesota Press, 1988); *Poetics of Imagining: From Hussel to Lyotard* (San Francisco: Harper, 1991).

44 Richard Kearney, *Poetics of Imagining*, 88-111. Richard Kearney는 Gaston Bachelard에 관한 유용한 입문서를 제공한다. 필자가 그의 견해를 여기에 소개하게 된 것은 Kearney로부터 도움을 받았다. Bachelard에 대해서는 다음을 참고하라. Gaston Bachelard, *The Poetics of Space* (Boston: Beacon Press, 1969); *On Poetic Imagination*, ed. Colette Gandin (New York: Bobbs-Merrill Co., 1971).

45 Keancy, *Poetics of Imagining*, 95.

바슐라르에 따르면, 임시적인 대안을 안정화하는 것이 바로 상상력이며, 이것이 설교가 실행하려고 의도하는 것이다. 이와 같은 형태의 설교는 우리가 그동안 익숙하게 들어왔던 교훈적이고 교리적, 혹은 도덕적인 설교로부터 단절을 요구한다.

보다 최근에는, 존 디엘(John Thiel)이 상상력은 신뢰할 만한 신학적 지식의 한 형태라고 주장했다.[46] 그는 물론 상상력이 현실을 왜곡하는 데 악용될 수 있음을 잘 알고 있었다. 그러나 그는 신학적 사고에서 오랫동안 신뢰받은 이성만큼 상상력도 왜곡시키는 데 이용되지 말아야 하며 상상력도 이성만큼 신뢰할만한 지식임을 주장했다.

그래서 필자는 설교자와 청중이 설교 시간과 장소를 상상력을 발휘하는, 다시 말해 성경의 복음적 대본에 따라 현실을 재상상하는 시간과 장소로 새롭게 이해할 수 있다고 본다. 이런 설교는 즉각적인 결과를 목표하지 않으며, 시간이 흘러 다른 행위와 태도, 그리고 정책이 적절한 것으로 간주되는 다른 세계를 구상하고자 세밀한 계획을 세운다. 이러한 입장은 "상징이 사고를 유발한다"라는 리꾀르(Ricoeur)의 결론과도 일치한다.[47] 필자는 리꾀르의 말을 '이미지가 새로운 가능성의 세계를 촉발한다'라고 바꿔 표현하고 싶다. 여기서 이해하는 설교는 본문에서 비롯된 이미지를 추구하되 그 본문은 교회에게 새로운 순종을 낳는 본문이다.[48]

---

46 John E. Thiel, *Imagination and Authority: Theological Authorship in the Modern Tradition* (Minneapolis: Fortress Press, 1991).
47 Ricoeur에게 진술은 프로그램에 따라 진행되는 과정이다. Ricoeur, *The Conflict of Interpretation* (Evanston, Ill.: Northwestern University Press, 1974), 288.
48 상상력을 가능성의 시발점으로 이해하는 입장에 대해서는 다음을 참고하라. Paul Ricoeur,

12. 이전의 확신의 방식이 더 이상 신뢰받고 있지 않기 때문에, 성경 텍스트에 대한 설교는 단순히 추상적인 형이상학을 제시하는 것이 아니라 관객으로 참여한 회중을 텍스트에 직접 참여시키는 드라마를 상연하는 행위이다.

필자는 『협상중인 텍스트』(*Texts Under Negotiation*)라는 책에서 형이상학적 사고로부터 드라마적 사고로의 변화와 관련된 쟁점들을 분명히 다루었다.[49] 형이상학적 사고보다는 드라마적 방식의 사고가 구약의 증언이나 신약의 시원적인 증언이 표현되는 방식에 훨씬 더 부합함은 분명하다.

성경적 믿음은 그 특성상 일부분 형이상학의 모습을 지닐 수 있다. 그러나 형이상학은 믿음을 발생시키는 데 큰 도움이 되지 않는다. 중요한 것은 공동체가 찬양과 기쁨과 순종 속에서 증언하고 반응하는 바를 자신들의 드라마로 바꾸는 것이다. 그 결과 텍스트 속에서는 하나님께서는 활동하시고 위험에 빠뜨리기도 하시지만 설교의 순간에 회중은 자신들을 드라마 속의 등장인물로 동일시하게 된다.

이 설교의 드라마 속에서 설교자는 교회 전통 속에 깔린 형이상학적 집착에서 벗어나, 이 세상과 나라들, 이스라엘, 그리고 교회의 지속되는 이야기 속에서 이 세상을 하나님의 행동이라는 관점에서 바라볼 수 있어야 한다. 한스 우르스 폰 발타자르(Hans Urs von Balthasar)가 명확

The Philosophy of Paul Ricoeur, ed. Charles E. Reagan and David Stewart (Boston: Beacon Press, 1978), 2312–38.

49 Brueggemann, *Text Under Negotiation*, 64–70.

하게 보여준 드라마로서의 설교가 지니는 자유와 활기는 프란세스 영(Frances Young)이 제시한 또 다른 이미지와 일치한다.[50] 영(Young)은 제안하기를, 성경은 음악의 악보와 같으며 각각의 해석 행위에서 악보는 훌륭한 연주에 요구되는 것처럼 자유롭게 그리고 엄정하게 연주되어야 한다는 것이다.

영(Young)은 또한 제안하기를, 해석은 악보의 '카덴차'(cadenza, 주로 곡의 엔딩[종곡] 부분에 사용되는 무반주 솔로[독주]를 가리킴-역자주)와 같아서 해석자에게(설교자에게) 약간의 기동성과 개인의 특이성을 위한 어느 정도의 여지를 제공한다.

13. 이처럼 상상력을 드라마의 연기로 구현하는 행위는 그 자신의 본질적 방식으로서 이야기를 진술하는 행위인 내러티브와 그 이야기 이후의 삶을 필요로 한다.

내러티브가 기독교 설교에서 특권을 지닌 방식이라는 주장은 새로운 생각은 아니다. 이스라엘과 초대 교회의 '증언'에 관심을 기울인 다음에 에른스트 라이트(G. Ernst Wright)와 레지날드 풀러(Reginald Fuller), 그리고 도드(C. H. Dodd)의 초기 작품에서처럼 최근의 연구는 내러티브 장르를 사용하는 데 있어 몇 가지 인식론적 가정들에 집중해 왔다.[51]

---

50 Hans Urs von Baltarsar, *Theo-Drama: Theological Dramatic Theory I, Prolegomena* (San Francisco: Ignatius Press, 1988), *Theo-Drama: Theological Dramatic Theory II, The Tramatis Personae: Man in God* (San Francisco: Ignatius Press, 1990); Frances Young, *Virtuoso Theology: The Bible and Interpretation* (Cleveland: Pilgrim Press, 1993).

51 G. Ernest Wright, *God Who Acts: Biblical Theology as Recital* (SBT 8; London: SCM Press, 1952); G. Ernest Wright and Riginald H. Fuller, *The Book of the Acts of God: Christian*

이와 같은 연구의 결론은 현실 그 자체가 상당한 내러티브적 특성을 가지고 있다는 것이다. 현실은 시작, 중간, 종결의 플롯(plot)을 지닐뿐 아니라, 성장하고 변화하며 커다란 자유를 행사하는 인물들이 등장하는 계속 진행 중인 극장이다.[52]

데일 패트릭(Dale Patrick)이 보여준 바와 같이 성경 내러티브에서 하나님은(신약성경의 예수님처럼) 계속하여 반복적으로 등장하고 설교자가 반복하여 등장시키는 주인공처럼 지속성을 가진 인물이다.[53] 하나님의 지속성(constancy)은 내러티브에서 등장인물이 지니는 지속성인데, 내러티브의 등장인물은 하나님을 향하여 변함없는 상태로 남기 위하여 계속 변화하여 성장해야 하며, 따라서 변함없는 초월성에 대해 우리가 갖고 있는 관습적인 개념과는 차이가 날 수 밖에 없다.

게다가 인간의 삶이 내러티브 속에 깊숙이 뿌리내리고 있다는 것은 분명하다. 그러므로 헤이든 화이트(Hayden White)는 필자가 보기에 매우 설득력 있게 다음과 같이 주장했다. '역사'라는 것은 본질적으로 수사적(rhetorical) 활동인데 이 활동 속에서 과거의 기억은 대안적 방식으로, 즉 의도적이면서도 이야기 공동체의 기득권을 고려하는 방식으로

Scholarship Interprets the Bible (Garden City, N.Y.: Doubleday & Co., 1957); and C. H. Dodd, *The Apostolic Preaching and Its Development* (New York: Harper & Broders, n.d.).

52 Owen C. Thomas, ed., *God's Activity in the World: The Contemporary Problem* (Chico, Calif.: Scholar Press, 1983); James B. Wiggins, ed., *Religion as Story* (New York: University Press of America, 1975); and Stanley Hauerwas and L. Gregory Jones, eds., *Why Narrative? Reading in Narrative Theology* (Grand Rapids: Wm.B. Eerdmans Publishing Co., 1989).

53 신학적인 담론에 부합하는 범위 안에서 본문을 극적으로 개작하는 방식에 관하여 다음을 참고하라. Dale Patrick, *The Rendering of God in the Old Testament* (QBT; Philadelphia: Fortress Press, 1981).

'말하여지고,' '다시 말하여진다'는 것이다.⁵⁴

그리고 알래스데어 매킨타이어(Alasdair MacIntyre)가 분명히 보여주었듯이, 대안적인 윤리체계는 이 윤리체계가 말하여지고, 수용되고, 가치 있게 여겨지는 내러티브 세계와 별도로 평가될 수 없다.⁵⁵ 그러므로 내러티브는 이차적이거나 보조적인 행위가 아니라, 사회의 현실을 구성하는 행위이다.

아모스 윌더(Amos Wilder)는 오랫동안 진지한 수사학자들이 견지해 왔던 발화(發話, speech), 특히 내러티브의 발화(Narrative speech)는 현실을 구축하며, 따라서 내러티브는 "세계를 형성한다"라는 견해를 주장했다.⁵⁶

분명히 성경에는 내러티브 본문이 아니더라도 설교자들이 활용할 만한 여러 장르의 본문들이 많다. 그러나 필자의 선입견에 의하면 그런 본문들은 설교하기가 매우 까다롭다. 그럼에도 불구하고 무슨 장르든 막론하고 모든 본문의 저변에는 내러티브의 흐름을 만들어 내고 또 그런 방식으로 이해될 수 있는 문학적인 요소들이 실려 있다.

---

54 Hayden White, "The Politics of Historical Interpretation: Discipline and Desublimation," in *The Politics of Interpretation*, ed. W.J.T. Mitchell (Chicago: University of Chicago Press, 1983), 119-43; *The Content of The Form: Narrative Discourse and Historical Representation* (Baltimore: John Hopkins University Press, 1987); and *Metahistory: The Historical Imagination in Nineteenth Century Europe* (Baltimroe: John Hopkins University Press, 1973).

55 Alasdair MacIntyre, *Whose Justice? Which Rationality?* (Notre Dame, Ind.: University of Notre Dame Press, 1988).

56 Amos Wider, "Story and Story-World," *Interpretation* 37 (1983):353-64. '세계 만들기'에 관한 필자의 요약본을 참고하라. Walter Brueggemann, *The Praise of Israel: Doxology Against Idolatry and Ideology* (Philadelphia: Fortress Press, 1988),1-287, 157-60.

그래서 예를 들자면 시편 본문에는 내러티브 형식이 없어서 그런 방식으로 설교하기가 매우 어렵다.

이런 경우에 설교자들은 (시 137편에서처럼) 본문에서 복원 가능한 내러티브의 역사적 상황을 회중에게 제시하거나 아니면 그럴듯하게 회중에게 소개할 만한 상황을 재구성하여 상상해볼 수 있다. 몇몇 표제가 달린 시편 본문의 경우는 비록 역사적으로 신뢰할 만하지는 않더라도 그러한 내러티브의 흐름을 재구성할 만한 실마리를 제공한다.[57] 또 바울 서신의 경우는 역사 비평적으로 재구성하거나 설교학적 상상력을 발휘하여 복원 가능한 내러티브 상황이 서신서에 관한 설교를 더욱 생생하게 전하도록 도와줄 수 있다.

이와 같은 방식의 설교는 상연되는 드라마, 발화되는 이야기, 전개되어 펼쳐지는 플롯(plot)이 발휘하는 파생효과를 가져온다. 이와 같은 방식의 설교를 할 때, 회중들은 자신들의 인생이(그리고 그들의 생명이) 상연되는 드라마와 발화되는 이야기를 함께 구성하고 있다는 사실을 깨닫게 된다.

이 드라마와 이야기 속에서 회중들은 단순한 구경꾼이 아니라 각자 감당해야 할 일이 있고 선택해야 하는 충성심을 그대로 유지하거나 또는 새롭게 바꾸어야 할 당사자로 등장한다. 청중은 이런 설교로 성경 본문을 새롭게 이해할 수 있을 뿐만 아니라 인생도 새롭게 이해한다. 이러한 설교는 기계적인 실재론으로부터 벗어나 우리 삶의 많은 부분

---

57 Brevard S. Child, "Psalm Title and Midrashic Exegesis," *Journal of Semitic Studies* 16 (1971):137-50.

들이 수사적 형태로 작동되며 사람은 말을 들음으로써 새로워진다는 사실을 보여준다.[58]

14. 설교는(치료 요법과 마찬가지로) 기존의 확신을 제공했던 대본을 과감히 버리고 풍부한 상상력 속에서 삶에 대해 다른 각도로 말하는 대본 안으로 들어오라고 초대한다.

성경에 등장한 사람들은 종종 치명적이면서도 파괴적인 내러티브에 정착한 사람들로 등장한다. 그래서 초기의 히브리인들은 노예-내러티브를 그들 자신을 적절히 표현하는 이야기로 받아들였다. 이 내러티브는 해방자이신 여호와가 필수적이고도 결정적인 요인(要因)으로 등장하는 또 다른 내러티브에 의해 뒤흔들린다.

예를 들어 애굽을 떠나라는 새로운 명령 앞에서 이스라엘 백성들은 애굽에 머무를 것인가 아니면 약속을 붙잡고 떠날 것인가 하는 선택을 결정해야 하고, 이는 두 가지 내러티브 중에서 어떤 내러티브를 선택할 것인가의 문제이기도 하다. 바로가 제시하는 '삶의 이야기(플롯)'를 따를 것인가, 아니면 여호와가 등장하는 이야기(플롯)를 따를 것인가를

---

[58] 레토릭의 중요성에 대해서는 '수사적인 사람'(rhetorical man)과 '진지한 사람'(serious man)을 구분했던 Richard A. Lanham의 연구에서 발견된다. Richard A. Lanham, *The Motives of Eloquence: Literary Rhetoric in the Renaissance* (New Haven, Conn.: Yale University Press, 1976), 1-35. 그리고 Richard A. Lanham의 구분에 대한 Stanley Fish의 설명도 참고하라. Stanley Fish, "Rhetoric," in *Critical Terms for Literary Study*, ed. Frank Lentricchia and Thomas McLaughlin (Chicago: University of Chicago Press, 1990), 206-9. 이러한 논쟁은 오래전에 궤변론자들(Sophists)에 비하여 플라톤과 아리스토텔레스에게 우월적으로 부여했던 특권에 대하여 재론의 여지를 제공한다.

결정해야 한다.⁵⁹ 개개의 차이를 고려해 볼 때, 신약성경에는 절망에 처해 있거나 자기 의(義)와 교만으로 가득 찬 많은 사람들이 등장한다. 각각의 경우에, 그들은 한결같이 새로운 대안을 제공하는 내러티브, 즉 생명을 주시는 하나님 나라-내러티브로 초대받는다.

필자는 『협상 중인 텍스트』(Texts Under Negotiation)에서 이미 심리 치료라는 유비(analogue)를 제시한 적이 있다.⁶⁰ 필자는 설교를 '심리학적으로 고찰'할 의도는 없고 단지 그와 비슷한 유사체로서 살펴보고자 한다. 이와 같은 평행 구도에서 필자는 심리 치료를 위한 대화를 단지 자기 발견을 위한 것으로 이해하지 않고, 치료자가 환자와 더불어 환자의 삶 속에 새로운 대안적인 이야기가 형성되도록 대화를 이끌어 가는 모습을 생각해 본다.

그리고 만약 그와 같은 대안적 이야기가 형성되면, 환자는 오랫동안 신봉했던 옛 내러티브와 지금에서야 이용할 수 있게 된 새 내러티브 사이에서 선택하는 기회와 책무를 지닌다. 이 사람은 결국에는 (어린 시절부터 갖고 있던) 옛 내러티브가 파괴적이며 자신을 무기력하게 만들 뿐이니라 거짓되다고 결론을 내리고, 건강하게 다시 삶의 이야기를 들려주는 새 내러티브를 선택할 것이다. 이 과정 속에서 개인의 삶과 세계의 삶에 대한 많은 대안들이 이용된다.

개개의 차이를 고려하여 말하자면, 설교자의 책무는 성경이 제시하는 이 특정한 내러티브의 대본을 드러내어 어떻게, 어떤 방식으로 삶

---

59 민 11:4-6; 14:1-4; 출 16:3.
60 Brueggemann, *Text Under Negotiation*, 21-25.

을 새롭게 상상하고, 재묘사하고, 다시 살 수 있는지를 보여주는 일이라 할 수 있다. 필자는 『복음주의에 대한 성경적 관점』(Biblical Perspectives on Evangelism)에서 성경을 연구하고 선포하는 과정이 의미하는 바가 무엇인지를 상세하게 설명하였다.[61]

바로 이러한 맥락 속에서 피터 버거(Peter Berger)는 '현실에 대한 사회적 건설'을 '세계들의 전환 과정'(a process of switching worlds)으로 이해했다.[62] 뛰어난 예술성과 주의, 그리고 대담성으로 풍성하게 이용할 수 있는 대안적 세계가 동원되지 않고서는 어느 누구도 '세계들의 전환'을 이룰 수 없다.

15. (우리가 사실로서 증언하는) 대안적 대본을 제공하면 청중은 기존에 익숙하게 수용했던 맥락(context)으로부터 다른 대본들이 권위와 신뢰를 발휘하는 대안적 맥락으로 초대된다.

지금 우리가 살고 있는 장소만이 우리가 살아갈 수 있는 유일한 장소는 아니다. 그렇기 때문에 비판적으로 복원이 가능하거나 텍스트로 되살릴 수 있는 여러 대본의 콘텍스트들에 주의를 기울이는 일이 중요하다.

예를 들어 필자는 범죄의 위협이 상존하는 교외에 살고 있는데 뉴스를 통해서 가난한 사람들에 대해서 종종 듣기는 하지만 대개의 경우 그들을 직접 가까이서 만나 보지는 못한다. 그러나 (쉬운 한 예를 들자면)

---

61 Walter Brueggemann, *Biblical Perspectives on Evangelism: Living in a Three-Storied Universe* (Nashville: Abingdon Press, 1993).
62 Peter L Berger and Thomas Luckmann, *The Social Construction of Reality: A Treatise in the Sociology of Knowledge* (Garden City, N.Y.: Doubleday & Co., 1967), 156–57.

필자는 가난한 사람들에 대하여 언급하는 신명기의 말씀을 단순히 지리적으로 (범죄의) 위협을 받는 교외라는 물리적인 장소에서 듣는 것이 아니다.

신명기 본문이 배경으로 깔고 있는 장소는 '우리'가 약속의 땅, 즉 위협적인 가나안의 사회 구조와 매혹적인 가나안 종교로 가득 차 있는 땅으로 들어가기 직전의 요단강이다. 그래서 신명기 말씀에 의하면 필자는 가난한 사람들에 관한 성경 말씀을 듣고서 필자에게 해당되는 가나안 족속들에 대하여 중요한 결정을 내려야 한다. 또는 신명기에 대하여 역사 비평적인 판단을 동원한다면 필자는 정체성이 사라질 때까지 계속 타협을 유혹하던 앗시리아의 위협 아래 있던 주전 7세기의 예루살렘에서 사는 것처럼 상상해볼 수도 있다.[63]

이 본문을 들으면서 필자는 잠시 동안 요단강 혹은 예루살렘에 머무르다가, 교외주택지라는 오늘의 현실 세계로 돌아온다. 그러나 텍스트를 통해서 잠시 동안 다른 세계로 이동했던 덕분에 필자는 필자의 주변 환경과 세계를 새롭게 바라보고 새롭게 규정하여 이전과 다르게 행동할 수 있다. 그래서 대항적 원고(counterscript)를 귀로 들으면 시간이 지남에 따라 대항적 삶(counterlife)을 인정하고 형성하는 대항적 대본(counterscript)으로 초대받게 된다.

---

[63] 신명기에 관한 비평적인 평가에 관한 표준적인 요약소로는 다음을 참고하라. Patrick D. Miller, *Deuteronomy* (Interpretation; Louisville, Ky.: Westminster/John Knox Press, 1990), 2-17.

16. 마지막으로 우리 가운데에서 진보적이든 보수적이든 모든 사람을 혼란스럽게 하는 목회적인 사실은 서구의 백인 남성 식민통치 국가에게 주어졌던 기정사실들이 오늘날에는 더 이상 유효하지 않다는 것이다.

예전의 기정사실들에 대한 신뢰는 다양한 형태로 나타났다. 이러한 신뢰는 누가 책임자이며 누구를 신뢰하고 누구에게 복종해야 하는지를 인식하는 기준같은 권력의 형태로 나타난다. 또 때로는 지식의 형태로 나타나기도 하는데, 이는 통치하는 권한을 가진 관계자들을 식별하여 확인할 수 있게 하기 때문이다.

또한 세상은 신뢰할 만하고 안정된 질서를 갖고 있기에 심리적인 확신의 형태로 나타나기도 한다. 그래서 통제력 혹은 권위를 가진 사람들은 이 세상을 질서정연하고 일관성 있게 유지시켜 주던 일종의 '패권을 행사하는 극장'(hegemonic theatre)을 아주 수월하게 관리해 올 수 있었다.[64]

이 옛 세계가 더 오랫동안 지속될 수 있다는 주장에서 파생된 많은 정치적 혹은 기독교적 주장이 존재하지만, 이 옛 세상이 사라진 것에 대해 더 이상 특별한 주장을 덧보탤 필요는 없다. 이 헤게모니의 종말이 개인적으로나 공적으로 다양한 형태로 우리에게 다가온다.

그러나 어느 경우든 분명한 것은 더 이상 상황들이 예전처럼 쉽게 '통제되지 않는다'라는 인식이 널리 확산하고 있다. 이러한 인식은 확

---

[64] Thompson, *Customs in Common*, 앞의 27번 각주도 참고.

신을 그 특징으로 하는 옛 구조의 수혜자들뿐만 아니라 이 구조의 희생자들에 의해서도 폭넓게 공유되고 있다. 이제 과거와는 달리 그 어떤 것도 신뢰할 만한 것이 없다. 그리고 '통제가 되지 않는다'라는 인식은 미래를 알 수 없는 두려움이나 불안과 같은 모든 극단적인 생각들을 초래하고 이는 다시 잔혹한 행동과 정책으로 귀결된다.

이러한 맥락 속에서, 서구의 백인 남성 주도적인 패권이라는 실패한 텍스트에 대한 대안적 텍스트를 선포하는 일이 설교자들에게 위임된 역할이다. (설교자들에게 맡겨진) 텍스트가 기존의 확신과 지배를 특징으로 하는 세계에 주어졌던 특권에서 벗어나 새로운 실행이 가능한 세계를 매개해 주고 안정화시켜 준다. 우리가 계몽 시대에 신뢰했던 대본은, 비록 우리가 그것에 일부분 여전히 헌신하고 있지만 더 이상 계속 신뢰할 수 없는 대본임이 드러났다.

그래서 이제 우리는 우리의 삶을 재상상할 수 있게 해주는 보다 알맞은 대본이 있지는 않은지 궁금증을 가지고 모색한다. 어느 누구도 그런 이유 때문에 예배하러 온다고 분명히 말하지는 않는다. 그럼에도 불구하고, 필자가 믿기로는 만연되어 있는 무의미한 말(nonsense) 속에서 진정 '말이 되는' 무언가를 말할 수 있는 텍스트(그리고 해석자)가 있는지에 대한 끊임없는 관심이 비등하고 있다.[65]

필자는 예전의 진보적인 이데올로기도, 예전의 보수적인 확신도, 성경에 대해 행해진 주장들도 (이 역할을 행하기에는) 충분치 않음을 확

---

65 Walter Brueggemann, "As the Text 'Makes Sense': Keep the Methods as Lean and Uncomplicated as Possible," *Christian Ministry* 14 (November 1983): 7–10.

신한다. 오늘날 우리의 상황은 이전에는 설교자에게 결코 허용하거나 요구하지 않았던 것을 새롭게 허용하며 요구하고 있다.

그래서 우리 설교자들의 모든 해석학적인 의도를 품고 있는 이 텍스트가 새로운 목소리를 내어 신뢰할 수 있고 새로운 인간성을 형성하는 재규정의 방식으로, 거룩함 속에 뿌리를 내리고 친밀한 이웃관계를 만들어갈 새로운 현실을 제공할 수 있을지를 기대하는 일은 위험하면서도 멋진 일이다.

제 4 장

탈중심의 양식으로 증언하는 설교

근본적으로 새로운 상황에 처한 교회는 이전과 전혀 다른 장르와 양식의 설교가 필요하다. 아주 오랫동안 기독교의 설교는 기득권 교회(hegemonic church), 즉 사회적, 문화적, 경제적, 그리고 지성적인 삶과 연대하여 지배력을 확보한 교회 안에서 선포되어 왔다. 이러한 기득권 교회의 패권적인 참여와 연대는 교회가 세상을 향하여 확실성에 관한 주장을 계속 주장할 수 있음을 의미하는 동시에, 교회가 그러한 패권과 일정한 관계를 맺고서 그 패권을 지지해 주는 공공의 책임을 감당해야 한다는 것을 의미했다.

특별히, 사회경제학적 패권은 자신의 권력을 정당화하기 위하여 특정한 지성적이고 관념적인 확실성을 요구했다. 교회는 무엇보다도 확실성에 관한 업무에 종사하고 있었고 (종류는 다를지라도) 교회의 설교는 반드시 확실성을 제공하는 양식 속에서 행해졌다. 우리는 확신을 특징으로 하는 이러한 신학적-설교적 관행의 세 가지 양상을 대략적으로 다음과 같이 확인할 수 있다.

1) 콘스탄티누스 황제에 의해 기독교가 국교로 공인됨에 따라 기독교와 설교는 황제 권력의 협력자로서 제국의 중요한 가치관들과 주장들을 지원하는 확실성의 대변인으로 변모하였다.

교리적인 전통을 신앙고백적인 기반으로 정착시키는데 공헌했던 주교들은 다른 한편으로는 변덕스러운 황제 권력이 정착되는 과정에도 깊이 관여하였다.

2) 기독교 신앙에 대한 보편적인 통합은 이러한 오래된 보편적인 합의들과 신조들의 형성에 뿌리 내리고 있으며, 중세 시대 중기를 거치면서 보다 분명하게 천명되었다.

이 시기에 교황은 거대한 정치적 중개인 노릇을 감당했으며, 중세의 위대한 신학자들은 유럽에 대한 지성적 및 도덕적 이해를 유지하며 정당화할 관념적인 일관성을 제공했다. 당시 교회 밖에는 구원도 없었을 뿐만 아니라, 사고(thinking)도 존재하지 않았다.

그래서 이슬람에 대한 논박이나 십자군 전쟁의 흉악한 이교도와의 전쟁, 스페인에서 이슬람을 추방하는 과제 모두가 교회의 획일적인 주장을 당연한 것으로 일반화시키는 데 크게 기여하였다(이와 동일한 일반화[totalization]의 사례로 유대인에 대한 사회적 차별화 과정에 대해서는 더 자세히 언급할 필요도 없다).

3) 하지만 종교개혁과 이은 30년전쟁은 정치적인 면에서 모든 기독교 국가가 일관되게 붙잡고 있던 일반화된 주장을 무너뜨렸다.

왜냐하면 전쟁과 이로 인한 광범위한 정치적 분열로 말미암아 서로 대립하고 경쟁하는 상이한 해석의 틀이 등장했기 때문이다.[1] 그러나 이 둘 중 어느 것도 기독교 교회의 고유한 패권을 결정적으로 무너뜨리지는 못했다.

종교개혁과 로마가톨릭의 반종교개혁의 사고(thinking)는 동일하게 기독교적인 환경 안에서 진행되었고, 비록 라인강 건너편의 이웃이 서로 다르거나 심지어 정반대의 절대적인 주장을 펼치더라도, 양편 모두 자신들이 절대적 주장을 하고 있다고 고집하였다.

4) 그런데 이러한 기독교의 의문시 되지 않던 절대적인 주장은, 특히 베이컨(Francis Bacon)과 데카르트(Rene Descartes)와 관련이 있고, 칸트(Immanuel Kant)와 헤겔(Georg Wilhelm Hegel)에게서 절정에 도달한 지성적인 운동인 계몽주의적 합리성(Enlightenment rationality)의 발흥 속에서 결정적으로 도전받는다.[2]

계몽주의의 목표는 기독교가 주장하는 해석의 권위로부터 보편적인 진리를 해방시키는 것이었다는 점은 의심의 여지가 없다. 그런데 계몽

---

1 Klaus Scholder, *The Birth of Modern Critical Theology: Origins and Problems of Biblical Criticism in the Seventeenth Century* (Philadelphia: Trinity Press International, 1990).
2 Paul Hazard, *The European Mind: The Critical Years 1680-1715* (New York: Fordham University Press, 1990).

주의 운동도 어느 정도 이성적인 합리성에 의존했던 기독교적인 국가의 제약 안에서 진행되었고, 유럽 중심적인 맥락의 한계 안에서도 절대적이고 보편적인 주장을 지속했다는 비판은 타당해 보인다. 계몽주의에게서 기독교의 신학적 주장이 크게 도전받는 동안에도 지성적이고 사상적 측면에서 유럽의 문화적인 패권은 아무런 도전을 받지 않고 지속되었다.

(1) 나중에 '자유주의 기독교'로 알려지게 된 이들(알브레히트 리츨과 아돌프 하르낙)은 계몽주의적 합리성을 주장하면서 '시대 정신'을 반영하는 '보편적 진리'를 파헤쳤다.

돌이켜 생각해 보면, 역사 비평의 역할은 본래 의도가 아닐지는 몰라도 성경을 계몽주의적인 시대의 합리성에 부응하는 책으로 만들어 성경의 고유한 특징이 계몽주의적 보편성에 부합하도록 개편하려는 것이었음이 분명하다.

(2) '자유주의 기독교'에 대한 근본주의의 극단적인 반응도 기본적으로는 자유주의 기독교와 별반 다르지 않다.

근본주의에서 제시하는 확신은 그 구성이나 주장의 방식에 있어 계몽주의적 합리성과 유사하다. 따라서 헤게모니적 확실성의 관점에서 보면, 자유주의적 기독교와 근본주의적 기독교는 쌍둥이로서, 둘 다 그들의 특정한 확실성에 대하여 광범위한 보편성을 주장한다.

그러므로 콘스탄티누스 황제에 의한 기독교 교회의 확립에서 시작하여 중세 시대에 기독교 신조가 보편적으로 천명되고 정착된 이후, 다시 진보적 사상뿐만 아니라 근본적 사고도 만들어냈던 계몽주의의 합리성에 이르기까지 의미있는 지성적이고 관념적인 연속성이 유지되고 있다고 주장하고 싶다. 사실, 필자는 1948년 세계교회협의회(World Council of Churches)의 설립이 완전히 유럽과 미국 중심의 패권을 특징으로 했던 교회연합운동이었음을 지적하고자 한다.

5) 만약 이러한 분석이 옳다면, 필자는 오랫동안 기독교 교회의 설교는 사실상 세속적인 패권이 의존했던 확실성에 그대로 부합하면서도 광범위하고 보편적인 진리를 고집한다는 심각한 모순을 부담해 왔음을 지적하고자 한다.

이러한 설교에서 다음의 두 가지 단순한 측면을 관찰할 수 있다.

(1) 보편적 확실성을 주장하는 명제 속에서 설교가 이루어졌다. 명제적 설교는 확실성으로부터 만들어졌을 뿐만 아니라 확실성을 목표로 한다.[3]
(2) 3대지 설교는 루터 신조의 복음의 구조에 뿌리 내리고 있으며, 따라서 강력한 신학적 기반을 지니고 있다. 그러나 고전적 3대지 설

---

3   George A. Lindbeck, *The Nature of Doctrine: Religion and Theology in a Postliberal Age* (Philadelphia: Westminster Press, 1984). George A. Lindbeck은 명제적인 신학(propositional theology)을 바람직한 신학적인 해석에서 심각하게 왜곡된 것으로 간주하지만, 핵심적인 비판의 대상으로 삼지는 않는다.

교도 매우 패권적이다.

① 문제가 보편적이다.
② 해결책이 명확하며 어디에서든 알 수 있다.
③ 새로운 가능성은 어디에서든 얻을 수 있다.

사람들은 이런 양식의 설교에서 마음에 확신을 품고 교회를 떠날 수 있었다. 이러한 확신은 개인적일 뿐만 아니라 자신이 살고 있는 지역에 대한 확신이기도 하고, 또 자신이 관계하는 다른 모든 사람들에 대해서 그리고 상상할 수 있는 모든 장소에 대한 확신이기도 하다.[4]

기독교의 역사를 고려해 보면 필자는 기독교 설교가 이러한 확실성을 추구하는 것을 당연하다고 생각한다. 이런 설교가 다소 거만하게 보일 수 있겠지만, 필자는 이러한 설교가 얼마나 지나친 요구를 담고 있는지에 대해서 주목하고자 한다.

이런 설교에 담긴 도덕적인 용기나 지성적인 요구사항이 얼마나 지나친 것이며, 설교하는 자라면 누구나 잘 아는 것처럼, 이 메시지 속에 내포된 정치적 의무 역시 얼마나 지나친 요구를 담고 있는가!

---

4 Stephen Toulmin, *Cosmopolis: The Hidden Agenda of Modernity* (New York: Free Press, 1990). 저자는 이 책에서 현대성이 지나치게 보편주의를 지향하는 경향이 있음을 논증한다. 특히 30-35, 186-92를 보라.

1. 탈중심화된 교회

패권적인 양식의 설교는 탈중심화된 교회에서는 더 이상 가능하지도 않고 더 이상 요청되지도 않는다. 필자는 복잡하고 다소 모호한 이유 때문에 오늘날 교회가 더 이상 지성적이고 관념적인 패권을 일부라도 장악하지 못하고 있음이 분명하다고 생각한다.

오늘날에는 사실 패권을 행사하는 권력이라는 것 자체가 혼란스러운 상태에 있다고 말할 수 있다. 오늘날 교회는 (미국과 유럽 양쪽에서) 심각한 수준으로 해체되고 탈중심화되었으므로, 헤게모니를 계속 지탱해 줄 확신에 찬 메시지를 더 이상 선포할 수 없게 되었고 기독교의 어느 교단도 더 이상 이러한 과감한 시도조차 못하고 있다.

포괄적으로 말하면, 이제 교회는 철저히 세속화된 사회에 직면해 있는데, 이러한 사회 속에서 예전에 기독교 왕국에서 견지했던 가정은 더 이상 보편적으로 용납되지도 않고 또 예전처럼 무비판적으로 수용되지도 않는다. 어쩌다 이런 지경이 되었는지 이해하는 것도 쉽지 않고 여기에서 논의의 목저과 관련하여 그리 중요하지도 않다.

그러나 교회가 이전의 경제적이고 정치적인 패권, 즉 구체제(ancien rgime)와 일정 부분 공모해왔기 때문에, 오늘날 교회는 구체제를 대체한 새로운 문화적, 지적 상황에 형편없이 반응할 수밖에 없는 위치에 서 있다.

어떤 경우든, 아주 실제적인 면에서 볼 때 오늘날 교회는 현대 사회에서 더 이상 지배적인 지성적 영향력을 발휘할 수도 없고, 더 이상 예전처럼 문화적인 보편성에 의지할 수도 없다. 이런 문제점이 드러나는 현실적인 징후에는 현대 교회에서 신자들의 숫자와 헌금 액수가 감소하는 것에 대한 염려, 목사직에 내포된 권위의 상실, 신자의 인식론적인 토대인 신앙에 대한 교리 주장이 점점 더 이 시대를 지배하고 있는 전망과 심각한 긴장 관계에 있다는 인식 등이 있다.

예전에 주류를 형성했던 교회가 점차 주변부로 밀려나는데, 이런 새로운 상황이 기독교 설교에 대한 새로운 접근 전략을 요구하고 있고, 또 그런 방향을 허용하고 있다는 것이 필자의 주장이다.[5]

오래 전 루터(Luther)는 교회가 바벨론 포로기 상태에 처해 있다고 주장했다.[6] 이 표현을 통해서 루터(Luther)는 복음을 적대시하던 로마가톨릭의 패권적인 성례제도 때문에 복음이 포로처럼 구속된 상태에 있음을 지적하였다.

달리 말하자면 당시 교회와 복음은 복음의 진정한 권세를 부인하는 상황, 그리고 복음의 권위적인 청취를 부정하는 이교적인 상황에 처해 있다는 것이다. 루터 시대 이후로 '바벨론 포로'의 이미지가 복음이나 교회를 적대적인 것은 아니라도 최소한 세속적인 환경에 처하게 하는 용도로 사용되어 왔다.

바벨론 포로의 은유는 필자의 주장과도 잘 부합한다. 필자가 보기에 오늘날 설교자가 현대의 사회적 맥락 안에서 그리고 세례 공동체 안에서 말씀을 선포할 때, 그는 한 무리의 포로민에게 메시지를 전하는 것

---

[5] 위기의 실제적 차원에 대해서는 특히 다음을 참고하라. Loren B. Mead, *The Once and Future Church: Reinventing the Congregation for a New Mission Frontier* (Washington, D.C.: Alban Institute, 1991).

[6] Martin Luther, "The Babylonian Captivity of the Church," in *Three Treatises* (Philadelphia: Muhelburg Press, 1960), 115-260.

이다.[7] 이 말은 포로민이 모두 약하고 무능한 사람이라는 의미가 아니다. 왜냐하면 교회 안의 많은 사람들이 여전히 만만찮게 강하기 때문이다. 또한 이 말은 이들이 지적으로 열등하다는 의미도 아니다. 왜냐하면, 매우 예리하고, 분별력 있으며, 세련된 사람도 있기 때문이다.

이 말은 이 사람들이 대안적 정체성, 세상에 대한 대안적 비전, 그리고 사회의 주된 세력이 이 특이한 정체성을 부정하거나, 불신하거나, 무시하는 대안적 소명을 유지하고자 애쓰고 있음을 의미한다.

포로민에게 매우 심각한 문제는 문화적인 동화(cultural assimilation)다. 고대 포로기 유대인에게 심각한 위협은 그 공동체의 구성원이 유대인으로 사는 것이 너무 부담스럽거나 위험하거나 그 대가가 크다고 판단해서 바벨론 현실 세계가 제시하는 가치관에 굴복하고 그들의 삶의 방식을 수용하는 것이었다.

실제로 포로기 유대인은 자녀가 바벨론 땅에서 유대인의 정체성을 지키면서 어렵게 사는 것은 무의미하다고 낙심할까봐 염려했다. 그리고 유대인은 예전에 전혀 적대적이지 않고 조화로운 환경에서 살 수 있는 유일한 장소였던 이스라엘 국가를 그토록 황폐하게 무너뜨렸던 기나긴 포로기를 견디고 살아내야만 했다.

그런데 현대 기독교인이 과거의 유대인처럼 상이한 정체성을 무시하고 조롱하는 문화 속에서 독특한 정체성을 계속 유지하는 일은 콘스탄틴 황제 이후로 전혀 새로운 모험과 같다. 게다가 우리 스스로도 기독교의 세례는 너무 부담스럽고 위험하고 큰 대가를 지불해야 한다는 사

---

7 본서의 제1장 "포로민들을 향한 설교"와 제2장 "재진술하는 리듬: 포로민 중의 연설."

실을 잘 알고 있다. 그리고 우리는 다음 세대가 너무도 쉽사리 기독교적인 제자도를 전혀 무가치한 것으로 결론을 내리지 않을까 우려하고 있다.

유대인이 바벨론 속으로 사라졌듯이, 오늘날 그리스도인은 서구에서 전례가 없을 정도로 세속주의 패권 속으로 사라지고 있다. 그리고 세속주의의 악한 초청에 저항하려는 사람에게는 기독교 세례를 통하여 확보한 기독교인의 정체성을 계속 유지하는 일이 지속적인 수련과 실천을 요구하는 결의적인 행위(intentional act)다.

사실 현대의 위기는 강압적인 권위주의로 향하고자 하는 충동의 본질과 그럼에도 불구하고 그리스도인의 정체성을 도덕주의적으로 유지하려는 열망을 잘 이해할 수 있도록 도움을 준다. 하지만 때로는 우리도 기독교 복음에는 그런 강압이 별 효과가 없다고 믿는다. 우리가 해야 할 일은 대안적이고, 전복적(顚覆的)이며, 반문화적인 정체성을 유지할 대안적인 실천과 훈련과 그 의도를 제대로 분별하는 일이다.

2. 포로민을 위한 설교

포로기의 기독교인이 요구하는 필요와 이를 충족할 가능성은 패권을 장악한 시대의 기독교인에 비해 매우 다르다. 포로민들은 제국의 패권을 유지하라는 요청을 받지는 않는다. 또 포로민은 제국의 어느 곳에서든 엄밀한 비판과 검토를 모두 견뎌낼 보편적인 진리를 주저 없이 제시하라는 요청도 받지는 않는다. 그래서 포로민을 위한 연설은 좀 더 겸손하고 더 지역적이며 더 전복적일 때 효과가 매우 크다. 그래서 필자는 철저하게 성경적이면서도 모든 포로민에게 온전한 적실성을 발휘하는 선포의 세 가지 측면을 소개하고자 한다.

1) 포로민에게는 획일적인 언어(monolithic language), 즉 일차원적이고 지나치게 단호하고 확신에 차 있고 심각하고 폐쇄적인 언어를 사용하는 것은 그리 필요하지도 않고 또 좋지도 않다.

지나치게 폐쇄적인 느낌을 주는 획일적인 언어는 우리 기독교인이 거부해야 할 제국(帝國)의 수사법의 흔적을 담고 있다. 세상의 제국은 그들 나름의 확실성이 필요한 반면에, 포로민은 협상과 조정, 그리고 모호함과 장난기(playfulness)를 허용하는 공간과 움직일 여지와 숨쉴 기회가 필요하다.

그래서, 예를 들면 남아공에서 인종차별정책이 시행되던 공포기(恐怖期) 동안에 구약학자들 사이에서 니느웨처럼 강력한 제국을 질타하는 요나서의 풍자나 아이러니나 유머스러운 메시지를 선포하는 것을 금지했다는 이야기를 들은 적이 있다. 패권을 행사하려는 제국에서 의미의 해석은 획일적이고 일차원적일 필요가 있는데, 그 표면적인 이유는 성경에는 오류가 없다는 사실, 즉 사회적인 상호작용에 오류가 없다는 확실성을 제시해야 하기 때문이다.

하지만 포로민은 헤게모니를 쥐고 있는 사회 구성원과 대조적으로, 매일 제국의 폐쇄적이고 확신에 찬 환원주의(reductionism, 역자주: 복잡한 사물은 자신을 구성하고 있는 가장 단순한 것으로 이해될 수 있다는 주장) 사회에서 삶을 이어간다. 그런데 포로민은 교회 안에서는 더 이상 이런 동일한 메시지를 반복해서 들어야 할 이유가 없고, 오히려 경제적이고 해석적인 현실에 널리 보편화된 강압적인 질식을 해소해 주는 것이 필요하다.

포로민을 향한 연설에서 허용되는 장난기(playfulness)는 애태우고, 조롱하고, 풍자적이고, 반복적인 속성을 지닌 미국 흑인의 설교에서 잘 드러난다. 이런 흑인 설교에서 패권을 쥔 백인은 쉽게 접근할 수 없는 자유로운 공간을 상상하고 떠올리는 행위가 허용된다.

2) 포로민을 향한 선포는 하나님께 크게 초점을 맞추어야 한다.

다시 말해, 포로민으로서 억압받는 상황에서도 쉽게 접근할 수 있고 상상할 수 있는 하나님의 모습, 즉 신뢰할 수 있고 상식적으로 정상적이며 필수불가결한 존재인 하나님의 모습을 드러내는 데 몰두해야 한다.

포로민은 이미 제국의 신이 자신들에게 적대적이거나 자신들이 고통당하는 곤경에는 아주 무관심하기 때문에 그 신들에게서는 결코 도움을 받을 수 없을 것으로 이미 결론을 내렸다.

따라서 이미 확고히 자리를 잡은 신들을 맴도는 설교는 분별력 있는 포로민들에게는 매우 부정적이다. 포로민은 자신들에게 무관심하거나 적대적이지 않은 다른 신, 즉 지금은 무의미하고 절망적인 포로민의 삶에 새로운 차이를 가져올 능력이 있고 그럴 의지가 있는 유일한 하나님을 그 중심에 정초하여 현실에 대한 또 다른 해석이 존재하는지를 알고 싶어한다.

(1) 포로민을 위하여 선포되는 메시지 속에 담긴 여호와에 대한 해석은 그들에게 신뢰할 만한 것이어야 한다. 즉, 그들이 직면한 현실의 삶과 연결되어야 한다.
(2) 여호와에 대한 해석은 상식적이어야 한다. 여호와는 복잡한 설명이 필요한 초자연적이고 기이한 존재가 아니라, 언제나 분명하게 내러티브를 통해서 쉽게 전달할 수 있으며, 그래서 포로민은 수용 가능한 존재다.
(3) 여호와에 대한 해석에서 여호와는 필수불가결한 존재여야 한다. 포로민에게 제공된 존재의 이야기 속에서 여호와는 여분의 혹은 부가적인 존재가 아니라 필수적인 존재로 존중되어야 한다. 이야기 속에 여호와가 존재하지 않으면 그 이야기는 무의미한 이야기로 전락된다. 포로민 사이에서는 여호와가 그들이 존재하는 데 있어서 실제적이고 핵심적 역할을 수행해야 한다.

3) 포로민에게 전하는 메시지의 선포는 제국의 패권적인 권력에 의해 통제되지 않고, 오염되지도 않고, 방해받지 않는 원고(script, 성경)에 대한 분명한 해석이어야 한다.

포로민 공동체는 세상 제국의 합리성에 종속되지 않는 새로운 현실에 대한 원고를 기록으로 남겨야 한다. 성경은 포로민 가운데 해석될 수 있도록 기록되었지만, 그렇더라도 다음의 두가지를 주장하고 싶다.

(1) 계몽주의의 합리성에 종속되어서는 안 되는 거룩한 기록물임.
(2) 학자적인 도그마의 전통에 종속되어서는 안 되는 거룩한 기록물임.

왜냐하면 이 둘은 전혀 길들일 수 없는 여호와의 실재(reality)를 자기 입맛대로 길들여서 사육하려는 시도이기 때문이다. 성경이 (세속적인 패권에 의해) 통제될 수 없는 포로민을 위한 거룩한 기록으로 인정될 때, 비로소 이 기록은 포로민 사이에 전달되는 선포의 처음 두 조건에 잘 부합된다.

(1) 이 기록은 여호와로 흠뻑 적셔 있다.
(2) 이 기록 속에서 여호와는 획일적인 언어보다는 오히려 장난끼 있고 때로는 대담하고 짓궂으며 모호한 언어로 제시된다.

여호와와 개방된 언어가 서로 만나면 포로민이 자유롭게 자신들의 삶을 영위할 수 있는 수사적(修辭的)이고 신학적인 상상 공간이 만들어진다. 포로민은 강력하고 효과적인 상상 공간을 확보하였기 때문에 제국은 그의 정체성을 빼앗을 수 없다. 달리 말하자면, 세례를 통해 형성된 포로민의 정체성은 파괴되거나 제압될 수 없다.

현실을 이와 같이 기록하면 다음 네 가지 특징을 가진 복음적인 상상력(evangelical imagination)이 파생된다.[8]

---

8 하나님의 자유와 위험에 관하여 적절한 언어에 관하여 다음을 참고하라. Stephen H. Webb, *Re-Figuring Theology: The Rhetoric of Karl Barth* (Albany, N.Y.: SUNY Press, 1991).

(1) **과장** – 상처나 패권의 합리성으로부터 전혀 제약을 받지 않는 강력한 가능성에 대한 놀랍도록 과장된 진술.

(2) **아이러니** – 겉으로 보이는 것과는 전혀 다른 것이나 그 이상의 것을 말하는 특유의 진술. 따라서 세상 제국은 이러한 아이러니한 표현 속에서 진행되는 위험과 위협을 전혀 간파할 수 없다. 왜냐하면 이는 오직 그 단서를 이해하는 사람들만이 해독할 수 있기 때문이다. 이와 같은 아이러니한 화법에는 사무엘상 16:1-13의 내러티브, 다니엘 4장의 다니엘과 느부갓네살왕 사이의 상호작용, 그리고 열왕기상·하에서 왕들의 이야기의 흐름이 선지자들의 개입 때문에 방해받는 내용이 포함된다.

(3) **모순** – 출애굽기 34:6-7에서 여호와의 내적인 성품에 대해 진술한 것과 같은 표현.

(4) **의도적인 모호성** – 창세기 32:22-32에서 야곱이 씨름한 '어떤 사람'의 모호한 정체에서 발견되는 종류의 표현.

이 모든 사례에서, 본문(text)은 세상의 패권적인 해석이 의도하는 것처럼 그렇게 간단하지도 않고 이해하기 쉽지도 않다. 포로민들에게 적합한 수사법은, 제국이 부여한 것들과 제국의 확실성이 발휘하는 절대성을 약화시키고, 표면상 안정되고 폐쇄적이고 확실하고 통제 가능해 보이는 삶을 무너뜨리며, 그러한 전복 과정에서 여호와가 핵심적이고 자유로운 주체임을 주장한다.

포로민을 향한 이러한 선포는 확실성의 언어를 쏟아내는 일에 그다지 관심이 없다. 왜냐하면 이러한 선포가 감당해야 할 일은 권력의 중심과 확실성 혹은 특권과는 거리가 먼 사람들에게 숨 쉴 만한 여유 공간을 만들어 내는 아주 평범한 일이기 때문이다.

하지만 이것은 위험한 삶을 감당하는 사람들에게는 매우 위험한 수사법이다. 만약 제국의 세력이 이러한 위험한 선포가 양산하는 것을 감지한다면, 그들은 이러한 선포가 정말로 '자신들의 건강에 위험하다'라는 사실을 직감할 것이다.

3. 새로운 현실에 대한 증언

이제 이상의 긴 서론과 더불어 필자는 성경에 나타난 포로민 사이에서 수사적인 양식은 증언(testimony)으로 이해할 수 있다고 제안하고자 한다.

증언은 증인이 직접 경험한 이야기를 1인칭 시점으로 주장하는 연설인데, 이러한 증언은 증인의 신뢰성에 전적으로 의존하며, 증언의 진위를 확인하기 위해 기존에 합의된 **형이상학**이나 외적인 **역사적 자료**에 의존할 수 없다. 또한 증언은 발설하기 전에는 존재하지 않았던 새로운 현실을 창조한다. 포로민 가운데 선포된 증언은 책 속에 있는 어떤 이론적인 해답에 의존할 수 없고 오히려 자신이 감당할 수 있는 최선의 주장에 진력해야 한다.

형이상학이나 역사적 자료나 책 속에 있는 이론적인 해답에 의존할 수 없는 이유는, 이것들이 그저 제국의 현실과 제국의 합리성에 철저히 의존하기 때문이다. 포로민의 증언이 의도하는 것은 제국의 현실

영역 바깥에서 삶을 영위하는 것이며, 그런 이유로 포로민의 증언은 더더욱 제국의 근거에 의존할 수 없다.

게다가 이러한 증언은 세상 패권이 의지하며 기존의 수용된 현실에 대한 전통적인 해석을 전복시키려고 한다. 또 포로민의 증언은 증언 청취자들로 하여금 일차적으로 헤게모니적 확신이 제공하는 '확실해 보이는 주장들'(assured claims)에 대해 불편함을 느끼게 만든다. 그러나 이 초기의 불편함을 넘어서서, 이러한 증언이 진실인 것으로 받아들여지면, 대안적 삶을 가능하게 하는 대안적 세계를 꿈꿀 수 있다.

이와 같은 증언의 개념에는 청중 앞에서 자신의 삶 속에 하나님께서 함께 하신다는 증거를 제시하는 침례교도의 종교적 증언 같은 것도 포함된다. 그러나 필자는 다른 이미지, 즉 이스라엘이 여호와의 실재에 대해 증언하기 위해 나아가는 법정에 대해 설명하고자 한다. 결국 이스라엘이 여호와와 관계하는 법정은 — — 그들의 증언이 제공하는 것 그 이상도 이하도 아니다(포로민 공동체뿐만 아니라 더 일반적으로는 제국 전체 또는 이후의 해석 공동체도 해당되겠지만).

법정에 나아간 이스라엘에게 여호와는 그 앞에서의 증언의 산물이자 그들의 증언의 결과이다. 성경 속에서, 그리고 성경에 대해 계속적으로 주의를 기울이는 공동체(설교자는 이 공동체에 가장 늦게 참여한 구성원이다) 속에서는 일련의 증인이 일어나고 있는데, 뒤를 잇는 증인은 이전의 증인이 말한 것을 반복하고 재언급하고 해석하고 그것에서 그 다음 논리를 추론한다.

설교자가 기다란 증인 속에서 마지막 증인으로 등장하였고, 이후의 증인은 모두 성경에 기록된 최초의 증인에 의존할 뿐만 아니라, 그 뒤를 잇는 모든 세대의 증인에게도 의존한다. 물론 증인에게는 언제나 증거가 부족하다. 그들은 신뢰할 만한 주장을 펼치기를 원하며, 다른 증인들보다 더 신뢰할 만하고 설득력 있는 주장을 하려고 할 뿐이다.

증인들은 자신들의 증언이 세상의 존재 방식에 대한 신뢰할 만한 이야기라며 법정에서 청취자들을 설득하기를 기대한다. 그리고 그 주장을 구성하고 있는 것은 일관성 있는 내러티브의 틀 속에서 주의 깊게 표현된 자료인데, 이러한 자료는 변호인의 전략과 증인의 영민함이 제공하는 많은 연결 자료로 둘러싸여 있다.

그래서 필자는 최종적으로 그리고 보편적인 차원에서 모든 성경은 제국의 현실을 새롭게 구성하는 일에 대한 효과적인 증언이라고 주장하고 싶다. 성경이 증언으로 구성하는 새로운 현실은, 세상 제국의 합리성 바깥에 존재하며 역사적인 자료나 서로 합의를 이룬 형이상학에 의존하지도 않고 또 그럴 수도 없는 것이다.[9]

하지만 필자는 이러한 다소 보편적인 주장을 제시하기 전에 먼저 필자의 주장 근간을 형성하는 성경 본문의 증언과 목격담의 실천적인 차원을 좀 더 자세히 살펴보고자 한다.

---

9 증언의 성경적 장르에 관한 Paul Ricoeur의 입장에 대해서는 다음을 참고하라. Paul Ricoeur, "The Hermeneutics of Testimony," in *Essays on Biblical Interpretation* (Philadelphia: Fortress Press, 1980), 119-54.

1) 만일 포로민에 의한 그리고 포로민을 위한 증언에 대해서 고찰하려면 가장 먼저 살펴보기에 적합한 본문은 구약성경 중에 포로기의 중요한 문서인 제2이사야서다.

제2이사야서의 목회적인 의제는 포로민의 귀향이다. 하지만 이 책의 신학적인 쟁점은 포로민의 귀향을 원하시는 하나님은 과연 이들을 압제하려는 바벨론의 신들보다 더 강력한가 하는 것이다. 그래서 귀향의 역사적인 가능성에 관한 목회적인 쟁점은 과연 누가 진정한 하나님인가에 관한 신학적인 쟁점으로 귀착될 수밖에 없다.

사회적으로 소외된 사람들에게 항상 그러하듯이 바벨론의 포로민 역시 바벨론을 지배하던 패권적인 신들의 존재를 인정하고 또 그들의 절망적인 포로생활을 그대로 수용할 수밖에 없었다. 그런데 제2이사야서에서 이들은 전혀 다른 곳으로 불림을 받고 있다.

제2이사야서의 중심에는 여호와 하나님은 바벨론의 신들보다 비교할 수 없을 정도로 강력하고 신뢰할 만한 분임을 천명하는 증언 활동이 존재한다는 것이 필자의 주장이다. 그 결과 이 증언의 말씀은 포로민으로 하여금 바벨론의 신들에 대항하여 여호와 하나님을 증언하도록 소환하며, 포로된 비참한 처지에 가만히 머물러 있도록 하는 변명을 과감히 거부하고 이전의 절망과 좌절에서 벗어나도록 초청한다.

우리는 제2이사야서에서 다음 두 가지 증언 말씀의 사례를 살펴볼 수 있다. 이스라엘을 향한 증언으로서, 필자는 이에 관한 핵심적인 본문으로 이사야서 40:1-11과 이사야서 52:7의 말씀을 소개한다.

첫째, 이사야서 40:1-11은 여호와 하나님을 자신의 천상의 통치 조직 내에서 말씀하시는 분으로 소개한다.

그분은 그곳에서 세상 현실을 바꾸고 포로된 유대인들을 해방시키는 하늘의 새로운 칙령을 선포하신다.[10] 이 본문은 하늘 법정의 참가자에게 선포하는 것으로 보이는 시적인 위임명령에서 최고조에 달한다.

> 아름다운 소식을 시온에 전하는 자여 너는 높은 산에 오르라 아름다운 소식을 예루살렘에 전하는 자여 너는 힘써 소리를 높이라 … 유다의 성읍들에 이르기를 너희 하나님을 보라 하라(사 40:9).

이 본문은 한 편의 역사나 교리나 존재론에 관한 진술이 아니라 시한 구절이다. 또한 이 본문은 현실에 대한 대안적인 인식을 청하는 시의 한 구절이다. 이 본문은 시구이기 때문에 그 본문이 가리키는 지시 대상은 문자적으로 엄밀하지 않다. 본문에서 하늘의 메시지를 전달하여 선포할 전령은 시온이나 예루살렘이다. 하지만 본문에서 우리의 관심을 끄는 것은 다음 두 가지다.

(1) '아름다운 소식을 전하는 자'는 복음의 전령, 즉 좋은 소식을 전하는 사람이다. 이 본문은 이스라엘의 역사에서 최초로 '복음을 전하다'는 의미를 담은 전문 용어(*bassar*)를 사용한다. 이 소식은 선포 이전에는 전혀 알려지지도 않았고 접근할 수 없었던 현실, 즉

---

10 이런 관점의 해석은 Frank M. Cross의 제안이다. 이에 대한 좀 더 최근의 연구는 다음을 참고하라. Paul D. Hanson, *Isaiah 40-66* (Interpretation; Louisville, Ky.: Westminster John Knox Press, 1995), 13-26.

이 세상에서 완전히 새로운 실체를 가리킨다.
(2) 복된 소식의 핵심은 '너희 하나님을 보라'는 것이다. 이 메시지는 그동안 침묵했고 찾아볼 수 없었으며 무능하기까지 했지만 이제 의기양양한 모습으로 볼 수 있고 자기들과 관계를 맺고 찾아오시는 이스라엘의 하나님을 극적이고 대담한 방식의 구술로 구현한다. 이스라엘이 들어야 할 복된 소식은, 바벨론 제국이 여호와 하나님을 이기고 건재하는 것처럼 보이지만 실상은 여호와 하나님이 바벨론의 신들에게 패배한 것이 아니라는 사실이다.

하지만 여기서 주의할 것은 하늘의 최고 통치자인 여호와께서 이스라엘 백성들의 삶을 결정할 중요한 대행자에 관한 명령을 증언하는 증인이 곧 시인이 독자들에게 떠올리는 전령이라는 점이다. 그 전령은 포로민들이 전혀 기대할 것도 없는 것처럼 보이고 또 바벨론의 입장에서도 전혀 두려워할만한 존재도 아니다.

둘째, 그러나 이 증인이 증언하는 새로운 현실 세계 속에서는 포로민은 새로운 세상을 기대할 수 있고, 또 바벨론 사람들 역시 두려워하는 편이 나을 것이다.

> 좋은 소식을 가져오며 평화를 공포하며 복된 좋은 소식을 가져오며 구원을 공포하며 시온을 향하여 이르기를 네 하나님이 통치하신다 하는 자의 산을 넘는 발이 어찌 그리 아름다운고(사 52:7).

다시 말하거니와, '좋은 소식'은 말 그대로 '복음'(bassar)을 가리키는 전문 용어이며, 바로 이 시인을 통해서 맨 처음 사용되고 있다. 이 시인은 메신저의 시온이 아니라 시온 땅에 파송되는 메신저다. 이 시인은 절망과 좌절에 빠진 포로민들에게 새로운 전쟁이 다시 일어나서 여호와 하나님이 최종 승리하여 모든 권력을 쟁취했다는 소식을 보도하기 위하여 바벨론 땅에서 숨을 가프게 몰아쉬면서 달려온 전령의 모습을 소개한다.

"여러분의 주님이 통치하십니다.

여러분의 하나님이 승리하셨습니다.

여러분의 하나님이 방금 황제로 등극하셨습니다.

제국의 신들은 패배하였습니다."

그 결과 유대인들은 이제 고향으로 돌아갈 자유를 얻었다. 그 소식은 신학적이지만, 그 내면에서 허용하는 것으로나 요구하는 것으로든 기존 세상을 파격적으로 뒤바꾸어 놓을 만하다. 또 주목할 것은 만일 유대인이 고향으로 돌아간다면, 이는 이 소식을 전해준 전령의 입술에서 흘러나온 메시지가 그려낸 세상을 그들이 수용했기 때문이다. 달리 말하자면 이 시편에 등장하는 전령을 소개하는 시인의 발언을 액면 그대로 수용했기 때문이다.

시편 기자인 제2이사야는 여호와를 정상적이고 필수불가결한 인물로 등장시키는 믿음직한 현실에 대한 묘사를 그려내고 있다. 또 이 시인은 말하기를 포로민은 이 말씀이 그려내는 현실, 즉 전복적인 현실을 동의해야 하고, 바벨론 제국이 강요하는 지배적인 모습을 거부하라고 한다. 판결을 바꾸고 내러티브를 바꾸고 그렇게 해서 대안적인 실존의 삶을 살아내라는 것이다.

하지만 포로민은 새로운 세상을 제시하는 복음의 증언만을 듣는 것이 아니다. 그들은 또한 법정에서 시인과 동일한 증인으로서의 위험한 역할을 감당하도록 부름을 받는다. 포로민들에게 이러한 역할이 위임되는 것을 보여주는 본문으로는 이사야 43:8-13과 44:8, 그리고 이사야 48:6, 20-21이 있다.

이사야 43:8-13에서 쟁점은 '참 증인들'과 분명코 진리를 말하지 않는 '다른 증인들'의 구분에 관한 것이다. 그리고 이 쟁점은 또한 신들 사이의 신학적인 경쟁에 관한 것이기도 하다. 하지만 신들에 관한 모든 것들은 결국 증언에 달렸다. 그래서 신학적인 진리는 신실한 증언으로 이어진다.

> 그들[다른 신들]로 증인을 세워서 자기의 옳음을 나타내어 듣는 자들로 옳다 말하게 하라. 나 여호와가 말하노라 너희는 나의 증인, 나의 종으로 택함을 입었도다(사 43:9-10).

이사야 43:11-12a에서 여호와 하나님은 스스로 자신의 영광을 선포하신다. 여호와 하나님이 자기 스스로의 권능을 선포하는 중간에 다음 구절이 등장한다.

"너희는 나의 증인이요."

모든 것은 증인에게 의존하며, 공정한 법정의 최종 판결을 얻어내기 위해서는 강력한 증언이 매우 중요하다. 그런데 본문에서는 하나님의 진리가 증인의 증언에 달렸음을 강조한다. 게다가 포로기의 이스라엘 증인은 바벨론 제국의 강력한 패권을 증명하는 끔찍한 증거에 대항하는 대안 세계를 증언하라는 위임명령을 받는다. 그래서 포로민의 증언은 참으로 현실에 대한 대안적인 전망을 제시한다.

> 너희는 두려워 말며 겁내지 말라 내가 예로부터 너희에게 들리지 아니하였느냐 고하지 아니하였느냐 너희는 나의 증인이라 나 외에 신이 있겠느냐 과연 반석이 없나니 다른 신이 있음을 알지 못하노라(사 44:8).

이사야 44:8에서 논쟁의 핵심은 하나님에 관한 것이다. 이 본문에서 여호와 하나님은 포로기 증인의 입에 할 말을 알려 주신다. 그것은 "여호와 외에 참 신이 있겠느냐"라는 것이다. 그리고 이스라엘은 이 주장이 참 진리임을 확증해야 한다. 하나님은 자기 백성에게 중요한 사명을 위임하신다.

"너희는 가서 나 여호와가 유일한 하나님임을 증언하고 다시 이를 확증하라."

이 위임명령은 바벨론 제국에서는 참으로 위험한 것이다. 그리고 바로 이런 이유 때문에 위임하는 하나님은 증인들에게 "두려워하지 말라"는 말씀을 덧붙이신다.

왜 두려워하지 말아야 할까?

그 이유는 증인들은 바벨론 제국을 지탱하는 지배적인 진리에 역행하는 참 진리에 관한 증거를 제시해야 하기 때문이다. 그러한 증언은 본래 두려운 것이다. 게다가 바벨론 사람들은 결코 그러한 증언을 감당조차 할 수 없을 것이며, 우리가 지금까지 알기로 여호와 하나님 역시 이 세상 법조계에서 작동되는 '증인의 신변 보호' 프로그램 같은 것을 마련해 두시지도 않았다.

그런데 이사야 44:9에서 '보지도 못하며 알지도 못하는' 우상을 위한 증인에 관한 언급이 등장한다. 그 우상은 대단해 보이지만 실상 아무 것도 아닌 모조품에 불과하다. 본문에서 우상과 그 증인에 대한 부정적인 기각 결정은 포로기의 증인이 참 진리에 관한 기묘한 증언으로 초대받는 위험을 감당할 확신으로 주어진다.

> 네가 이미 들었으니 이것을 다 보라 너희가 선전치 아니하겠느뇨 … 즐거운 소리로 이를 선파하여 들리며 땅 끝까지 반포하여 이르기를 여호와께서 그 종 야곱을 구속하셨다 하라(사 48:6, 20).

이사야 48:6과 20에서 포로민은 자신들의 인생에 여호와 하나님의 놀랍고도 결정적이며 변혁적인 등장에 관한 생생한 체험을 큰 소리로 증언하라는 임무를 받는다. 그들의 과제는 (자신들을 위해서나 타인을 위해서도) 현실에 대해 신뢰할만하면서도 대안적인 윤곽을 경험한 것을 일인칭 화자의 입장에서 증언하는 것이다.

이 본문은 바벨론 제국에서 널리 인정된 발언을 용기 있게 거부하는 신실하고 대담한 발언에 얼마나 의존해야 하는지를 분명히 보여준다. 이 증언은 세상의 다른 증거를 반박하고 그에 도전하려는 의도를 담고 있으며, 지금까지 진리에 관하여 인정해왔던 가정을 재고하도록 압박을 가한다.

이사야 41:21-29과 45:20-21 역시 각 신들이 자신의 권위에 관한 증거를 제시하고 자신이 주장하는 진리를 진술하려는 열망을 자극하는 법정 논쟁을 그 배경으로 하고 있다. 포로기 유대인에게는 여호와 하나님도 자신들처럼 변방으로 쫓겨난 하나님이다. 당시 보편적인 여론도 이스라엘을 대적하고 포로민을 대적하듯이 여호와도 대적하는 상황이다.

이런 상황에서 포로기 공동체에 하늘의 위임명령이 떨어지고 있으며, 반대 증언 명령이 주어지고 있다. 이 세상 모든 생명과 목숨이 이들의 발언에 의존한다. 그리고 이들 증인들은 이 세상의 모든 것과 바벨론 제국의 모든 것이 자신들의 진술에 귀를 기울여 수용하는 것에 달렸음을 의심하지 않았다.

2) 제2이사야는 구약성경에서 신앙의 양식으로서 증언에 관한 탁월한 사례를 제공한다. 하지만 제2이사야서가 어느 날 갑자기 진공 속에서 탄생한 것이 아니다.

복음의 증언에 관한 핵심 구절인 이사야 52:7 "네 하나님이 통치하신다"라는 그런 확신의 중심에 위치한다. 이 구절은 그 이전에 오래 시행되어 온 예전적인 표현을 문자 그대로 확신에 찬 신앙고백으로 끌어올린다.

솔로몬 성전 시기에 속한 것이 분명해 보이는 시편 96:10에서 이스라엘 백성은 열방 중에서 이르기를 "여호와께서 통치하신다"라고 찬송하였다. 이 선언은 이사야 52:7에서 시온을 향하여 선언한 것과 정확히 같은 구절이다.

그런데 시편에서 이 주장은 이스라엘에 의하여 열방을 향하여 선포된다. 이 선포의 목적은 여호와의 통치가 실행 중이기 때문에 이 땅 만민은 이 사실을 심각하게 받아들여야 한다는 사실을 증언하려는 것이다.

게다가 전형적으로 시편 96편의 예전적인 구절 앞부분에서 이스라엘 백성은 "노래하라, 노래하라, 노래하라, 송축하라, 선파하라, 선포하라"고 여섯 번이나 거듭 확언의 동사를 사용한다(시 96:1-3). 다섯 번째 동사인 선포하다의 '바사르'(bassar)는 복된 소식, 즉 열방을 향한 여호와 하나님의 구원의 소식을 전파하는 것을 의미한다.

열방을 향하여 선포되는 복된 소식의 핵심은 여호와 하나님이 왕으로 등극하셨다는 것이다. 달리 말하자면 주께서 패역한 열방의 신들을 물리치시고 그 결과 세상의 모든 패역한 권세를 무너뜨리셨다는 것이다. 세상 권세는 여호와를 대적하는 도시에서 더 이상 정당성을 주장할 수 없게 되었다. 왜냐하면 그들을 후원하는 신들 역시 더 이상 정당한 권세를 발휘할 수 없기 때문이다.

복된 소식을 선포하는 예전(liturgy)은 이스라엘 백성이 자신들의 체험 어린 삶으로 여호와를 증언하고, 그리하여 그분이 참으로 신뢰할 만하며 필수불가결한 존재로 통치하시는 대안적인 현실 세계를 구축하도록 초청한다. 이러한 예전적인 증언은 무엇보다도 예배에 참가하는 사람들, 달리 말하자면 이스라엘 백성들을 의도한다.

하지만 이 증언은 또한 그 선포 현장에 참여하는 사람들을 넘어서 이스라엘 백성의 증언과 함께, 그리고 그 증언을 통해서 통치하러 오시는 분의 성품을 새롭게 깨달아야 하는 바깥사람들에게 전달할 의도도 함께 가지고 있다.

3) 제2이사야와 포로기 이스라엘 백성에 관한 극적인 움직임의 배후를 살펴보았을지라도, 시편의 제왕시에서 찾아볼 수 있듯이 솔로몬 성전의 장엄한 예전적인 움직임에 대해서도 살펴볼 필요가 있다.

이스라엘의 예전적인 신앙고백과 관련하여 매우 필수적이면서도 중요한 구절로, 사사기 5:10-11과 사무엘상 12:3-18, 그리고 미가서 6:1-5을 소개한다. 이 세 구절은 공통적으로 여호와 하나님의 놀라운 일(mighty deeds, 치드코트)을 묘사하여, 복음의 핵심을 소개한다. 말하자면 신뢰할 만하며 없어서는 안 되는 존재인 이분의 성품이 이스라엘 백성의 삶을 전혀 다르게 변화시킨 결정적인 방식을 소개한다.

> 흰 나귀를 탄 자들, 양탄자에 앉은 자들, 길에 행하는 자들아 전파할지어다 활 쏘는 자들의 소리로부터 멀리 떨어진 물 긷는 곳에서도 여호와의 공의로우신 일을 전하라 이스라엘에서 마을 사람들을 위한 의로우신 일을 노래하라(삿 5:10-11).

이 본문은 드보라의 노래에 등장하는 구절로서, 자신들이 기이한 하나님과 필연적인 관계를 맺고 있다는 이스라엘 백성의 초기 자의식의 모델을 보여준다. 이 구절은 앉았거나 무엇을 타거나 길을 걸을 때, 즉 한시도 빠짐없이 유지되는 몰입 대화(a conversation of saturation)로 초대한다.[11] 그토록 많이 말하고 진술하고 증언할 메시지가 있다. 사람들은 군침이 도는 식사 자리나 오아시스 같은 위로의 장소와 마을의 시장터에서 대화를 나눈다. 그리고 공동체가 가장 평범하고 일상적인 생활을 꾸려가는 장소에서 여자들이 애를 키우는 이야기를 나누고 거리 악사가 노래하며 흥행을 돋우는 장소라면 어디에서건 대화를 나눈다.

그런 상황에서 이스라엘 백성은 여호와 하나님에 대해서, 그리고 여호와가 만사를 공의로 통치하시며 그분 없이는 희망도 없고 도움을 얻을 데도 없는 연약한 자들을 위한 연대와 구원에 대해서 끊임없이 말하도록 청을 받는다. 이스라엘은 여호와 하나님의 나타나심을 반복하여 증언해야 한다.

> 달고 오묘한 그 말씀 생명의 말씀은 …

자녀들을 가르치고 양육하려면 그렇게 해야 한다. 하지만 우리도 정신을 차리고 사람들 보기에 이상한 정체성을 올바로 유지하고 이 이상한 하나님을 향한 헌신을 지속하기 위해서도 그렇게 해야 한다.

필자는 이 본문에 제목을 붙인다면 '여호와 하나님의 승리'나 '역사 속에서의 하나님의 위대한 행위'가 적당하겠다고 생각했다. 정말 그렇다. 하지만 여기에 덧붙일 수 있는 것은 그 승리는 곧 '그분의 백성들의 승리'이기도 하다는 것이다. 그래서 그분을 이야기하고 노래하는 것

---

11 몰입의 수사적인 전략에 대해서는 다음을 참고하라. Walter Brueggemann, *Biblical Perspectives on Evangelism: Living in a Three-Storied Universe* (Nashville: Abingdon Press, 1993), 95–120.

은 여호와의 백성들이 이 세상에서 대안적인 삶을 기꺼이 감당하는 용기 있는 행위다.

이 행위는 그저 교리적인 신학이 아니다. 본문은 시적인 평행 구절이 실제와 평행하기 때문에 역사 속의 여호와의 행위와 그를 믿는 미천한 백성의 행위를 함께 노래할 수 있다. 그렇게 노래하고 또 선포함으로써 여호와 하나님이 함께 하시는 세상을 신뢰하고 필수불가결하게 만드는 것이다.

이 일은 단순히 법정 안에서만 진행되는 것이 아니라, 현실에 대해 서로 대립하는 전망이 서로를 만들어 가는 것이다. 앉았을 때나 길을 걸을 때나 무언가를 타고 갈 때 여호와를 말하는 자들은, 그 대화와 증언 속에서 이 세상이 보기에 특이하고 독특한 여호와의 세상(Yahweh-world)을 붙잡고 옹호하는 사람들이다.

사무엘상 12:3-18은 사무엘의 고별사다. 그는 본문에서 나이가 들고 지역 주민의 심각한 비난 때문에 지친 노인으로 등장한다. 사무엘은 백성의 비난에 대한 응답으로 명예로운 은퇴를 선언하면서 이전의 오랜 통치의 삶을 나름대로 옹호하려고 한다. 그리고 자신이 이전에 백성에게 잘못한 것이 있으면 말해 보라고 묻는다. 일종의 법정 소송에 관한 수사학을 도입한다.

> 여호와 앞과 그의 기름 부음을 받은 자 앞에서 내게 대하여 증언하라 내가 누구의 소를 빼앗았느냐(삼상 12:3).[12]

---

[12] 이러한 독법은 칠십인 역에서도 발견된다. P. Kyle McCarter Jr., *I Samuel: A New Translation with Introduction and Commentary* (AB 8; Garden City, N.Y.: Doubleday & Co., 1980), 208-14.

물론 백성들은 사무엘을 고소할 수 없다. 본문이 언급하듯이 사무엘에게 무슨 비리의 증거가 있는 것이 아니기 때문이다. 이어서 사무엘은 이스라엘 백성들을 대항한다. 그런데 이스라엘 백성들을 향한 사무엘의 증언은 다소 특이하다. 그 내용은 현재 백성들의 삶이 아니라 사무엘이 일심동체로 의식하는 여호와 하나님에 관한 것이기 때문이다. 사무엘은 이스라엘 백성을 법정으로 기소하듯이 여호와 하나님 앞으로 불러내면서 여호와께서 자신의 고소에 힘을 실어 주도록 한다.

이 때 사무엘이 이스라엘 백성을 향하여 진술하는 내용은, 먼 옛날 야곱(8절) 시절부터 거슬러 올라가서 사사 시대를 거쳐 마침내 왕권이 필요한 현재(13절)까지 관통하는 여호와 하나님의 구속에 관한 것이다. 사무엘이 이렇게 이스라엘 전체의 역사를 진술하는 이유는, 현재 이스라엘 백성의 삶에서 핵심 역할을 감당하는 이는 전혀 흔들림이 없이 완벽하게 신뢰할 수 있는 여호와 하나님이심을 증명하기 위함이다.

사무엘의 메시지를 듣는 이스라엘 백성은 하나님의 진술 내용이 사실이기 때문에 그를 반박할 수 없다. 그래서 본문은 다음과 같이 끝을 맺는다.

모든 백성이 여호와와 사무엘을 크게 두려워하니라(삼상 12:18).

말하자면 사무엘은 이 소송에서 승리를 거두었고, 그 비결은 여호와께서 말씀으로 사무엘의 소송을 옹호해 주었기 때문이다. 그런데 여기에서 주목할 점은 본문의 수사적인 전략이다. 사무엘은 그 자리에서 이스라엘 백성과 여호와 하나님이 서로 대면하도록 내러티브 세계

(narrative world)를 구성할 줄 아는 레토릭 연출가(rhetoric player)였다. 그렇게 함으로써 사무엘은 양측 사이에 또 다른 현실 세계가 개입하는 것을 효과적으로 차단하였다. 그는 여호와 하나님을 중심에 인정하지 않는 다른 현실 묘사(account of reality)를 철저히 배제하였다.

그리고 암시적으로는 하나님 나라에서 사무엘 자신이 핵심적인 인간 파트너 역할을 감당하는 것을 인정하지 않는 세상도 배제하였다. 그는 자신의 증언에 대하여 이스라엘 백성 편에서도 공감을 끌어낼 수 있었다. 그 이유는 이스라엘 백성은 사무엘이 증언하는 내러티브 세계 속에 살고 있기 때문에, 달리 말하자면 사무엘의 증언을 진리로 인정할 수밖에 없기 때문이다. 사무엘의 내러티브가 현실 세계를 있는 그대로 구성하기 때문에, 이스라엘 백성은 다른 대안은 상상조차 할 수 없었다.

미가서 6:1-5은 법정에서 원고와 피고가 서로 결정적인 증거를 제시하며 논박하는 법정 언어로 기록됐다.

> 너희는 여호와의 말씀을 들을지어다 너는 일어나서 산을 향하여 변론하여 작은 산들이 네 목소리를 듣게 하라 하셨나니 너희 산들과 땅의 견고한 지대들아 너희는 여호와의 변론을 들으라 여호와께서 자기 백성과 변론하시며 이스라엘과 변론하실 것이라 이르시기를 내 백성아 내가 무엇을 네게 행하였으며 무슨 일로 너를 괴롭게 하였느냐 너는 내게 증언하라 내가 너를 애굽 땅에서 인도해 내어 종 노릇 하는 집에서 속량하였고 … 기억하라 그리하면 나 여호와가 공의롭게 행한 일을 알리라(미 6:1-5).

이 본문은 사무엘상 12장처럼 원고와 피고 사이에 진행되는 법정의 소송 양식을 갖추고 있다. 사무엘상 12장이 사무엘과 이스라엘 백성 사이의 진리에 관한 소송이라면, 본문은 여호와 하나님과 이스라엘 백성 사이의 소송이다. 두 본문 모두 논쟁의 핵심은 진리, 즉 여호와 하나님의 신뢰성(그리고 삼상 12장에서는 사무엘의 신뢰성이 포함됨)에 관한 것이다.

미가서의 확언은 여호와가 참으로 신뢰할 만한 구원자이며 이스라엘은 자비와 공의의 형식을 갖추어서 이 구원자 하나님께 순종의 채무를 빚지고 있다는 증거를 제시한다. 여기에서도 사무엘상 12장에 나오는 사무엘의 기소자들에 해당되는 청중 편에서의 응답은 없다. 그래서 추측 가능한 결론은 여호와 하나님을 위한 수사적인 논쟁이 너무나도 결정적이어서 피고는 그 앞에서 반론의 주장을 제시할 수 없이 논쟁에 패배하여 다만 침묵할 뿐이라는 것이다.

앞에서 살펴본 사사기 5:10-11과 사무엘상 12:3-18, 그리고 미가서 6:1-5 세 본문은 여호와의 놀라운 일(치드코트)에 관한 확언을 제시한다. 사사기 5장에서는 사무엘이 증언하는 신실에 관한 소송에서 이스라엘 백성들이 그 확실성을 증언한다. 그런데 다른 두 본문에서는 하나님이 이스라엘 백들을 고소하지만 이 고발에 관한 무응답은 암시적인 방식으로 그 증언의 진실을 확인해 준다.

이 세 본문의 공통점은, 증인의 증언을 액면 그대로 믿을 때 그 증언이 새로운 현실을 창조한다는 것이다. 그리고 이 세 본문에서 증언은 이 세상의 그 어떤 패권도 감당할 수 없고 오직 모든 패권에 대항하는 여호와의 반대 증언의 권위만 의지하는 새로운 주장을 확정한다.

4) 이상의 본문들에서 알 수 있듯이 하나님의 진리는 세상에서 소외된 공동체의 증언을 통하여 **구현된다.**

필자가 보기에 느헤미야 9장에 소개되는 에스라의 위대한 기도문도 이와 동일한 과정을 담고 있다. 이 기도문은 구약의 마지막 시대에 등장한 증언을 다루고 있다. 사실 이 본문에서 발견되는 공식적인 기도 행위는 우리가 앞에서 살펴본 본문과 매우 다른 양상을 소개한다.

기도는 말 그대로 여호와 하나님께 간구하는 것이다. 하나님과의 언약 관계를 전제하는 이 기도문은 느헤미야 9:38에서 최고조에 달한다. 이 기도가 하나님께 드려지는 것임에도 불구하고 그 저변에는 증언의 힘이 실려 있다. 그리고 상호 변증법적인 논리의 주제는 이스라엘의 범죄와 여호와의 자비다. 최소한 표면적으로 볼 때, 본문의 기도자는 이스라엘의 죄를 용서하시는 여호와 하나님의 독특하고 적절한 행위에 관하여 그분께 증언한다.

> 주께서는 용서하시는 하나님이시라 은혜로우시며 긍휼히 여기시며 더디 노하시며 인자가 풍부하시므로 그들을 버리지 아니하셨나이다(느 9:17).
>
> 주께서는 주의 크신 긍휼로 그들을 광야에 버리지 아니하시고(느 9:19).
>
> 주께서 하늘에서 들으시고 주의 크신 긍휼로 그들에게 구원자들을 주어 그들을 대적의 손에서 구원하셨도다(느 9:27).

> 주께서 하늘에서 들으시고 여러 번 주의 긍휼로 건져내시고(느 9:28).
>
> 주의 크신 긍휼로 그들을 아주 멸하지 아니하시며 버리지도 아니하셨사오니 주는 은혜로우시고 불쌍히 여기시는 하나님이심이니이다(느 9:31).
>
> 우리 하나님이여 광대하시고 능하시고 두려우시며 언약과 인자하심을 지키시는 하나님이여... 주의 모든 백성이 앗수르 왕들의 때로부터 오늘까지 당한 모든 환난을 이제 작게 여기지 마옵소서.... 우리의 죄로 말미암아... 우리의 곤란이 심하나이다(느 9:32-37).

위 기도문의 종결부에서(32-37절) 아무런 긍정적인 내용이 등장하지 않고 절망적인 탄식으로 끝나는 것이 주목할 만하다. 이런 방식으로 본문은 "모든 고난을 가볍게 취급하지 말라"고 한다. 게다가 이 기도가 38절에서 언약에 관한 내용으로 대미를 장식하는 것도 주목할 만하다.

이러한 종결 방식은 기도자가 여호와 하나님께 합당한 개입을 요청하면서도 그와 동시에 독자들에게 교훈적인 의도를 달성하려고 한다. 이러한 종결 방식은 이스라엘이 하나님과 맺은 언약을 떠올린다. 이 기도문은 이스라엘 백성에게 여호와 하나님의 성품을 확증하는 동시에 그 과정에서 당연히 뒤따르는 그 백성 이스라엘의 성품 역시 확증한다. 즉, 여호와는 자비로우시기 때문에, 이스라엘 백성은 그 앞에 잠잠히 순종해야 한다는 것이다.

필자가 인정할 수밖에 없는 것은, 이 기도문이 '선지자와 사도, 순교자와 성도'에 관한 교회의 위대한 성만찬 기도문(the Great Eucharistic prayer)과 별반 다르지 않다는 것이다. 이 기도는 분명 여호와 하나님께

간구했던 실제 기도문이다. 동시에 이 기도는 기도하는 당사자와 이 기도문을 읽는 이스라엘 백성을 하나님과의 관계의 자리에 정초시켜서 이들에게 특정한 영적 정체성을 제공하도록 의도된 교훈적이고 양육적인 의도를 담고 있다. 말하자면 교회에게 세례 정체성(baptismal identity)을 제공하며, 다른 어떤 것으로도 얻을 수 없는 하나님의 언약 백성의 실재를 주장하도록 하고 그 실재를 구현한다.

4. 포로민의 증언

앞서 살펴본 기도문에서 발견되는 에스라의 기도의 두 가지 기능, 즉 여호와 하나님을 향한 증언과 이스라엘 백성을 향한 증언은 우리를 이스라엘 백성의 증언의 의도라는 마지막 요점으로 인도한다.

필자가 인정할 수밖에 없는 것은 여호와의 성품에 관한 이스라엘의 증언에는 다음 두 가지 의도가 있다.

1) 이 기도문은 분명하고 명백하게 포로기의 공동체를 향하여 선포된 메시지다.

당시 포로민이 직면한 두 가지 유혹은 절망과 바벨론의 동화이며, 포로민로 하여금 자신들만의 독특한 정체성을 포기하고 대신 덜 부담스럽고 덜 위험한 정체성을 받아들이도록 자극하는 유혹이다. 이런 상황에서 이 기도문에 담긴 증언의 목적은 독특한 정체성을 붙잡고 있는 포로민의 공동체가 그 정체성에 어울리게 독특한 방식으로 일하시는 여호와 하나님을 자신들의 정체성의 근간으로 확보하도록 하려는 것이다.

그래서 포로민이 절망을 극복하고 동화를 거부하도록 하는 것이 바로 이 기도문의 저변에 깔린 플롯이다. 기도문의 플롯으로 전달되는 사회화 과정은 포로민 개개인을 심층 정체성의 기반에 정초하는 사회적인 상호관계의 네트워크를 창조한다.

하지만 이 증언의 외면적인 주장은 사회적인 관계 개선에 관한 것이 아니라 오히려 신학적이다. 이 증언이 집중하는 것은 포로민을 구원하시고 명령하시는 하나님과의 연합이다.[13] 이 세상을 사는 이스라엘 백성에게 살만한 거주지를 주는 것은 바벨론 세상이 아니라 이 기도문의 증언과 증언이 가리키는 하나님이시다.

달리 말하자면, 이 증언 속에서 포로민 공동체는 여호와 하나님의 진리를 스스로에게 선포하여 바벨론 제국의 패권에서 벗어난 참 자유를 확보하려는 것이다. "여호와를 알라"는 말씀의 의미는 여호와 하나님과 거리가 먼 세상의 패권, 즉 진정한 기쁨과 행복을 가져다 주지 못하는 세상의 신에게 헌신하지 말고 그 바깥에 존재하는 하나님 니라와 관계를 맺고 그 나라가 제공하는 기쁨과 복락을 누리라는 초청이다.

---

13 Emil Fackenheim, *God's Presence in History: Jewish Affirmation and Philosophical Reflection* (San Francisco: Harper Torchbooks, 1970), 14-16.

2) 이 증언에서 이스라엘은 결코 외톨이 분파가 아니다. 이 증언은 세상의 모든 것을 다 버리고 은둔하라는 요청도 아니다.

포로민의 공동체는 세상의 패권을 장악한 공동체와 항상 일정한 긴장 관계에 있다. 그래서 예레미야 29:7에서 이스라엘은 자신들의 평안이 바벨론의 평안에 일정 부분 의존하기 때문에, 바벨론을 위하여 기도하도록 요청받는다.

하나님은 이스라엘에게 세상과 완전히 분리된 평안을 주시는 것이 아니다. 그래서 이스라엘의 증언은 덜 강렬하고 다소 완화된 방식으로 세상 패권에 대해서 언급을 하는데, 바벨론 포로민은 세상 패권에 대해서 일정한 거리를 유지하면서 관심을 가질 것을 주문한다.

시온을 향하여 이르기를 네 하나님이 통치하신다(사 57:2).

모든 나라 가운데서 이르기를 여호와께서 다스리신다(시 96:10).

포로민 공동체뿐만 아니라 더 일반적으로는 제국 전체 또는 이후의 해석 공동체도 해당되겠지만(시 96:10), 포로민에게 결정적으로 중요한 여호와의 통치는, 그 증언에 언급되는 열방 가운데에서도 분명하게 확인되는 통치다. 이스라엘 백성의 생기를 북돋아 주는 증언은, 그 증언에 등장하는 여호와 하나님의 신실성을 함께 인증해 주는 열방의 확증이 필요하다.

이런 의미에서 다음에 소개하는 구절은 열방을 향한 둘째 차원의 증

언을 제시한다.[14]

첫째, 출애굽기 5:1-2에서 바로는 "내 백성을 보내라"는 하나님의 명령을 전달받는다.

그러자 바로는 "여호와가 누구이기에 내가 그의 목소리를 듣고 이스라엘을 보내겠느냐"라고 반문한다.

그 다음 이어지는 열 가지 재앙에 관한 내러티브는 바로가 점점 여호와를 알아가는 과정, 즉 여호와를 세상의 진정한 통치자로 인정할 수밖에 없는 고통스런 과정을 소개한다.

왕에게 우리 하나님 여호와와 같은 이가 없는 줄을 알게 하리니(출 8:10).

그런즉 너희는 나를 위하여 간구하라(출 8:28).

내가 이번에는 모든 재앙을 내려 온 천하에 나와 같은 자가 없음을 네가 알게 하리라(출 9:14).

이번은 내가 범죄하였노라 여호와는 의로우시고 나와 나의 백성은 악하도다 여호와께 구하여 이 우렛소리와 우박을 그만 그치게 하라(출 9:27-28).

바로가 이르되 내가 너희의 하나님 여호와에게 죄를 지었으니(출 10:26).

너희의 말대로 가서 여호와를 섬기며 나를 위하여 축복하라(출 12:31-32).

---

14 '엿듣기'에 관계된 이차적인 청중에 관하여 다음을 참고하라. William C. Placher, *Narratives of a Vulnerable God: Christ, Theology, and Scripture* (Louisville, Ky.: Westminster John Knox Press, 1994).

위의 내러티브는 바로가 처음에는 주저하지만 결국 여호와 하나님에 관한 증언이 구현하는 세계에 한치의 오차도 없이 거주하게 되는 과정을 소개한다. 그 결과 여호와 하나님은 바로에게나 이스라엘에게 참으로 신뢰할 만한 분이며 한치의 오차도 없이 정확하게 통치하시는 분으로 부각되며, 이러한 관점이 아니고서는 위의 플롯은 전혀 이해할 수 없다.[15]

둘째, 가나안 땅의 블레셋 사람들은 처음부터 여호와에 관하여, 그리고 그분의 끔찍한 능력에 대해서 소문으로 들어서 알고 있었던 사람들로 소개된다.

> 우리에게 화로다 누가 우리를 이 능한 신들의 손에서 건지리요 그들은 광야에서 여러 가지 재앙으로 애굽인을 친 신들이니라(삼상 4:8).

> 쥐의 형상을 만들어 이스라엘 신께 영광을 돌리라.... 애굽인과 바로가 그들의 마음을 완악하게 한 것 같이 어찌하여 너희가 너희의 마음을 완악하게 하겠느냐 그가 그들 중에서 재앙을 내린 후에 그들이 백성을 가게 하므로 백성이 떠나지 아니하였느냐(삼상 6:5-6; 참고. 출 10:1-2).

셋째, 이스라엘 백성들의 입장에서는 앗수르가 가장 패역한 원수의

---

15 Ellen F. Davis, "And Pharaoh Will Change His Mind...," *SBLSP*, 1993. 저자는 겔 32:31 에서 애굽의 바로가 죄를 회개하고 여호와 하나님의 말씀에 복종한 것으로 해석한다. 저자의 관점은 관례적인 견해로부터 다소 벗어난 입장이지만, 그래도 세심한 관심을 기울일 필요가 있다고 생각한다.

나라였다.

(요나서의 경우를 제외하고) 앗수르가 이스라엘이 증언하는 하나님의 통치에 굴복했다는 증거는 발견되지 않는다. 그럼에도 불구하고 이사야 37:22-29에서 이사야 선지자는 거만한 앗수르의 패권 앞에서 여호와 하나님의 권능을 증언한다.

> 네가 네 종을 통해서 주를 훼방하여 이르기를 내가 나의 허다한 병거를 거느리고 산들의 꼭대기에 올라가며 레바논의 깊은 곳에 이르렀으니 높은 백향목과 아름다운 향나무를 베고 또 그 제일 높은 곳에 들어가 살진 땅의 수풀에 이를 것이며 내가 우물을 파서 물을 마셨으니 내 발바닥으로 애굽의 모든 하수를 말리리라 하였도다(사 37:24-25).

앗수르의 패권에 관한 본문의 증언은 여호와의 패권에 관한 다음의 증언과 대조를 이룬다.

> 네가 어찌하여 듣지 못하였느냐 이 일들은 내가 태초부터 행한 바요 상고부터 정한 바로서 이제 내가 이루어 네가 견고한 성읍들을 헐어 돌무더기가 되게 하였노라(사 37:26).

이 본문의 전후 맥락에서 하나님은 일인칭 화자의 시점으로 말씀하시고 그대로 행동하시는 주인공으로 등장하여 앗수르를 직접 책망하는 내용이 주류를 이룬다.

넷째, 심지어 예레미야서에서는 은연 중에 여호와의 종으로 묘사되고 (렘 25:9; 27:6) 이사야서에서는 여호와와 그 백성 이스라엘에게 완고한 존재로 묘사되는(사 47:6) 느부갓네살마저도 다니엘서 4장에서는 결국 '지극히 높으신 분'께 굴복한다.

> 내가 지극히 높으신 이에게 감사하며 영생하시는 이를 찬양하고 경배하였나니 그 권세는 영원한 권세요 그 나라는 대대에 이르리로다 … 그러므로 지금 나 느부갓네살은 하늘의 왕을 찬양하며 칭송하며 경배하노니 그의 일이 다 진실하고 그의 행하심이 의로우시므로 교만하게 행하는 자를 그가 능히 낮추심이라(단 4:34, 37).

앞서 살펴본 바와 같이 포로민 공동체는 바벨론 제국의 패권에 아무것도 양도하지 않았고 아무것도 굴복하거나 타협하지 않았으며, 다만 오직 여호와 하나님께서 그 중심에 좌정하시는 세상을 담대하게 증언하였다. 그랬음에도 불구하고 그들의 증언은 세상 제국의 패권이 결국 포로민이 선포하는 세상에 관한 증언에 굴복한 사례임을 보여준다.

이러한 변혁에 관한 담론과 인식론과 이러한 증언에 담긴 패권 관계의 변화는, 세상의 지배적인 담론과 거리가 먼 자신의 정체성과 자신들이 살아가는 세상에 관한 증언을 올곧게 붙잡는 포로민의 공동체에 의존한다.[16]

---

16 이런 입장에 대해서 다음의 탁월한 설명을 참고하라. William H. Willimon, *Peculiar Speech: Preaching to the Baptized* (Grand Rapids: Wm.B. Eerdmans Publishing Co., 1992).

필자의 판단에 의하면, 이러한 대안적인 세상에 관한 증언의 주장(testimonial claim)을 제시하는 것은 일종의 온유한 시도(a modest enterprise)이며, 이런 증언 주장은 이 세상 패권에 동화되지 않은 변방 공동체를 추구한다. 그리고 그 주된 목적은 제국을 유지하는 질서나 도덕의 기초를 제공하려는 것이 아니라, 대안 공동체의 정체성을 유지하려는 것이다. 이러한 증언을 발설하는 행위는 포로민 공동체의 지평 너머에 속한 사람이 어쩌다 가끔 듣고서 귀를 기울일 수 있는 뜻밖의 행운과도 같다.

하지만 이 증언에서 최우선의 쟁점은 증언 공동체가 이 세상에서 자기만의 독특하면서도 좀 더 탁월한 방식으로 자신들의 공동체적인 정체성을 더욱 강화하는 것이다. 필자가 확신하는 것은, 포로민의 증언 저변에 깔린 이러한 배경을 인정하고 그들의 독특한 수사적인/인식론적인 입장을 수용하면, 오늘날의 설교도 더 자유로워질 수 있고 더욱 능력을 공급받을 수 있다는 것이다.

제 5 장

레토릭과 신앙공동체

　필자는 앞에서 구심점을 상실하여 더 이상 문화적인 주도권(hegemony)을 발휘하지도 못하고 또 그러한 주도권을 책임질 수도 없는 포로기의 공동체에게는 대안적인 레토릭(alternative rhetoric)이 필요하고 또 그런 레토릭을 확보하는 것이 가능하다고 주장했다.
　구심점을 상실한 이들의 레토릭은 일반적으로 매우 낡은 진리를 되풀이하여 옹호하는 증언(testimony)이 주된 내용을 이룬다. 하지만 그런 진리는 중심에서 벗어나 있어서 지배적으로 인정받는 것들과 심각한 긴장 상태에 있다. 이러한 증언을 가리켜서 권익옹호(advocacy)라고 부르는 이유는, 그 목적이 주로 다른 주장들을 반박하는 데 집중하여 이들과 갈등 관계에 있기 때문이다. 이런 증언은 주로 보편적이고 광범위한 주장을 담아내지 못하고, 오히려 지금 당장 여기에서 직면한 상황에 직접 관계된 것만을 지엽적으로 주장할 뿐이다.
　또 다른 한편으로 구심점을 상실한 이들의 레토릭은, 기존 질서를 뒤흔드는 대항 진리(countertruth)를 제시할 뿐만 아니라 세상을 설명하는 다른 종류의 양식이나 방식을 확보하고 있다. 이러한 레토릭은 지나치게 장엄하거나 합리적이지도 않고 지나치게 근엄하게 전달되는 것도 아니다. 이런 레토릭은 오히려 유쾌하고 열려 있으며 때로는 성가시게 하거나 미래로 초청하는 발언처럼 들리며, 만일 포로민이 세상적인 주도권 바깥에서 초월적인 상상력을 자유롭게 발휘하고자 한다면, 항상 인정하고 받아들여야만 하는 불확실한 잠정성과 모호성 같은 것을 자유로이 표현할 수 있다.

그러한 발언은 어디서나 쉽게 맞받아칠 수 있는 평범하고 세속적인 확실성에 쉽게 굴복하지 않는다. 오히려 이런 발언은 이전에 알려지지 않았거나 또는 이 발언을 통해서 비로소 가능해진 새로운 창조의 가능성(generative possibility)을 제시한다. 그리고 이런 발언을 계기로 강력하고 억제할 수 없는 놀라움을 동반하는 새로운 진리가 그 모습을 드러내며, 탁월한 레토릭 행위로 진리에 집중하는 신앙공동체를 이전에 가보지 못했던 곳으로 인도한다.

그런 발언이 때로는 격렬한 '아멘'이나 '할렐루야'를 이끌어낼 때도 있다. 하지만 이런 발언은 새로운 진리 전달자가 그 새로움에 어울리는 목소리를 발견할 때까지는 아직 확신하지 못한 채, 오히려 현실 인식으로 인한 불평이나 포로민의 뼈와 살에 오랫동안 깊이 각인된 근심어린 신음 소리를 초래할 때가 더 많다.

그래서 필자는 포로민 중에서 구심점을 상실한 발언을 위해서 '대항 증언의 전복적인 발언'(the subversive utterance of countertestimony), 즉 예를 들어 설명하자면 쉽게 어울리지 않을 하나님에 관한 발언이나 우리와 타협할 수도 없고 우리의 수용능력 안으로 쉽게 용납될 수도 없는 하나님이 다스리는 세상에 관한 발언을 주장했으며, 그렇게 심원한 것을 통제하기 쉬운 세대로 길들이려 하는 이 세상의 통치자의 통치를 완전히 벗어나서 새로운 언어의 미래를 확보한 유쾌하고 과장되고 (hyperbolic) 아이러니가 가득한 발언(ironic utterance)을 주장해 왔다. 그래서 우리가 살펴볼 주제는 구심성을 상실한 사람을 위한 구심력을 상실한 발언, 즉 쉽게 파악하기 어려운 발언 속의 전복적인 증언(subversive testimony in elusive utterance)에 관한 것이다.

1. 성경 해석을 위한 새로운 가능성

성경 연구 분야 중에서 특히 포로기 설교자들이 세심한 주의를 기울일 필요가 있는 새로운 성경해석 전략 하나가 서서히 그 모습을 나타냈으니, **수사 비평**(rhetorical criticism)이 바로 그것이다. 독자 중에는 이 방법에 어느 정도 익숙한 사람도 있겠지만, 이 주제에 관한 필자의 일반적인 논의의 맥락에서 볼 때 **수사 비평**이 좀 더 일관성 있는 해석 전략으로 받아들여질 수 있기를 희망한다.

필자는 성경해석에서 다른 비평 방법은 거부하고 어느 한 가지 비평 방법만을 더 선호하는 것은 올바르지 않다고 생각한다. 또 우리는 되도록이면 모든 활용 가능한 해석 방법들을 적절하게 사용해야 하며 성실한 해석자들이라면 반드시 그러하리라고 믿는다. 그럼에도 불구하고 필자는 '구심력을 상실한 신앙공동체'라면 **수사 비평**을 좀 더 적극적으로 활용하는 것이 매우 중요하다고 생각한다.

근래에 **수사 비평**이란 새로운 해석 전략이 새로운 가치를 인정받게 된 배경에는 물론 여러 학자와 전문가의 연구 결과이긴 하지만 세 명의 중요한 학자를 소개하고자 한다.

1) 성경 연구 분야에서 그리고 좀 더 구체적으로는 구약 연구 분야에서 수사 비평이 주목받게 된 배경에는 제임스 뮬렌버그(James Muilenburg)의 연구가 중요한 기여를 했다는 점에 대해서는 일반적으로 인정하고 있다.

뮬렌버그는 성경 연구 분야에 뛰어들기 이전에 문학 연구 분야에서 전문적인 훈련을 받았기 때문에, 문학적이고 예술적인 감수성을 갖고서 성경 본문에 접근할 수 있었다. 그는 성경 연구의 초기 단계부터 성경 본문에서 발견되는 세심한 문학적인 표현은 결코 우연이 아니며, 그러한 예술적인 의도성은 항상 새롭고 신선한 해석 가능성을 제공한다는 점을 잘 알고 있었다.

그는 1968년에 새로운 학문 분야에 주춧돌을 놓은 "양식 비평과 그 너머"(Form Criticism and Beyond)라는 제목의 강연을 하였다. 이 강연에서 그는 변화(turns)와 강세(accents)를 주는 수사적인 요소에 세심한 관심을 기울이는 방식으로 본문을 읽어나가는 **수사 비평**(rhetorical criticism)을 제안하였다.[1]

그가 이해하기에 본문의 문학적인 세부사항과 정교한 운율이야말로 본문의 의도를 파악하는 데 매우 중요하다는 것이다. 그래서 그는 단어나 소리의 반복에 세심한 관심을 기울였고 문장의 흐름을 이상한 방

---

[1] James Muilenburg, "Form Criticism and Beyond," *JBL* 88 (1969): 1-18.

식으로 바꾸는 접속사와 전치사와, 과도하게 응축된 단어들로 표현된 신앙, 본문 안에 세심하고도 신중하게 위치하고 있는 하나님의 성호에 특별한 관심을 기울였다.

수사 비평에 관한 뮬렌버그의 선구적인 연구의 가치는 그 당시를 전반적으로 지배하고 있던 역사 비평적인 관심의 맥락을 고려할 때 비로소 올바로 파악될 수 있다. 그 당시를 지배하던 역사 비평의 학문적인 경향을 고려한다면, 소리 나는 그대로의 본문에는 많은 관심을 기울일 필요가 없고, 오히려 본문의 의미는 그 본문의 배후에서 역사적이고 고고학적인 복원으로 재구성된 과거의 사건을 통해서 이해해야 한다고 주장하는 것이 결코 과장이 아니었다.

그래서 실증주의적인 확실성(positivistic certitude)에 지배적인 영향을 받는 공동체에 속한 해석자라면 과거가 응축된 본문을 (잘 파헤치면 의미를 고스란히 복원할 수 있으리라 기대하는) 환원주의적인 방식으로 취급할 것이다. 그리고 누군가가 만일 과거 본문 속에서 현재로 나오려는 역사의 강박(the compulsions of history)을 지나치게 상대주의적인 관점에서 접근하려 했다면, 본문을 그런 틀로 담아 가두는 명제적인 확실성(propositional certitudes)에 집착하는 교조주의적인 해석의 한계에 빠지고 말았을 것이다.

하지만 역사 비평적이고 학문적인 독법은 본문의 경계를 뛰어넘어 좀 더 풍성한 의미의 세계로 신속하게 뛰어들었다.[2] 대표적으로 뮬렌버

---

2 문자주의(literalism)와 역사성(historicity)의 복잡하고도 중요한 구분에 관하여 다음을 참고하라. Gerad Loughlin, "Using Scripture: Community and Letterality," in *Words Remembered, Text Renewed: Essays in Honour of John F. A. Sawyer*, ed. John Davies et al. (JSOTSup 195; Sheffield: Sheffield Academic Press, 1995), 321–39.

그는 본문의 폭로(=계시, disclosure, =revelation)가 예술적이고 정교한 표현방식으로 발생한다는 점을 잘 이해하여 본문에 대한 환원주의적인 해석을 거부하고 본문에 신중하고 인내를 가지고 세심한 주의를 기울여 읽도록 안내하였다.

그래서 필자가 보기에 성경 본문에 대한 역사 비평적인 독법에서 수사적인 독법으로의 전환은, 해석자가 본문에 임의적으로 행사하는 주도권을 본문에게 겸손히 넘긴 포로기로의 전환에 비유될 수 있다고 본다. 비록 뮬렌버그 자신은 그러한 맥락의 재배치(a contextual relocation)라는 변화를 크게 의식하지 않았겠지만 말이다.

2) 성경 본문 해석 분야에 새로운 변화를 가져온 두 번째 영향력 있는 학자가 바로 폴 리꾀르(Paul Ricoeur)다. 비록 그가 수사 비평학자나 또는 심지어 성경해석학자로 불리기 어렵더라도 말이다.

프랑스의 철학자인 폴 리꾀르는 새롭게 부상하는 철학적인 해석학의 영역에서 중추적인 위치를 차지한다.[3] 리꾀르의 학문 속에는 유럽의 풍부한 해석학과 문학, 그리고 정신분석 이론이 깊이 스며들어 있으며, 그의 사상을 쉽게 이해하는 것도 용이하지 않다. 그리고 해석학에 관한 리꾀르의 통찰은 뮬렌버그가 바라보는 지평과 일치하지도 않다.

---

3 Ricoeur의 연구 작품들은 다면적이고 또 여러 자료들 속에 흩어져 있다. 성경해석에 관한 Ricoeur의 입장을 직접 참고하려면 다음을 보라. Paul Ricoeur, *Essays on Biblical Interpretation* (Philadelphia: Fortress Press, 1980). Ricoeur의 연구 자료들을 자세히 소개하는 방대한 논문으로는 다음을 참고하라. Mark I. Wallace, "Introduction," in Paul Ricoeur, *Figuring the Sacred: Religion, Narrative, and Imagination* (Minneapolis: Fortress Press, 1995), 1–32.

뮬렌버그는 주로 문학적이고 예술적인 자료로서 성경 본문의 특이성에 집중했기 때문이다. 그럼에도 불구하고 리꾀르의 해석학 이론을 뮬렌버그가 이해했던 성경 본문의 문학적인 특이성과 연결하는 이유는 우리에게 엄청난 유익을 제공하기 때문이다. 비록 리꾀르의 해석학적 통찰은 얼마든지 다른 방식으로 이해될 수 있는 여지가 많지만, 그의 해석학적 제안은 다음 세 가지로 제시하고자 한다.

첫째, 먼저 리꾀르는 누구 못지않게 탁월한 상상력(imagination)의 철학자다.[4]

그동안 오래된 인식론적인 철학의 지배적인 전통은 실증주의의 영향을 지나치게 받아서 상상을 마치 실제 현실로부터 벗어나게 하는 환상과 같은 것으로 오해하였다. 리꾀르는 인식론적인 철학 전통이 실증주의적인 관점에서 상상을 환상처럼 배척한 것이 커다란 불행이요 손실임을 일깨워주었다.

리꾀르에 의하면, 상상은 이미지와 은유, 내러티브를 가지고, 일상의 경험으로 구성되고 당연하게 받아들이는 상식의 세계 너머에서 이 세계와 긴장 관계에 있는 대안적인 세상(an alternative world)을 불러내고 만들어내고 재구성하는 창조적인 능력이다.

달리 말하자면 상상력은 자아와 세상, 타인, 하나님에 관한 대안적인 정의를 확보하고자, 자신이 이전에 한정한 헌신의 세계를 넘어가는

---

[4] 상상력(imagination)에 관한 Ricoeur의 수많은 논의 중에서 특히 다음의 자료를 참고하라. "The Bible and Imagination," ibid., 144-66. Richard Kearney, *The Wake of Imagination: Toward a Postmodern Culture* (Minneapolis: University of Minnesota Press, 1988).

능동적인 탐험이다. 이는 참으로 모든 세심한 예술적인 노력 속에서 종종 발견되는 것으로서, 달리 말하자면 작업자를 평소에 자명해 보이는 것을 넘어서서 오직 예술적인 정교화 작업(artistic articulation)에서만 비로소 분명해지고 가능해지며 비로소 실제(real)로 다가오는 매우 위험천만한 작업이다.

리꾀르는 세심하고도 오래 지속되는 태도나 행동, 행위, 정책상의 구체적인 변화는, 오직 대안적으로 상상한 세계를 통해서, 그리고 예전의 낡은 태도나 행동, 행위, 혹은 정책들이 더 이상 타당하지 않음을 폭로하고 새로운 행위와 정책을 만들어내고 여기에 권위를 부여하며 효과적으로 타당하게 만드는 예술적인 정교화 작업(artistic articulation)을 통해서만 발생한다는 점을 우리에게 보여준다.

오직 그러한 변화만이 강제된 변화가 아니라 우리를 대안 세계로 초대하는 능력을 발휘하는 변화이다. 왜냐하면 리꾀르가 이해하기에 강요된 변화는 결코 실제가 아니기 때문이다.

둘째, 리꾀르는 그 어떤 학자보다도 텍스트(text)와 세상(world)의 관계를 깊이 탐구하였고, 모든 세상, 즉 상징화(symbolization)와 의미로 이루어진 모든 일관성 있는 세상 체계는 텍스트가 제안하고 텍스트가 그 정당성을 부여하며 텍스트가 추진하는 세상임을 주장하였다.[5]

---

5 이 주제에 관한 Ricoeur의 여러 저서 중에서 다음을 참고하라. Paul Ricoeur, "World of the Text, World of the Reader," in *A Ricoeur Reader: Reflection and Imagination* ed. Mario J. Valders (Toronto: University of Toronto Press, 1991), 491–97; Amos N. Wilder, "Story and Story-World," *Interpretation* 37 (1983):353–64.

이러한 사고는 즉각 이미 주어진 것들로 구성된 상식의 세계를 거부하는 것이고 심지어 우리가 아주 당연하게 여기는 세상마저도 텍스트가 제공하는 세상(text-offered world)임을 주장하는 것이다.

그래서 예를 들자면 오늘날과 같이 경쟁적인 소비주의가 지배하는 세상은 우리에게 프란시스 베이컨(Francis Bacon)과 르네 데카르트(Rene Descartes)가 제시한 텍스트로 이루어진 실증주의적인 세계에 기초한 하나의 본문(a text)으로 다가온다.

리꾀르는 본문과 관련하여 세 가지 세계로 구분하였다.

(1) '본문 배후의 세계'(the world behind the text)는 어떤 텍스트가 존재하기 전에 이미 선행적으로 주어진 세계이다. 또한 이 세계는 성경을 연구하는 사람들이 본문을 역사적인 관점으로 연구할 때 가정했던 세계다.

그런데 만일 우리가 본문에 집중하지 않으면 이 세계는 성경 연구 과정에서 우리와 관계를 맺을 수 없다.

(2) '본문 앞에 펼쳐진 세계'(the world in front of the text), 즉 본문에 의하여 파생된 가능성의 세계(a world of possibilities)로서 본문을 경청하는 청취자(hearer)로 하여금 본문의 실체적인 요구에 근거하여 이전과 다르게 사고하고 행동하며 살아가도록 감동을 주고 능력을 부여한다.

(3) 리꾀르에게 가장 중요한 세 번째 세계는 '본문 안의 세계'(the world in the text)다.

이 세계는 본문의 한정된 문학적인 요소의 상호작용으로 이스라엘의 하나님 여호와를 포함하여 본문의 여러 인물 간에 극적인 상호작용을 형성하는데, '본문 배후의 역사적인 세계'로는 결코 허락될 수 없는 세계다.

이 세계가 바로 해석의 우선적인 과제이기 때문에, 리꾀르는 본문 안에서 독자와의 상호작용을 기다리는 것들을 발견하려면 독자가 먼저 '본문 안의 세계'로 뛰어들어야 한다고 주장한다.

셋째, 리꾀르에 의하면 독서행위는 독자가 당연시하는 기존의 세계를 그대로 확인하여 따라가는 것이 아니라 '본문 안의 세계'에 새롭게 초점을 집중하여 본문 공동체(the text community)로 하여금 그들이 살아갈 세상을 재서술하고(redescribe) 재상상하며(reimagine), 재규정(recharacterize)하도록 허용하는 일종의 창조적인 상상 행위다.[6]

우리가 현재 거주하여 살아가는 상징의 세계는, 우리가 미처 판단하고 허락하기도 전에 이 세상의 지배적인 권력자들에 의하여 주도적인 규정으로 정착되고 말았다. 이런 상황에서 구심력을 상실한 공동체가 자신들만의 독특한 소명과 대항적이고 전복적인 정체성을 유지하려면, 관례적으로 규정된 세계를 거부하고 위로부터 주어진 텍스트대로 새롭게 서술된 세상을 추구하고 그 세상과 관계를 맺어야 한다.

이런 과제와 관련하여 필자는 제이콥 뉴스너(Jacob Neusner)의 가치 있는 저서 『유대교의 매력』(Enchantments of Judaism)을 소개하고자 한다. 이 책에서 뉴스너는 유대인의 일상적인 종교적 의식과 관습은 유대인들로

---

6 Paul Ricoeur, "Biblical Hermeneutics," *Semeia* 4 (1975): 31, 127, and passim.

하여금 "유대교적인 정체성을 상상할 수" 있도록 하려고 시행된다는 점을 설명한다. 만일 지속적이고 부단한 상상의 행위가 없다면 그 공동체는 곧 사라지고 말 것이다.[7] 필자가 이해하기로는 뉴스너가 유대교와 유대인들에게 국한하여 설명한 것이 바로 리꾀르가 자신의 연구에서 의도했던 사례 연구에 해당한다.

이런 맥락에서 필자는 뮬렌버그의 본문의 문학적인 한정성(또는 집중성, specificity)과 리꾀르의 해석학적인 관점은 이 세상의 구심력을 상실한 이들로 구성된 신앙공동체가 성경 본문을 효과적으로 읽어낼 새로운 독법을 제공한다고 판단한다. 리꾀르의 통찰이 빠진 뮬렌버그에게는, 텍스트 읽기는 적대적인 환경에 둘러싸인 신앙공동체가 자신들의 정체성을 지킬 수 있는 긴급한 방법임을 알려주는 이론적인 토대가 없다.

반대로 뮬렌버그의 통찰이 빠진 리꾀르의 텍스트 독법은 실제적이지 못하고 여전히 사변적인 이론에 불과하다. 왜냐하면 리꾀르의 사상은 실제적인 텍스트 연구에 그다지 충분한 관심을 쏟지 않기 때문이다. 그래서 리꾀르의 사상은 그 하나만 놓고 보자면 이론적인 범주만을 고찰한다는 점에서는 매우 매력적이지만, 텍스트 독법을 위한 실제 방법과는 다소 거리가 멀다. 그러나 텍스트를 실제로 읽어내는 것이 결국 변화를 가져온다.

---

[7] Jacob Neusner, *The Enchantments of Judaism: Rites of Transformation from Birth through Death* (New York: Basic Books, 1987), 특히 211-16.

3) 필자는 텍스트에 대한 이러한 관점을 더욱 심화시키는 데 뮬렌버그와 리꾀르에 더하여 셋째로 필리스 트리블(Phyllis Trible)을 소개한다.

뮬렌버그의 제자이기도 한 트리블은 텍스트의 구체성과 예술성에 관한 그의 탁월한 통찰을 더욱 다듬고 계속 발전시켰다. 또한 트리블은 초기의 '여성' 성경해석학자 중 한 사람이기도 하다. 그럼에도 불구하고 그녀는, 다른 영역에서 종종 발견되는 현상이기도 하지만, 텍스트에 자신의 과도한 관념론적 선입견이나 요구사항을 강요하지 않았다.

트리블의 여성신학자 다운 공헌 중에서 가장 탁월한 점은, 텍스트 해석에서 새롭게 열린 세상을 이끌어낼 수 있는 것은 해석자의 관념론적인 엄격성이 아니라 텍스트 그 자체에 대한 세심한 주의에 달렸음을 일련의 정교한 연구로 증명해 보인 점이다.[8] 트리블의 여성신학자다운 통찰에서 주목할 점은, 역사에 대한 실증주의적이고 남성주도적인 전제로부터의 자유로움이다.

트리블을 사로잡은 것은 '본문 안의 세계'였으며, 독자가 유쾌한 신중함(playful seriousness)을 가지고 본문을 읽을 때 그 본문은 오랫동안 정당성을 인정받아 온 기존의 잘 정돈된 세상을 도전하여 허물어뜨릴 수 있음을 보여주었다. 그래서 트리블의 본문 독법은 인내를 가지고 정확히 본문 안에 있는 새로운 생명의 신선한 가능성을 신중하게 발견하려는 와해된 공동체(a decentered community)를 위한 본문 독법이다.

---

[8] Phyllis Trible, *God and the Rhetoric of Sexuality* (OBT; Philadelphia: Fortress Press, 1987); *Texts of Terror: Literary-Feminist Readings of Biblical Narratives* (OBT; Philadelphia: Fortress Press, 1984); and *Rhetorical Criticism: Context, Method, and the Book of Jonah* (GBS; Minneapolis: Fortress Press, 1994).

연대적으로 비교할 때 트리블은 뮬렌버그 이후에 텍스트 독법을 연구한 세대이기 때문에 자기 스승인 뮬렌버그도 예상하지 못한 방식으로 남성 주도적이고 실증주의적인 세상의 변방에서 과거 세대에 대항하여 자신의 본문 독법을 새롭게 발전시켰음에 주목할 필요가 있다.

그렇다고 뮬렌버그나 트리블이 기존의 틀을 무너뜨릴 정도로 전복적인 사상을 의도적으로 시작했다는 의미가 아니라, 다만 그들의 학문 연구를 계기로 이후에 발생한 효과가 그러하다는 말이다. 본문 배후의 과거 역사 속으로 파고 들어가지도 않고 또 본문 앞에서 독자를 강제로 재촉하지도 않고 다만 본문 안의 세계에 집중하는 트리블의 독법으로 무너진 것은 확실성에 기초한 낡은 세상이다.

그래서 기존 세상의 중심에서 밀려나 흔들리고 와해된 본문 공동체와 이상한 방식으로 양립할 수 있는 것은 다름 아닌 텍스트 독법 그 자체다.

2. 유쾌한 성경 말씀

본문의 대안적인 세계로 들어가는 효과적인 접근점을 제공하는 **수사 비평**은 거시적인 역사적 혹은 교의적인 주장 대신 본문의 모든 문학적인 요소를 세심하게 다룬다. 성경 본문에서 문학적으로 부각되는 특정 초점은, 본문의 의미가 문학적인 서술 방식에 상당 부분 의존한다는 점을 강조한다. '어떻게'라는 본문의 서술 방법과 '무엇'이라는 본문의 주제는 서로 분리될 수 없으며, 이 두 가지는 독자에게 세계의 재구

성을 위한 자료를 제공한다.[9]

그래서 필자가 주장하려는 요점은 세상에서 멀어진 신앙공동체의 설교는 본문 바깥의 더 큰 지시 대상이나 일관성을 염려하지 말고, 먼저 본문 자체의 문학적으로 독특한 세부사항에 집중해야 한다는 것이다.

이 단계에서 필자는 포로기의 이스라엘 공동체가 어떻게 성경 본문에 집중하는 가운데 기존 세상 너머의 자유와 해방을 만끽할 수 있었는지를 소개하는 한 가지 방법으로 일련의 구체적인 성경 본문을 자세히 고찰하고자 한다. 각 성경 본문과 그 안의 독특한 문학 요소를 연구함으로써, 필자는 포로기 이스라엘 백성이 어떻게 대항 진리(countertruth)를 증언하였고 또 어떻게 이러한 증언으로 구심성을 박탈당한 포로민을 여호와 하나님의 대안적인 세계를 향한 대안적인 전망으로 초대했는지를 살펴보고자 한다.

1) 창세기 27:1-45

이 본문의 내러티브 흐름을 따라가다 보면 본문에 등장하는 한 가족이 위기에 직면한 것을 알 수 있다. 이 가족의 위기는 아버지(이삭)가 나이가 들어서 '눈이 어두워 잘 보지 못하기' 때문에 발생한다. 이런 위기 상황에서 가족 구성원들은 당연히 가장 가치 있는 재산을 다음 세대의 자녀들에게 안전하게 물려줄 방안을 강구해야 한다. 또 구체적으로 누가 어떤 물건을 차지할 것인지에 관한 힘든 결정도 내려야 한다. 가

---

9 '무엇'(what)과 '어떻게'(how)의 관계에 대해서는 다음을 참고하라. Gaill R. O'Day, *The Word Disclosed: John's Story and Narrative Preaching* (St.Louis: CBP Press, 1987).

족 구성원들은 최대한 이익을 얻기 위해서 고민하고 공모하여 전략을 세우기 시작한다.

그런데 이 가족의 경우 다른 많은 가족들처럼 나이든 아버지가 가장 좋아하는 자녀는 나이가 가장 많은 자녀다. 아버지와 아들 모두는 이 아들이 당연히 유언과 안수, 그리고 희망과 열정으로 계속 계승되는 가족의 보물과 축복, 그리고 행복의 권리를 계승할 것으로 기대하고 있다.

그런데 아버지와 아들 모두가 관례적으로 기대하던 이러한 기대감이 갑자기 흔들리기 시작한다. 이 가족에게는 둘째 아들, 즉 쌍둥이 동생이 또 있다. 그래서 우리는 둘째 아이가 고민하듯이 만일 첫째 아들이 모든 재산을 상속받으면 둘째 아이는 도대체 무엇을 물려받을 수 있을 것인지에 대해서 함께 고민한다.

그런데 이들의 어머니는 그저 염려만 하면서 가만히 있을 수 없다. 그녀는 행동한다. 그녀는 아버지가 이미 예정된 상속자에게 하는 말을 엿듣고서 아버지의 의도를 철회할 수 있는 대담한 조치를 취한다. 그녀는 기만적인 임무와 함께 둘째 아들을 보내서 나이든 아버지를 속이고 자기에게 예정되지 않았던 축복, 그리고 다시는 돌이킬 수 없는 축복을 받아내도록 한다.

그 결과 거짓된 변장 아래 이 가정을 주변의 다른 가족과 달리 독특하게 만들었던 신령한 축복이 주어진다. 그 축복은 오직 한 번만 주어지고 또 철회될 수도 없다. 그리고 곧 이어서 아버지와 맏아들 모두 자신들이 기만당했고 특히 맏아들에게는 남겨진 것이 하나도 없다는 사실을 깨닫자마자, 우리 독자들은 이 두 사람에 대한 깊은 연민과 함께 전율이 밀려오는 장면으로 인도된다. 그리고 그의 경계심 많은 어머니의 요청에 따라 남의 축복을 가로챈 이 도둑은 그를 찾아 죽이고자 분노하는 형으로부터 목숨을 지키고자 이 집에서 즉시 도망쳐야 한다.

겉으로 드러난 표면적인 모습만을 있는 그대로 솔직하게 이해한다면 이 가족은 참으로 역기능 가족이며, 두 부모가 각자 자기가 좋아하는 아들을 선택하여 가정의 미래를 통제하는 전투에 각자를 투입시키는 것처럼 보인다. 이런 모습은 우리 독자들의 관심을 사로잡기에 충분하다.

하지만 본문 속에는 그 이상의 무언가가 숨겨져 있다. 필자가 아버지와 어머니, 상속을 보장받은 맏아들, 그리고 도망자 동생과 같이 그 역할만으로 소개한 이 등장인물들은 각자 고유한 이름을 갖고 있다. 게다가 이 인물들의 이름은 우리에게 너무나도 잘 알려졌고, 또 그 이름들을 수도 없이 다시 사용해오고 있다. 그래서 우리가 이들의 이름을 다시 듣다보면 이상하게도 회상의 파도가 다시 우리를 일깨워서 이 본문에 귀를 기울이는 신앙공동체 안에서 이 가족이 곧 우리 가족임을 깨달을 수 있다.

우리는 이들의 이름을 잊을 수 없다. 그 이유는 이 이름들은 단지 성경 속의 이름이 아니라 우리 친척들의 이름이고 계속해서 우리 뇌리에서 떠나지 않는 우리 조부모님들과 사촌, 그리고 형제자매들의 이름이기 때문이다. 우리 가족도 창세기 본문 속의 가족과 동일한 역기능의 드라마와 기만의 드라마를 계속해서 반복하며, 너무나도 자주 우리 형제자매들을 미워하거나 또는 그들로부터 도망치는 모습으로 끝나는 드라마를 만들어가곤 한다.

이 본문 속의 가족이 곧 우리 가족이기 때문에, 우리는 이 내러티브의 친밀감을 더욱 강하게 느낄 수 있다. 경우에 따라서는 오히려 공감하지 못하고 창세기의 내러티브가 거슬리게 느낄 수도 있다. 그런 반감은 단순한 호기심 어린 거부감이 아니라 이 가족들에게 정확히 무슨 일이 일어났는지를 알고 싶은 반감이다.

우리는 그 날에 무슨 일이 발생했으며 등장인물들이 어떤 억양으로 누구에게 무슨 말을 했는지를 알아야 한다. 우리도 이 등장인물들과 마찬가지로 우리도 이들과 마찬가지로 아직도 해결되지 않은 불편함을 마음에 품고 사는 똑같은 가족이기 때문에 그 날 이들이 쏟아낸 말들이 아직까지도 우리 마음을 짓누르는 문젯거리나 고민들처럼 우리 마음에 남아 있다.

그래서 우리는 그들의 말을 다시 들어봐야 한다. 우리 친척들과 같은 이름을 사용하고 있는 그들의 대화를 자세히 지켜보자.

맏아들 에서가 다급하게 이삭이 누워 있는 장막 안으로 들어오는 것이 보인다.

에 서 : 아버지여! 이제 일어나서 아들이 사냥한 고기를 잡수시고 마음껏 내게 축복하소서(창 27:31).

이 삭 : 너는 누구냐?

에 서 : 나는 아버지의 아들, 곧 아버지의 맏아들 에서입니다(32절).

해설자: 이삭이 심히 크게 떨며 이르되 "내가 고기를 다 먹고 그를 위하여 축복하였은즉 그가 반드시 복을 받을 것이니라!"(33절) 에서가 그의 아버지의 말을 듣고 소리 내어 울며 아버지에게 이르되 "내 아버지여! 내게 축복하소서 내게도 그리하소서 (34절)... 아버지께서 나를 위하

여 빌 복을 남기지 아니하셨나이까?"(36절). 에서가 아버지에게 이르되 "내 아버지여! 아버지가 빌 복이 이 하나 뿐이리이까 내 아버지여 내게 축복하소서 내게도 그리하소서" 하고 소리를 높여 우니라 (38절).

본문의 흐름을 따라가는 독자들은 에서가 절규하는 이 순간에 붙들리고 만다. 그리고 이어서 떠오르는 장면은 이 장막의 뒤편에서는 교활한 어머니 리브가가 형에게서 급히 도망하려는 아들이 도중에 허기를 채울 간식거리를 준비하는 모습이다.

이런 장면이 연상되더라도 우리는 절규하는 에서에게서 눈을 거둘 수도 없고, 리브가를 비난할 수도, 그렇다고 야곱을 책망할 수도 없다. 그 이유는 끔찍할 정도로 익숙해 보이는 이 장면 속에서, 우리는 고대 팔레스타인뿐만 아니라 지금 우리 가족들을 포함하여 종말의 때까지 모든 가족들과 모든 나라와 열방 속에서 계속 메아리치는 우주적인 광대불변의 사건과 영원토록 불길한 슬픔과 분노의 사건을 함께 지켜보기 때문이다.

그래서 우리는 에서가 절규할 때 함께 흐느낄 수밖에 없다.

그럼 이 이야기는 여기에서 끝나는가?

더 이상 다른 이야기는 없는가?

더 이상 하나님의 자비를 기대할 수 없는가?

사실 이 모든 이야기의 흐름 속에서 우리도 등장인물처럼 나름의 역할을 감당했고, 그들의 모습이 곧 우리 모습이어서 우리 마음도 편안하지 못하다. 우리도 각자의 시간 속에서 각자의 드라마를 본문의 등장인물보다 더 위험할 정도로 이끌어가기도 하고, 때로는 더욱 비극적으로 더욱 교활하게 더욱 실망스럽게 더욱 슬프게 이끌어가기도 한다.

우리도 본문의 이삭처럼 심히 크게 떨기도 하고, 우리도 맏아들 에서처럼 절망 중에 슬피 울기도 한다. 우리가 이 본문의 이야기에 관하여 그리고 우리 자신의 이야기에 관하여 간파한 것을 제대로 확인하려면 "한계 부사"(limit adverbs)가 필요하다.[10]

창세기에 소개되는 이들의 이야기는 있는 그대로 우리의 이야기이다. 우리가 이 이야기에 관심을 기울이는 이유도 이런 이유 때문이다. 그런데 이 이야기가 단순히 모든 이들의 이야기이기 때문에 그대로 우리의 이야기인 것만은 아니다. 그보다 우리 역시 이 이야기에 포획되고, 이 속에 우리의 상상을 쏟아 부었고 우리 역시 이 이야기로부터 계

---

10 필자는 Paul Ricoeur가 그의 "성경적인 해석학"(Biblical Hermeneutics), 107-44 에서 소개하는 신중한 개념들과, "한계 경험"(limit experiences)과 "한계 표현"(limit expressions)에 관한 그의 사상의 연장선상에서 "한계 부사"라는 용어를 사용하고자 한다. Ricoeur는 1975년 세메이아 제 4권에 발표한 "Biblical Hermeneutics"라는 논문에서 종교적인 텍스트 해석에 자신의 철학적인 해석학 이론을 적용한다. Ricoeur에 의하면 신구약성경에 등장하는 비유나 잠언, 예언, 율법 그리고 찬가 같은 본문은 보이지 않으며 쉽게 받아들일 수 없는 하나님과 그분의 신비로운 나라로 독자를 초대하는 관문이다. 예수의 하나님 나라 비유는 성경 속의 핵심적인 '한계 표현들'(limit expressions)로서 독자들이 일상적으로는 접할 수 없는 하나님의 왕국에 관한 텍스트다. Ricoeur의 입장에서 볼 때, 예수의 하나님 나라에 관한 비유는 독자로서는 일상적으로 접할 수 없는 '한계 표현'이고 하나님의 초월의 문턱에 해당되는 이러한 한계 표현은 인간 독자의 한계 경험(limit experiences)에 상응한다. 독자는 은유와 모순, 반전과 아이러니가 가득한 비유를 해석하는 과정에서 해석학적인 상상력을 발휘하여 성경 본문의 의미를 이해하려고 노력한다. 그 과정에서 독자는 어느 순간에 불쑥 본문의 지평 속으로 몰입하여 들어와서 그 본문 안에서 새로운 세계를 경험한다. 이러한 경험이 곧 '한계 경험'이다. 그런데 저자는 Ricoeur의 '한계 표현'과 '한계 경험'의 상응관계를 야곱과 에서의 이야기에 적용하여, 본문의 등장인물이 느꼈던 감정에 대한 '한계 표현'과 그에 상응하여 현대 독자가 공감하는 '한계 경험'에 관한 묘사를 수식하는 부사(더욱 비극적으로, 더욱 교활하게, 더욱 실망스럽게, 더욱 슬프게)를 가리켜서 '한계 부사'라는 개념을 사용한다 – 역주.

속 자극을 받아 왔으며 마음속에서 계속 붙잡아 생각해왔기 때문에 우리의 이야기인 것이다. 이것이 바로 우리가 자꾸만 '성경의 권위'라고 말하는 의미이다.

그래서 우리는 이 이야기 속에서 직접 언급은 하지 않지만 본문의 행간에서 그리고 인물의 발성과 대화의 중간 중간에 은밀한 방식으로 자기 역할을 감당하는 여러 배역에 세심한 관심을 기울여야 한다. 특히 우리는 숙련된 독자로서 아브라함과 사라의 하나님 여호와께 관심을 기울일 줄 안다. 심지어 그분이 아무런 말씀을 하지 않은 곳에서라도 말이다.

특히 이 본문에서 하나님은 직접 등장하지 않지만, 부모와 두 아들 모두의 마음을 사로잡은 '축복'(혹은 복, blessing)이란 단어 속에 현존하신다. 축복이란 단어의 의미는 하나님의 복을 받을 만한 자를 향한 선한 의도를 전달하는 익숙한 몸짓 정도에 불과하다. 하지만 이 본문의 내러티브와 이 이야기 속의 가족에게 축복은 결코 그 정도가 아니다. 창세기 12장에서 복의 하나님(the God of blessing), 여호와께서 아브라함에게 다음과 같이 말씀하셨기 때문이다.

> 내가 너로 큰 민족을 이루고 네게 복을 주어 네 이름을 창대하게 하리니 너는 복이 될지라(창 12:2).

우리는 복을 이 세상에 선을 베푸시려는 여호와 하나님의 영원한 주권적인 결의(resolve)로 이해하고 있다. 그런데 이삭의 잘못된 발언과 권세를 잘못 행사하는 실수 속에서도, 이 세상에 선을 베푸시려는 영원한 주권적인 결의를 가지신 여호와 하나님은 여전히 일하신다.

> 하나님은 하늘의 이슬과 땅의 기름짐이며 풍성한 곡식과 포도주를 네게 주시기를 원하노라 … 너를 축복하는 자는 복을 받기를 원하노라(창 27:28-29).

여호와 하나님은 이 이야기 속에서 일하고 계신다. 동생 야곱은 그 형의 소유를 차지할 뿐만 아니라, 여호와께서 그에게 주실 복도 받을 것이다. 형의 눈치를 보며 그 마음에 속임수가 가득한 동생 야곱은 진정 하나님의 복과 의지의 전달자다. 이 이야기 전체를 지배하는 다소 이상한 부분은 도망자 동생과 하늘과 땅의 통치자가 서로 연결되어 결국 도망자가 하늘의 복을 받아 누린다는 것이다.

달리 말하자면, 복음의 진리가 역기능 가정을 통해서 전달되며, 거짓말하고 슬피 통곡하는 자들을 통하여 격렬한 충격의 떨림을 느끼는 자들을 통하여 하늘과 땅이 서로 연결된다는 점이다. 이토록 추한 순간에 이삭과 에서에게 분명해진 것은, 하나님의 목적이 이들의 기대에 완전히 벗어나 버렸고, 그들이 의도했더라면 그 미래는 결코 얻지 못했을 것이다.

이렇게 잘못 어긋난 역기능 가정의 이야기는 이후로 수많은 세대를 걸쳐서 오늘날 이 시대까지 흘러내려왔고, 한 때 이삭의 손자 요셉의 입에서 흘러나온 다음의 판결은 그 누구도 부정하지 못할 것이다.

> 당신들은 나를 해하려 하였으나 하나님은 그것을 선으로 바꾸셨다 (창 50:20).

이제 우리는 이 말씀을 깊이 숙고해야 한다.

2) 열왕기하 6:8-23[11]

두 번째로 살펴볼 본문은 이전과 매우 다른 장르로서 매우 독특한 가치가 있다. 이 본문은 엘리야-엘리사에 관한 본문 중에서 우리의 지배적인 이성에 비추어 볼 때 매우 낯설고 도전적이다. 이 본문에서 해설자는 "그 때에 … "라는 말로 에피소드를 시작한다(8절). 그 때는 아람 왕이 이스라엘을 대항하여 전쟁을 시작하려던 어느 때일 것이다. 그리고 아람 왕도 그 때 생존했던 어느 왕일 것이다. 이스라엘을 향한 적의와 위협은, 아주 오래전 일일 뿐만 아니라, 지금 '골란 고원'(Golan Heights)의 실체만큼이나 계속 남아 있는 실체이기 때문이다.

그런데 아람 왕의 한 가지 고민은 군사적인 보안에 관한 것이다. 그가 이스라엘을 대항하여 계획을 세울 때마다 번번이 모든 계획과 전략이 즉각 이스라엘에게 전달되고 있다. 그런데 본문이 우리에게 알려주는 사실은 군사적인 보안이 문제가 아니라는 것이다. 아람 왕만 모르고 있는 사실이 있다.

정확히 말하자면, "이스라엘에 사는 선지자 엘리야가 왕이 침실에서 하신 말씀을 이스라엘의 왕에게 고하나이다"(12절). 본문이 자세히 설명하지 않기 때문에 우리는 엘리야가 아람 왕의 모략을 어떻게 알게 되었는지는 알 수 없다.

---

11 이 본문에 대해서는 필자의 이전 논의를 참고하라. Walter Brueggemann, "The Embarrassing Footnote," *Theology Today* 44 (1987): 5-14.

하지만 본문의 흐름을 따라가면 엘리야는 본문의 해설자를 포함하여 모든 등장인물의 수준을 초월한다. 아람 왕의 모략이 성공하려면 반드시 엘리야를 저지해야 한다. 그는 일반적인 군사작전을 모두 수포로 돌아가게 만드는 전지전능한 스파이 같다.

그 다음에 우리는 아주 우스꽝스런 장면과 만난다. 아람 왕은 이 선지자를 체포하고자 수많은 군사를 보낸다. 그래서 수많은 군사와 말과 병거가 엘리사가 머무는 성읍으로 몰려와서 성읍을 에워싸고 고함치며 위협한다(15절).

그런데 이어서 놀랄 만한 대조적인 장면이 펼쳐진다. 성읍을 포위하고서 고함치는 수많은 아람 군대와 그의 집에서 아무런 방비도 없이 앉아 있는 선지자 한 사람의 모습이다. 선지자에게는 매우 헌신적인 사환 외에는 아무도 없다.

그런데도 이 선지자는, 고함치는 수많은 군사가 전혀 두렵지 않은지 전혀 미동도 하지 않는다. 그러나 그의 사환은 이와 달리, 세속적인 계산법대로 움직인다. 그는 바깥에서 들려오는 소음을 알아보기 위해서 창밖을 바라보고 그만 공포에 휩싸인다. 그가 보기에 곧 모든 것이 무너질 것만 같다.

> 아아, 내 주여 우리가 어찌하리이까(왕하 6:15).

이런 상황에서 조금도 동요하지 않는 하나님의 사람인 그의 주인이 그를 안심시킨다.

> 두려워하지 말라. 우리와 함께 한 자가 그들과 함께 한 자보다 많으니라
> (왕하 6:16).

이 말을 들은 사환은 자기 곁에 있는 사람들의 숫자를 세어보는데, "한 사람, 두 사람 …" 두 사람이 전부다. 하지만 건너편에 아람의 수많은 군사를 바라보고는 선지자의 셈법을 이상하게 생각하면서 곧 두려움에 빠진다. 그런데 선지자의 기도가 시작되면서 갑자기 이야기의 분위기와 흐름이 돌변한다. 지금까지는 수많은 아람의 군사의 위협이 주요 장면이었다면, 다음의 기도로 이야기의 흐름과 분위기가 바뀐다.

> 여호와여 원하건대 그의 눈을 열어서 보게 하옵소서(왕하 6:17).

이 기도에서 엘리야 선지자는 "여호와여"라며 주님의 이름을 직접 부른다. 이 기도에서 엘리야는 이스라엘 백성들의 삶을 통해서 그리고 그들의 입을 통해서 알려진 분, 모든 인생을 반전시키고 결국 평행을 이루시는 분(The Equalizer)이 모든 약속과 권능을 불러낸다. 방금 전에 엘리야가 사환에게 "두려워 말라"고 한 위로의 선언에 실제 권위와 능력을 부여하는 분은 바로 이 여호와 하나님이시다.

이 이야기는 강대국 아람이 알 수도 없고 누릴 수도 없는 능력과 권능을 가진 이스라엘 백성들의 세상을 우리에게 펼쳐 보여준다. 엘리야의 다음 기도는 아람의 입장에서는 참으로 불길하다.

> 기도하여 이르되 여호와여 원하건대 그의 눈을 열어서 보게 하옵소서 하니 여호와께서 그 청년의 눈을 여시매 그가 보니 불말과 불병거가 산에 가득하여 엘리사를 둘렀더라(왕하 6:17).

여호와 하나님을 소환하는 기도와 간청, 그리고 이를 통해서 새롭게 열린 시야는 사환을 새로운 세계로 인도하였고, 사환이 바라보는 현실 세계를 새롭게 재구성하였으며, 세상 권세와 공포의 균형과 조화의 문제를 재정립하였다. 소경의 눈이 떠졌다.

> 하나님의 사람 엘리사가 두 번째 여호와께 다시 기도하여 이르되, "원하건대 저 무리의 눈을 어둡게 하옵소서"(왕하 6:18).

이 기도가 끝나자 아람의 군사들은 즉시 앞을 볼 수 없게 되어 엘리사의 리더십 앞에 무력해지고 말았다. 세상의 모든 권세를 통제하시는 여호와 하나님 때문에 힘 있는 자들이 순식간에 무능해지고 말았다. 엘리사의 두 차례 기도로 세상이 순식간에 뒤바뀐 것이다. 처음 된 자가 나중 되고 나중 된 자가 처음 되었다.

이어서 본문의 내러티브는 엘리사가 무력해진 아람의 포로들을 사마리아의 수도로 인도하는 장면을 보여준다. 이들은 아무런 힘도 없다. 그래서 뒤늦게 이 내러티브에 등장하는 이스라엘의 왕은 자신의 군사들을 동원하여 이 힘없는 포로들을 모두 죽이려 한다(21절).

이 이야기 속에서는 선지자 외에 이 이스라엘 왕이 주도권을 행사하려는 것을 저지할 사람이 없다. 선지자는 이 포로들을 모두 처형하려는 왕의 결정적인 의지에 굴복하지 않고 이어서 세 번째 기도를 시작한다. 이번에는 앞을 볼 수 없는 적군 군사들의 시력을 다시 회복시켜 주기 위함이다. 그리고 이 이야기는 선지자가 즐거운 잔치를 제안하여 예전의 원수들과 함께 식사하는 장면으로 마무리된다(22절).

이 내러티브에서 선지자는 모두 세 차례 기도하였고 그 때마다 모두가 이전과 다른 세상을 볼 수 있도록 인도하였다. 본문의 해설자는 다음과 같은 간명한 확인으로 내러티브를 마무리한다.

> 아람 군사의 부대가 다시는 이스라엘 땅에 들어오지 못하니라(왕하 6:23).

본문의 이야기는 적대적인 분위기로 시작해서 잠정적인 화해로 끝을 맺는다. 선지자가 공포와 폭행의 악순환의 고리를 당분간 끊어 놓았다.

이 내러티브는 어찌 보면 오늘날 우리와 무관해 보인다. 우리 대부분은 고대 아람 제국에 관심도 없고 심지어 오늘날 팔레스타인의 골란 고원과도 관계가 없다. 본문과 밀접한 관계를 맺으려면 무언가 이상의 것이 필요해 보인다.

하지만 이 이야기는 곧 우리의 이야기다. 인간적으로 말하자면 우리는 종종 이 내러티브에 등장하는 사환처럼 분명 올바른 쪽에 속했지만 여전히 두렵고, 규모면에서도 압도당하는 상황에서 아무런 대비책도 없으며 위험을 직감하여 안전을 간절히 찾으며, 때로는 이전과 달리 바라보는 새로운 전망을 발견하기도 한다.

하지만 이 이야기가 우리의 이야기인 이유는 단지 이 이야기가 인간의 보편적인 실제를 다루기 때문만은 아니다. 이 이야기가 우리 것인

이유는, 이 이야기의 리듬 (또는 운율, cadence)이 곧 세례 받은 신자들의 공동체의 특별한 리듬이기 때문이다.[12]

본문의 흐름을 따라가다 보면 우리는 엘리사가 그토록 비정상적인 상황에서 그렇게 간절하게 기도하는 마음에 쉽게 공감할 수 있다. 왜냐하면 우리도 이토록 놀라운 제3자이신 하나님이 우리의 절망적인 상황에 함께 임재하기를 간절히 소망하고 바라는 기도 가운데 자라났기 때문이다.

그래서 엘리사가 "오 주님 내가 주님께 기도하나이다"라고 기도할 때, 우리도 동일한 운율과 그 간청에 공감하며 그 기도를 함께 따라간다. 우리도 전혀 일어날 것 같지 않은 문제들이 실제 발생하였을 때 해결책을 찾고 또 때로는 그 해답을 받아낸 기도의 경험이 있다. 그리고 엘리사가 아람의 군사들이 다시 볼 수 있도록 기도할 때, 그 운율과 느낌이 무엇인지도 잘 안다.

주님! 저들의 눈을 열어서 보게 하소서!

이 기도에 이어서 원수였던 자들에게까지 평화와 존귀를 안겨다 주는 대범한 화해의 행위를 가져오는 복된 후속 기사가 이어진다. 우리는 엘리사의 기도가 아니더라도 그렇게 간절하게 기도하도록 하고 또 그래서 해답을 받게 하는 간절한 열망이 어떤 것인지 잘 안다.

---

12 여기에서 필자의 의도는 William H. Willimon의 다음 책에 소개되는 탁월한 진술과 아주 흡사하다. William H. Willimon, *Peculiar Speech: Preaching to the Baptized* (Grand Rapids: Wm. B. Eerdmans Publishing Co., 1992).

우리는 이 이야기를 통하여 여호와 하나님에 대한 믿음으로 충만한 이 선지자의 간청으로 여호와께서 현실 세계를 완전히 재구성하셨음을 알 수 있다. 이 내러티브의 내부에 갇혀서 이런 기적이 어떻게 과학적으로 일어났는지를 묻거나 그런 일이 실제로 일어났는지를 묻는 사람들이라면 이런 일을 결코 경험할 수 없다.

이 이야기는 우리 자신의 운율에 관한 이야기이며, 우리는 근본적인 인정의 자세로 이 이야기 속으로 들어간다. 이는 마치 멀리 떨어진 외국의 사회 속에서 불확실한 모국어를 듣는 것 같다. 외국인으로 살다가 그곳에서 오랜만에 친척을 만나서 그들을 기뻐하는 것 같다. 그리고 그 운율도 우리에게 매우 익숙하기 때문에 이 내러티브의 핵심적인 요청에도 쉽게 공감한다.

이 이야기에서 우리는 또 이 세상의 인물을 통해 전달되는 하늘의 권세에 대해서도 잘 안다. 또 우리는 앞을 볼 수 없는 소경의 눈을 뜨게 하고 문둥병자를 고치고 절름발이를 걷게 하고 죽은 자를 일으켜 춤추게 한 능력 있는 기도와 몸짓도 잘 안다.

잠시나마 우리는 불가능한 가능성의 세상에서 살고 있으며, 이해힐 수 없는 역전과 설명할 수 없는 변혁, 그리고 알 수 없는 기적이 공존하는 세상을 살면서도 이 모든 것을 그대로 믿는다. 왜냐하면 이 모든 것들이 우리의 모국어로 들려오기 때문이다. 게다가 우리는 아람의 군사들이나 다른 세상의 권력자들이 규정하는 세상을 그대로 따라가지 말라는 요청을 계속 듣는다.

이 이야기가 끝나면 해설자는 우리 곁을 떠나고, 두루마리 책은 다시 닫혀서 원래 안전한 서고로 되돌아간다.

그 때 우리는 이렇게 고백한다.

> 이는 주님의 말씀입니다… 주님께 감사합시다.

이 이야기에 나오는 사마리아의 만찬은 여기에서 끝나지 않고 이후로도 계속 메아리처럼 울려 퍼진다.

> 네 원수가 주리거든 먹이고 목마르거든 마시게 하라 그리함으로 네가 숯불을 그 머리에 쌓아 놓으리라 악에게 지지 말고 선으로 악을 이기라(롬 12:20-21).[13]

이후로도 이 이야기의 자세한 내막을 정확히 기억하지 못하더라도, 선지자가 두려움에 떠는 사환에게 했던 위로의 메시지만큼은 계속 남아서 메아리처럼 울릴 것이다.

> 두려워 말라. 두려워 말라. 두려워 말라.

그 음성을 듣는 것만으로도 이미 이전과 전혀 다른 세상을 보는 것이다.

---

[13] 엘리사의 전략과 사도 바울의 명령의 상호 연관성에 대해서는 다음을 참고하라. Walter Wink, "Jesus' Third Way: Nonviolent Engagement," in *Engaging the Powers: Discernment and Resistance in a World of Domination* (Minneapolis: Fortress Press, 1992), 175-93.

3) 이사야 45:1-6, 10-11

이 구절은 분명 포로기라는 절망과 좌절의 끝자락에 있던 유대인을 향하여 쏟아진 시(운문)다. 당시 바벨론으로 포로로 잡혀간 유대인 가운데는 바벨론 포로로부터의 정치적인 해방의 가능성을 위하여 심혈을 기울인 사람도 많았을 것이다. 하지만 이 시는 그러한 유대인의 해방을 위한 간절한 전략과 거리가 멀고, 오히려 유대인으로서는 생각할 수도 없고 또 전혀 생각해 본 적도 없으며 오히려 터무니없는 대항적인 가능성을 쏟아놓고 있다.

> 여호와께서 그의 기름 부음을 받은 고레스에게 이같이 말씀하시되(사 45:1).

이 구절을 헬라어 어투로 바꾸면 좀 더 터무니없게 들린다.

> 여호와께서 자신의 그리스도(Christ) 고레스에게 이같이 말씀하시되.

이 시는 유대인들에게 매우 친숙하게 들리는 '메시아'(messiah)라는 용어를 동원한다. 유대인들에게 메시아라는 단어는 장차 여호와 하나님이 이 땅에 세우실 다윗 왕국의 희망을 가리키며, 역사의 진행 과정에서 여호와 하나님의 변화를 실행에 옮기도록 선택받은 유대인 대리자의 이미지를 담고 있다.

그런데 그런 엄청난 단어가 유대인들로서는 전혀 생각지도 못했던 이방 땅 이란에서 등장하는 이방인 고레스에게 부여되고 있다. 여호와 하나님은 유대의 포로민들이 자기네 유대 땅으로 귀환하는 엄청난 계획을 실행에 옮기는 데 전혀 예상치 못했던 이 이방인을 사용하시는 이상한 선동자(instigator)이시다. 한 이방인(goi)이 유대인의 간절한 열망을 실행에 옮길 것이다.

이 신탁의 말씀 초두에 등장하는 폭발력 있는 레토릭은 여호와 하나님이 직접 자신의 위엄에 찬 결의의 말씀을 다음과 같이 선포하도록 한다.

> 내가 너보다 앞서 나아갈 것이다 …
> 내가 놋문을 쳐서 부수며 쇠빗장을 꺾으리라.
> 내가 흑암 중의 보화를 너에게 주리라(사 45:2-3).

이 모든 이유는 "너로 하여금 다음의 진리를 알게 하기" 위함이다.

> 네 이름을 부르는 자가 나 여호와 이스라엘의 하나님인 줄을 네가 알게 하리라. 나는 여호와라 나 외에 다른 이가 없나니 나 밖에 신이 없느니라(사 45:3-5).

이는 여호와 신앙에 관하여 직접 말씀하시는 중요한 말씀이다. 하지만 당시 이 말씀을 들었을 포로기 유대인들은 여호와 하나님에 대한 확신에 거의 공감하지 못했을 것이다. 그들은 아직도 (이방 나라의 고레스 왕이 자신들이 절대적으로 신뢰하는 여호와 하나님께서 기름부어 사용하시는 메시아임을 말씀하는) '메시아/고레스'라는 첫 번째 음절의 충격에 빠져 있기 때문이다. 여호와 하나님은 분명 그분의 성품에 가장 부합되는 일, 곧 구원하는 일을 실행하시는 분이지만, 그 일을 전혀 예상치 못했던 충격적인 방식으로 실행하신다.

　말씀을 통해서 계속 확인되는 진리는 여호와의 주권적인 목적뿐만 아니라 그 여호와 하나님의 사랑을 받는 이스라엘의 특별한 지위에 관한 것이다. 말씀하시는 이는 곧 "이스라엘의 하나님"이시다. 이 하나님께서 포로된 유대인들을 해방시키고 구원하시려고 하신다. 여호와 하나님은 실행하시는 분이시다.

> 내가 나의 종 야곱, 내가 택한 자 이스라엘 곧 너를 위하여 네 이름을 불러
> 너는 나를 알지 못하였을지라도 네게 칭호를 주었노라(사 45:4).

　이런 말씀은 이전에 예루살렘에서도 기뻐하였던 익숙한 말씀이다. 하지만 바벨론의 포로민 유대인들로서는 이토록 충격적인 말씀을 쉽게 받아들일 수 없었을 것이다. 왜냐하면 그들은 '메시아/고레스'라는 첫 번째 음절의 충격에서 아직도 빠져나오지 못하기 때문이다.

　이 말씀 속에는 여호와 하나님의 놀라운 주장, 이스라엘을 향한 놀라운 계획이 담겨져 있다. 하나님은 이스라엘을 분명 구원하시되 고레스라는 이방인 메시아(the *goi* messiah)를 통해서 이 일을 성취하시며 유대의 거룩한 기름이 하나님이 지명한 이방인의 머리에 부어진다는 것이다.

　포로기의 이스라엘 백성들이 이 말씀을 처음 들었을 때 그들이 어떻게 반응했을지 우리는 잘 알 수 없다. 본문 시의 흐름에서는 약간의 휴지기(a pause)가 있고, 이어서 하나님이 직접 하시는 말씀이 뒤따른다. 여호와 하나님의 이어지는 말씀에 근거해 볼 때, 이스라엘 백성은 이

말씀에 거부하는 반응을 보였을 것으로 추정해 볼 수 있다. 아마도 이 스라엘 백성은 이렇게 말했을 것이다.

"오! 안됩니다.

 이방인을 통해서라니요?

우리는 그런 식으로 귀환하지는 않겠습니다.

그것이 유일한 제안이라면 우리는 그냥 여기에 남겠습니다.

돌아가느니 차라리 여기에서 죽는 게 더 낫겠습니다."

아마도 그들은 이런 식으로 반응했을 것이다. 분명한 사실은 여호와 하나님께서 포로민들에게 다음과 같이 말씀하셨다.

> 아버지에게는 "무엇을 낳았소?" 하고 묻고 어머니에게는 "무엇을 낳으려고 해산의 수고를 하였소?" 하고 묻는 자는 화 있을진저 … 너희가 장래 일을 내게 물으며 또 내 아들들과 내 손으로 한 일에 관하여 내게 명령하려느냐?
>
> (사 45:10-11)

"너희가 어찌 감히 나에게 그런 질문을 하려느냐!

너희는 너희의 본래 신분을 망각하였고, 우리의 언약관계를 불신하는도다.

너희는 내 의도를 의심하는도다.

너희는 그렇게 질문할 권리도 없고 그렇게 의심할 근거도 없고 그렇게 거역할 핑계거리도 없다.

너희 생각에 그것이 너희 길이 아닐지라도, 내가 열어준 길을 받아들여야만 할 것이다. 왜냐하면 '내 길은 너희 길과 다르기 때문'이니라."

여호와 하나님은 지명하여 부르신 그대로 여호와의 삶을 명령하신다. 설령 그 길이 우리의 기준과 자기 확신, 그리고 지켜온 정통과 배치되더라도 말이다. 고향으로 가는 길은 이방인이 만들어 줄 것이고 너희는 그 길로 가게 될 것이다.

성경 본문은 이렇게 하나님이 선택한 유대 백성에게 파격적인 제안이자 또 다른 책망으로 다가온다. 나중에 세례 받은 우리에게 이 본문은 매우 멀게 느껴진다. 우리는 바벨론의 포로민도 아니고 이 본문은 포로기의 특수성을 담고 있기 때문이다. 이 본문은 고레스에 대해서 증언하지만 우리로서는 고대의 제왕이나 제국에 대해서 별로 관심이 없다. 심지어 바사 사람이나 페르시아(the Persians)의 포로기에 관한 언급조차도 관심이 없다. 그래서 포로기의 특수성을 담고 있는 이 본문은 오늘날 우리에게 멀게 느껴진다.

하지만 앞에서 우리는 오늘날 우리가 세상으로부터 느끼는 문화적인 변위(이질성, cultural displacement)와 소외감은 페르시아의 포로기와 별반 다르지 않다. 이런 관점에서 볼 때, '고레스'는 더 이상 어느 한 인물이나 대리인이 아니라 일종의 은유(metaphor)로 이해할 수 있다.

이제 '고레스'는, 이 세상에서 하나님의 구속하시는 사역을 감당하는 어떤 역사적인 인물이나 수단으로 이해하거나 상상하든 관계없이, 하나님의 신임장으로 우리의 기존 생각을 거스르고 뒤엎는 방식으로 일하는 자다.

오늘날 시대적으로 본문의 역사적인 상황과 멀리 떨어진 입장에서 고레스에 관한 하나님의 말씀을 듣고자 할 때, 바사의 초대 왕 고레스뿐만 아니라 그 이전의 신바벨론의 2대 왕 느부갓네살에게도 충분한 관심, (고레스와 다른) 적대적인 관심을 기울이지 않으면 고레스의 가치를 제대로 파악할 수 없다. 왜냐하면 고레스는 느부갓네살에 대한 일종의 해독제이기 때문이다.

우리가 살펴보는 이사야의 본문에서는 그의 이름이 직접 거명되지 않고 간접적으로 암시되는 느부갓네살은 유대인을 가나안 땅에서 추방하여 그들의 정체성을 무너뜨리고 그들의 여호와 신앙에 강력한 소외감을 가중시킨 혹독한 바벨론 제왕이다. 그래서 고레스와 마찬가지로 느부갓네살도 오늘날 우리의 신앙을 무너뜨리고 변질시키고 우리를 적대적인 환경 속으로 밀어 넣어 소외시키는 모든 것에 대한 생생한 은유로 받아들일 때, 비로소 우리는 본문 속의 느부갓네살과 상대할 수 있다.

이런 관점에서 접근할 때 이 본문은 우리를 과거 주전 6세기의 상황으로 소환하는 것이 아니다. 이 본문은 오히려 느부갓네살과 고레스의 관점에서 우리가 처한 상황을 철저하게 재규정하고 재서술할 것을 요청한다.

그것은 그렇게 어려운 일이 아니다. 오늘날 우리 기독교인은 우리 주변의 적대적인 환경의 압박과 속박, 그리고 우리 삶 속에서 자유의 상실이 얼마나 힘든 것인지 잘 알기 때문이다. 우리는 세례 받은 신자들로서 우리 삶 속에서 여호와 하나님의 구속하시고 해방하시는 행동을 기대하고 주장한다. 우리는 주께서 우리가 갇혀 있는 이 생명 없는 세상으로부터 그의 강한 능력으로 우리가 볼 수 있는 방식으로 우리를 구원하실 것을 기대하고 주장한다.

그래서 우리는 전혀 낯설지 않은 억압과 속박에 대해서 생각하다가,

다시 여호와의 놀라운 이름을 떠올리며 확신과 신뢰 속에서 그분의 사랑받는 자로서 우리의 신분에 의지한다. 이 모든 신앙의 과정은 아주 좋아 보이고, 우리는 즉시 예수라는 인물에게로 곧장 달려간다.

하지만 우리가 나사렛의 초라한 인물인 예수에게 도달해 보면, 예수에 관한 그 모든 안락하고 문화적으로 진부할 정도로 익숙한 표현에도 불구하고 그분이 얼마나 보잘 것 없고 전복적이고(subversive), 잘 이해할 수 없으며 심지어 불쾌할 정도라는 것을 깨닫게 된다. 그리고 지상의 신앙공동체가 예전의 이스라엘 백성들이 고레스/메시아 때문에 그랬듯이 메시아(messiah)라는 고귀한 이름에도 불구하고 십자가에 달린 예수(crucified Jesus)라는 전혀 어울리지 않는 이름 때문에 당황하여 말문이 막혀버린 것도 알 수 있다.

한 편으로는 예수라는 이름이 우리를 얼마나 아늑하고 편안하게 해 주는가를 생각하면서도, 또 다른 한편으로는 그분이 얼마나 이상하고 조화롭지 못한가 하는 생각도 든다.

그런데도 더 이상한 점이 있다. 본문의 흐름은 메시아 예수께로 이어져서 우리도 그렇게 읽어서 따라간다. 그런데 하나님의 기름부음의 사역에 관한 본문의 흐름은, 다시 메시아 예수를 넘어 우리가 메시아라고 이름조차 부를 수 없는 이상한 인물들, 다윗과도 전혀 다르고 우리와도 전혀 다른 인물들, 심지어 모욕적이기까지 한 사람들에게로 이어진다.

그들은 바로 우리 마음에 거슬리는 흑인들이나 공격적인 여인들이고, 우리가 그동안 권력과 재물, 성, 그리고 인간됨에 관한 익숙한 개념들을 다시 성찰하도록 요청하는 자들의 전망(vision)이다. 그러한 해방과 자유에 저항하면서 이것이 하나님이 우리에게 제시하는 유일한 대안이라고 체념하면서 두려움과 소외 속에 붙잡힌 채로 머무르고자 한다면, 그리 대단한 상상력이 필요하지 않다.

(분명 그렇지 않겠지만) 만일 이런 것들이 하나님의 일하심이라면, 우리는 바꿀 필요도 없다. 우리는 진통 중에 고통스러워하는 엄마에게 왜 그렇게 고통스러워하느냐고 질문하는 아주 작은 태아나 다름없다. 그럴 때 우리를 용납하지 않는 책망이 위로부터 들려온다.

"어찌 네가 나에게 묻느냐?"

그 때 우리는 비록 그분의 길이 우리 길과 다르더라도, 하나님께서 우리를 위하여 새롭게 열어주시는 그분의 길을 받아들여야만 한다. 우리 자신이 그렇게 저항하는 무리들 속에 포함되리라고는 전혀 생각조차도 하지 못했다. 하지만 메시아/그리스도의 병렬구조는 우리의 기대와 상상 이상이다. 우리는 하나님의 구원과 자유를 좀 더 쉽게 수용할 수 있는 방식으로 다가오기를 기대한다. 하지만 성경 본문은 그런 기대에 대해서는 아무것도 주지 않는다.

4) 사무엘하 12:24-25

솔로몬의 탄생을 묘사하는 이 본문은 우리와 상관이 없어 보인다. 하지만 그래도 괜찮다. 이 본문은 한 아기의 탄생을 다루기 때문이다.

> 다윗이 그의 아내 밧세바를 위로하고 그에게 들어가 그와 동침하였더니 그가 아들을 낳으매 그의 이름을 솔로몬이라 하니라 여호와께서 그를 사랑하

시니라(삼하 12:24).

이 본문을 보면, 마치 밧세바와 우리아에 대한 다윗의 비열한 범죄 이후 하나님과의 균형 상태가 모두 회복된 것처럼 보인다.

그렇다면 이 이야기의 중심 줄거리를 좀 더 살펴보자.

솔로몬은 착한 사람이고 얼마 지나지 않아 위대한 군왕이자, 평화와 부귀의 탁월한 관리자, 인간 실존의 핵심을 찌르는 지혜의 분배자, 성전 건축가, 그리고 이스라엘 가운데 여호와 하나님의 지속적인 현존성을 실제로 바라보고 신뢰할 수 있게 만든 경건한 인물이 될 것이다. 솔로몬은 이스라엘 사람들의 신앙에 관한 성공담이다.

그의 존재는 여호와 신앙이 실제 효력이 있음을 증명하기에 충분하다. 그가 통치했던 예루살렘은 오늘날의 대형 교회처럼 보이기 때문에 그는 오늘날 건축가들의 세계에서 잘 세워졌으면서도 인정하기에는 너무나도 불가해한 대형 교회의 모델이다. 그는 심지어 비건축가들에게 조차도 충분히 매력적인 성공담이다.

나중에 다윗의 아들들과 솔로몬의 형제들 사이의 내전으로 이어지는, 이 놀라운 탄생에 관한 본문에서 솔로몬은 우리 중에 어떤 이들처럼 결코 혼자서 나타나지 않는다. 그는 우리처럼 항상 자기 가족들과 함께 나타난다. 좀 더 구체적으로 말하자면, 그는 자기 엄마 밧세바와 함께 나타나곤 한다. 무엇보다도 그는 밧세바의 아들이다.

다윗이 그의 아내 밧세바를 위로하고 그에게 들어가 그와 동침하였더니 그가 아들을 낳으매 그의 이름을 솔로몬이라 하니라(삼하 12:24).

우리가 일반적으로 알기로 고대 사회에서 왕자의 모친은 궁궐에서 매우 강력한 권세를 지니고 있었다. 그리고 좀 더 구체적으로 말하자면 밧세바는, 형제들과의 잔혹한 권력투쟁 끝에 솔로몬을 권좌에 세우는 황실의 무대에서 매우 교묘하고 노련한 역할을 감당한다.

그래서 이 왕은, 다른 모든 권력자들과 마찬가지로 결코 혼자 그 업적을 성취한 자가 아니다. 그는 항상 그의 모친과 함께 있었고 그녀로부터 한시도 떨어질 수 없었다.

솔로몬은 또한 복이 많고 매우 매력적인 남자였던 그의 부친 다윗과도 떨어질 수 없었다. 다윗은 그 누구도 감히 넘볼 수 없을 정도로 많은 토지와 여성들, 그리고 하늘의 통치와 관련하여 매우 탐욕스런 활동을 감행한 사람이다. 솔로몬은 바로 그러한 개척자들의 가문에서 태어나서 그 가계의 업무를 계속 이끌어가는 인물이다.

여러분은 본문의 앞장에서 그의 부친과 모친이 어떻게 서로 협력했는지를 잘 알 것이다. 사무엘하 11장에서 다윗은 그의 직무에서 벗어나 한가로이 집에 머물고 있다. 여기에서 본문의 해설자는 지나치게 간결하다. 권력의 정상에 서 있는 다윗은, 그가 원하는 것이라면 뭐든지 할 수 있다. 그가 밧세바를 보았을 때 원한 것은 솔로몬의 미래 모친이다. 그래서 해설자는 매우 급한 어조로 이야기를 풀어간다.

> 다윗이... 보니.. 심히 아름다워 보이는지라... 사람을 보내서 알아보게 하고... 전령을 보내어 자기에게로 데려오게 하고... 더불어 동침하매... 그 여인이 사람을 보내 다윗에게 말하여 이르되 '내가 임신하였나이다' 하니라
> (삼하 11:2-5).

이 격정적인 사건은 얼마의 시간이 걸렸는지 알 수는 없다. 최소한 12분 이상일까?

그보다 더 많은 시간이 걸리지도 않았을 것 같다.

다윗은 아주 바쁜 사람이 아닌가?

한 순간의 격정과 욕망과 자유가 결코 되돌릴 수도 없는 짧은 순간에 벌어진 일이다. 아마도 1969년 에드워드 케네디 의원이 차파퀴딕(Chappaquiddick) 섬에서 겪었던 사건만큼이나 짧을 것이다.[14] 지나간 과거는 영원토록 집요해서 결코 돌이킬 수 없다. 그런데도 본문은 이어서 놀라운 결백을 선포한다.

> 그가 아들을 낳으매 그의 이름을 솔로몬이라 하니라 여호와께서 그를 사랑하시니라(삼하 12:24).

이 본문은 영원토록 결백을 기억한다. 그리고 우리는 이 본문의 자녀들이기에 결코 잊을 수 없다. 이후에 본문의 해설자는 솔로몬의 계승자들과 북쪽 이방나라로부터의 위협을 서술하면서 솔로몬의 하찮아 보이는 손자 아비얌을 다음과 같이 소개한다.

---

14 1969년 7월 18일 미국 대선에 출마한 에드워드 케네디 의원은 자신의 형 로버트 케네디의 선거운동원이었던 메리 조 코페크니(Mary Jo Copechne)를 차에 태우고 빗길을 달리다, 차파퀴딕(Chappaquiddick) 섬의 한 다리를 들이받고 강물에 추락하여 코페크니가 사망한다. 사고에도 불구하고 에드워드 케네디는 미심쩍은 이유로 다음날 아침까지 경찰에 사고를 신고하지 않았고, 이후 이 사건은 에드워드 케네디에게 족쇄가 되면서 결국 대권의 꿈을 접게 만들었다 – 역주.

> 아비얌이 그의 아버지가 이미 행한 모든 죄를 행하고 그의 마음이 그의 조상 다윗의 마음과 같지 아니하여 그의 하나님 여호와 앞에 온전하지 못하였으나 그의 하나님 여호와께서 다윗을 위하여 예루살렘에서 그에게 등불을 주시되 그의 아들을 세워 뒤를 잇게 하사 예루살렘을 견고하게 하셨으니 이는 다윗이 헷 사람 우리아의 일 **외에는**(except) 평생에 여호와 보시기에 정직하게 행하고 자기에게 명령하신 모든 일을 어기지 아니하였음이라 (왕상 15:3-5).

돌이킬 수 없는 12분의 자율성(autonomy)외에는!

이것은 성범죄의 문제도 아니고, 우리는 아무런 문제가 없는 척 새침데기도 아니다. 이 문제는 하나님을 거부한 자율성의 문제이고, 자기만족 속에서 끙끙거리고 땀 흘리는 순간, 자율적인 정액이 아마도 부드럽게 그리고 거칠게 자궁 속으로 쏟아지던 그 순간의 문제다. 그래서 이 가족에게 그리고 우리 가족에게 이 '외에는'(except)이란 단어는 결코 지울 수 없다.

매우 짧고도 은밀한 이 순간은 지나치게 명민한 역사가에게조차도 감추고 싶은 한 순간이고, 성전 속에서 그리고 유복한 자들과 권력자들, 행복한 사람들과 평화(샬롬, Shalom)라고 불리는 이 왕자의 행복 속에서 숨기고 싶은 순간이다.

하지만 그 순간의 기억은 이스라엘의 역사 저변에서 계속 떠나지 않고 남아 있다가, 하늘의 위로를 맛보면서도 천박한 출발을 거의 부정하려는 이 가족에게만 알려졌다가, 아주 오랜 세월이 흐른 다음 메시아 예수를 위한 족보를 작성하려는 마태에게 비로소 다시 알려진다.

여러분은 마태가 이스라엘의 어머니들인 라합과 다말을 매춘부이자 창기로 적시하고 있음을 잘 알 것이다. 위대한 왕 메시아의 어머니도 마찬가지다.

> 다윗은 우리야의 아내에게서 솔로몬을 낳고(마 1:6).

사무엘하 12장의 솔로몬의 탄생 기사에서만큼은 밧세바는 다윗의 아내로 묘사된다. 하지만 마태에게서는, 밧세바는 그녀의 정체성을 박탈당하고 그녀의 마지막 지위는 다윗에게 살해당하고 그렇게 영원토록 살해당한 자로 남아 있는 "우리아의 아내"로 묘사된다.

하지만 우리는 어떻게든 이 족보의 의미를 수용할 수밖에 없다. 왜냐하면 마태는 이 족보의 마지막 부분에서 동정녀에게서 태어난 예수는, 그렇게 천박하고 비열한 족보에 속한 분이 아님을 확인시켜 주기 때문이다(마 1:16). 흠 없는 예수의 모친 때문에, 우리는 이스라엘 역사 속에서 은밀하게 발생한 이 비열한 출생으로부터 드디어 벗어나게 되었다. 예수께서 이전과 전혀 족보를 마련하신 덕분에, 솔로몬도 드디어 그의 본래 모습을 회복할 수 있게 되었다.

솔로몬으로서도 그 이전의 야비한 족보가 아니라 이후의 새로운 족보가 얼마나 다행인가?

마태복음에서 이 위대한 왕이 자신들의 잠재적인 후계자들에게 이렇게 말씀하시는 것을 제외하고서 말이다.

> 또 너희가 어찌 의복을 위하여 염려하느냐 … 솔로몬의 모든 영광으로도 입은 것이 이 꽃 하나만 같지 못하였느니라 … 너희는 먼저 그의 나라와 그의 의를 구하라(마 6:28-33).

그 영광은 성전과 그 주변의 모든 화려한 장관과 아주 거리가 멀다. 예수는 솔로몬을 가리켜서 찬란한 성공과 안전의 핵심으로 소개하시면서도, 그의 제자들에게 솔로몬보다 더 고귀하고 더 나은 기쁨 가득한 대안의 세상이 있음을 상기시킨다.

물론 신약성경에 소개되는 밧세바와 다윗, 그리고 솔로몬에 관한 이상의 여러 본문들에 대한 상세한 해설들이 우리가 선택한 사무엘하 12:24-25의 솔로몬의 탄생 기사에서 즉각적으로 분명하게 드러나는 것은 아니다. 하지만 바벨론 포로기의 공동체는 어느 누구도 홀로 고립된 자율적인 행위자가 아니라, 항상 다음과 같이 생각해야 한다는 것을 잘 알고 있었다.

> 너희를 떠낸 반석과 너희를 파낸 우묵한 구덩이를 생각하여 보라 너희의 조상 아브라함과 너희를 낳은 사라를 생각하여 보라(사 51:1-2).

포로기의 신앙공동체는 이런 방식으로 모든 성경 본문이 서로 연결된 다른 구절들과 함께 관통한다는 것을 잘 알고 있었다. 솔로몬의 등장을 알리는 본문도 이 아이가 '샬롬'(Shalom)이라는 하나님의 놀라운 일을 위하여 예정되었음을 선언한다.

하지만 사랑스러운 다른 모든 자녀들처럼 이 아이도 그 부모를 통하여 태어난다. 여호와 하나님 보시기에, 단 한 가지를 제외하고(except) 모든 것이 선한 그의 아버지로부터 태어난다. 솔로몬은 영원토록 바뀌지 않는 '헷 사람 우리아의 아내'인 모친에게서 태어난다. 만일 그의 부모가 그렇고 그런 사람들이었더라면 솔로몬은 좀 더 많은 지혜와 재물과 명성을 얻고자 노력했을 것이다.

그는 이렇게 놀라운 가문에서 태어났지만, '다윗의 위대한 아들'은 '솔로몬의 모든 영광'이 하늘을 나는 새와 들판의 백합화만도 못하리라고는 꿈에도 생각하지 못했다.

나중에 예수님의 평가를 듣는 우리는, 방금 왕궁에서 태어난 아기 솔로몬에게서 멀리 떨어져 있다. 하지만 실상 우리는 이 아기의 순진무구함과 경이와 축복을 있는 그대로 받아들일 정도로 그렇게 멀리 떨어져 있지는 않다. 그렇다고 그의 부친과 모친을 우리의 친척 중에 다윗이나 밧세바라는 이름을 사용하는 이들과 분간 못할 정도로 그렇게 멀리 떨어진 것도 아니다.

또한 우리 최선의 결백과 순수함이 때로는 지독히도 부담스럽고 거추장스러운 모습으로 우리 집안의 전형적인 부패와 힘께 덧씌워져 있어서, 아무런 속박이 없이 공중을 나는 새들과 들의 백합화가 어느 순간에 마치 새로운 대안처럼 우리에게 다가온다는 것도 잘 안다.

우리에게는 어쩔 수 없는 결점이 있고 죄와 타협했던 자신이지만, 그럼에도 또 다른 한편으로 하나님의 공의를 제대로 이해하기를 열망하며 우리의 근심과 염려를 넘어선 어떤 것을 향한 열망이 우리 속에 있음도 잘 안다.

그래서 우리는 한편으로 사무엘하에 등장하는 아기 솔로몬과도 아주 멀리 떨어져 있지만, 우리와 동일한 이 가족의 한계를 넘어서려는 열망 속에서 이 가족과 함께 사랑 받으며 함께 짐을 지고 인정받으면서도 동시에 짓눌리는 압박을 받으면서 그렇게 깊이 휘감겨 있다.

3. 독특성과 두께

필자는 앞의 본문들을 연구하고 묵상하다가 이 본문들이 매우 독특하다는 사실을 새롭게 깨달았다.

(1) 창세기 27:1-45에서는 나이든 아버지와 부지불식간에 거부당한 아들이 충격적이면서도 연민의 정이 가득한 자기인식(self-recognition)을 서로 교환한다.
(2) 열왕기하 6:8-23에서는 한 소년과 이방 군사들의 시력 회복을 위한 기도가 두 차례 소개되고 서로 간의 갈등 중에도 함께 나누는 만찬으로 끝난다.
(3) 이사야 45:1-6, 10-11에서는 이방인과 기름부음 받은 메시아라는 이상하고도 모욕적인 병렬구조에 기초한 희망의 신탁이 소개된다.
(4) 사무엘하 12:24-25에서는 실패한 가정에 사랑스러운 한 아이의 출생이 소개된다.

이상의 본문에 등장하는 사건들은 한 때 실제 말로 표현된 사건들이며, 아주 강렬할 정도로 독특하여 전형적인 모범화(typification)나 복제를 거부하는 고유의 독특성 속에 위치하고 있다. 그럼에도 우리는 이러한 본문들의 고유한 독특성들을 강제로 추방당한 포로민들의 공동체에게 가져다 적용할 것을 제안하는 것이다.

이렇게 고유의 독특성을 확보하고 있는 본문들과 추방당한 포로민들의 공동체를 상호 긴밀한 방식으로 연결하려는 것은 거의 추문(또는 스캔들, scandal)에 가깝다. 참으로 추방당한 이들이 이런 본문들, 정확히 말하자면 그토록 오래되어 굳어진 본문들, 하지만 이들을 통해서 다시 새롭고도 신선하게 생명의 언어로 선포되기를 기다리는 본문들에게로 다가온다는 것 자체가 놀라운 일이다. 그래서 우리는 어떻게 본문의 고유한 독특성들이 추방당한 이들과 서로 연결될 수 있는지에 대해서 살펴보고자 한다.

필자는 포로민들이 고유의 독특성을 확보한 본문들과 관계 맺는 실마리는 상호교환의 고밀도(또는 두께, the density of the transaction)로부터 이해할 수 있다고 생각한다. 여기에서 '상호교환의 고밀도'는 항상 알아볼 수 있어야 하는 것은 아니지만, 직관적으로라도 주의를 기울여야 한다.

이에 관하여 좀 더 자세히 살펴보자.

1) 먼저 필자는 '중층기술'(thick description)이란 문화인류학적인 개념에서 고밀도(또는 두께, density)라는 개념을 차용한다.

길버트 라일(Gilbert Ryle)은 이 단어를 특정 공동체의 내부자에게만 알려지고 그 내부에서 사회적으로 확립된 특정한 의미체계(코드, code) 안에서 내부의 누군가에게 특정한 메시지를 전달하는 발언(speech)과 몸짓 동작을 지시하는 용어로 사용한다.[15]

또 이 개념은 클리포드 기어츠(Clifford Geertz)가 그의 논문, "중층기술: 문화해석 이론을 향하여"(Thick Description: Toward an Interpretive Theory of Cultures)에서 매우 중요하게 사용되는 용어이다. 기어츠는 이 논문에서 특정 공동체 안에서 소통을 위한 상징적인 행위(symbolic action)를 구성하는 사회적인 몸짓의 그물망(webs of social gesture)의 중요성과 그 영향력을 강조한다.[16]

좀 더 최근에는 마이클 왈쩌(Michael Walzer)가 『중층과 현상』(Thick and Thin)이란 책에서 윤리적인 최대주의(ethical maximalism)가, 지시 대상의 의미를 풍부하게 담고 있으며, 문화적으로 공명의 울림이 있고 지역적으로 잘 확립된 상징체계나 의미의 그물망 속에 기초한 윤리적인 담론(ethical discourse)과 어떻게 관계하는지를 잘 보여준다.[17]

---

[15] Gilbert Ryle, Collected Papers II, cited by Clifford Geertz, "Thick Description: Toward an Interpretive Theory of Clutures," in *The Interpretation of Cultures: Selected Essays* (New York: Basic Books, 1973), 6.

[16] Ibid., 3-30.

[17] Michael Walzer, *Thick and Thin: Moral Argument at Home and Abroad* (Notre Dame, Ind.: University of Notre Dame Press, 1994), xi. 역주 – Michael Walzer는 두 문화권 사이의 공통분모와 독특한 차이점을 설명하면서 독특한 차이점을 두껍고 심층적인 것(thick)

길버트 라일과 클리포드 기어츠, 그리고 마이클 왈쩌가 제시하는 이 모든 해설들은 그러한 의미가 담긴 소통 행위들로부터 세상 속에서 자신들의 정체성과 소통의 기회를 제공받은 내부자들만 알 수 있는 기호와 상징, 그리고 몸짓 동작의 고유한 독특성을 강조한다.

이들에게서 확인할 수 있는 고밀도(또는 두께)는 필자가 포로기(exiles)에 관하여 제시하는 개념과도 잘 부합한다.[18]

영향력과 주도권을 확보한 공동체는 표층적이고 얇거나 최소주의적인 담론(minimalist discourse)을 강요하려는 경향이 강하다. 그렇게 서로 합의한 의미들이 제대로 정착됐고 전혀 침해를 받지 않는 곳에서는 보편적인 최소주의가 적절해 보인다. 하지만 주도권을 상실한, 달리 말하자면 변방으로 밀려났고 강제로 추방당한 포로민들이 자신들의 대항적인 정체성을 유지하고 지속하는 데는 오히려 심층적으로 부호화된 담론이 더 중요하다.

이런 관점에서 필자는 세례 받은 포로민이 차갑고 적대적인 영향력이 작용하는 세상 속에서 신자 고유의 정체성을 유지하려면 성경 본문

으로 공통분모를 얇고 표층적인 것(thin)으로 구분한다. 예를 들어 교회를 출석한 어느 신자가 설교 시간에 눈물을 흘리는 행위를 분석할 때 단순히 눈물을 흘리는 표층적인 행위와 그 내면의 복잡한 심층적인 동기를 구분할 수 있다. 겉으로 볼 때는 설교 메시지에 감동을 받아서 눈물을 흘리는 것처럼 보이지만, 그 동기가 단순한 생리적인 이유 때문인지, 예배음악이나 설교 메시지의 감동 때문인지 아니면 자신의 신세와 처지를 회상하는 눈물인지는 쉽게 단정할 수 없다. Walzer는 두껍고 심층적인 특수성을 가리켜서 최대주의(maximalism)로, 얇고 표층적인 현상을 최소주의(minimalism)로 구분한다. 그리고 특정 공동체의 윤리와 도덕의 영역에서는 보편 논리나 보편적인 당위성을 앞세워서 얇고 표층적인 규범을 특정한 개인에게 강요할 수 없음을 주장한다. 왜냐하면 그의 논리에서는 두껍고 심층적인 특수성이 얇고 표층적인 현상에 우선하기 때문이다.

18 여기에서 역자는 저자의 density를 '고밀도' 또는 '빽빽한 두께'로 번역하지만 '응축'(condensation)으로도 번역할 수 있다 - 역주.

을 설교하는 것이 본질적일 뿐만 아니라 그들의 선교적인 자유와 거룩한 소명에 관한 에너지를 위해서도 이런 설교가 매우 중요하다는 점을 강조한다.

그래서 필자는 포로민을 향한 설교에서 두께의 문제와 관련하여 다음 세 가지 차원의 질문을 다루고자 한다.

(1) 어떤 종류의 본문이 선포되는가?
(2) 선포된 메시지를 듣기 위하여 어떤 종류의 사람들이 모이는가?
(3) 그러한 본문과 선포되는 담론의 주제로 어떤 하나님이 소개되는가?

2) 필자가 지금까지 고유의 독특성에 관한 사례로 설명한 바와 같이 성경 본문은 엄청날 정도의 고밀도를 확보하고 있으며, 무수히 많고 복잡한 방향을 따라서 의미를 발산하며 전달하고 있다.

현재 우리는 그러한 밀도(또는 두께, density)를 가리켜서 상호텍스트성(intertextuality)이라고 부른다.[19] 어느 한 텍스트는, 수많은 다른 텍스트들 속에 위치하며 텍스트 주변으로 모인 공동체에게 알려져서 다른 텍스트들에게 모든 종류의 직접적이고 명백한, 때로는 암시적인 언급들을 제시한다. 그러한 언급들의 일부가 사람의 음성으로 선포되기도 하고 또 일부는 상호인식의 가장자리에 깊이 각인되기도 한다.[20]

---

19 이러한 접근에 관한 표준적인 참고자료는 다음을 보라. Michael Fishbane, *Biblical Interpretation in Ancient Israel* (Oxford: Clarendon Press, 1985).
20 그러한 언급에 관해서는 다음을 참고하라. Richard B. Hays, *Echoes of Scripture in the Letters of Paul* (New Haven, Conn.: Yale University Press, 1989).

아주 분명한 점은 예전적인 의식을 실행하는 신앙공동체 안에서 그러한 수많은 소통의 신호와 암시적인 언급은 다양한 방식으로 알려지고 느껴지고 받아들여 각인되기 때문에, 그런 소통의 배경적인 맥락 안에서는 단 하나의 발언으로도 거대하고도 풍성한 세계를 소통할 수 있다는 사실이다.

그래서 앞서 필자가 보여준 것처럼 솔로몬의 탄생 기사(삼하 12:24-25)는 장차 도래할 위대함(greatness)을 암시할 뿐만 아니라, 그들 속의 완고한 야비함과, 그러한 야비함에도 결코 좌절될 수 없는 사랑, 그리고 솔로몬과 그의 부친 다윗보다 더 크신 이의 도래를 암시한다. 그래서 한 아기의 탄생 소식을 듣는 이들은 모두 이 가족을 통하여 자신들의 정체성을 다시 그물망으로 확고히 연결하도록 초대받는다.

일각에서 우리는 그동안 성경 텍스트의 심층으로 들어가지 못하고 표층만을 읽어왔다. 한편으로 (보수적인) 신학적 환원주의(theological reductionism)가 교조적인 확실성(creedal certitude)을 지키기 위하여 성경 텍스트의 풍성함을 단조롭게 묵살시키면 결국 성경 텍스트의 표피에만 매달리느라 본문의 빽빽한 밀도(또는 두께)를 잃어버린다.

또 다른 한편으로 (진보적인) 역사 비평(historical criticism)은, 복잡한 중층의 텍스트를 계몽주의적인 합리성에 억지로 길들여서 텍스트의 억누를 수 없는 불가해성(inscrutability)을 완전히 제거하려는 얄팍한 책략(a thinning maneuver)에 불과하다.

그런데 보수적인 신학적 환원주의와 진보적인 비평적 얄팍함에도 불구하고, 성경 텍스트는 묽게 희석되기를 거부하고 빽빽한 밀도를 계속 고집해왔다. 그래서 만일 그 풍성한 두께로부터 '텍스트가 곧 말하리라'고 기대하며 다가가면 그 풍성함은 다시금 본래 모습을 드러낼 것이다.

3) 빽빽한 고밀도의 텍스트가 선포하는 음성을 듣고자 모인 사람들은 전형적으로 고밀도의 사람들(dense people)이다(그렇다고 이들이 어리석다는 뜻은 아니다!).[21]

물론 각양각색의 이유로 교회에 나온 사람들 중에 일부는 천한 동기로 나온 사람들도 없지는 않겠지만, 분명 각양각색의 동기로 나온다.

하지만 이 모든 신자들은, 이상한 주제(odd matter)를 이상한 방식으로 소통하는, 세상과 전혀 다른 담화(a different discourse) 안으로 들어가는 것을 잘 알면서 나온다.

물론 그들 중에 일부는 얄팍한 확실성이나 단순한 도덕주의만을 원하기도 한다. 하지만 기독교 교회로 나온 모든 이들은 결국 얄팍한 확실성과 단순한 도덕주의 이상의 것을 원하기 마련이며, 그것이 바로 본문 설교(textual preaching)가 어쩌면 가장 만족스러운 이유다. 즉 본문 설교에서는 신자들이 얄팍한 경험주의(thin experientialism)에 만족하는 수준 이상으로 고밀도의 텍스트와 고밀도의 인생 사이에 공명(resonance)이 활발하게 일어나기 때문이다.[22]

---

21 영어 단어 dense에는 '밀집한'이나, '고밀도의' 뿐만 아니라 '우둔한'이란 의미도 있다-역주.
22 이와 관련하여 필자는 그의 우선적인 신학적인 과녁으로 신학에 관한 경험-표현주의적인 모델을 채택하는 George Lindbeck에게서 많은 정보를 도움 받았다. George A. Lindbeck, *The Nature of Doctrine: Religion and Theology in a Postliberal Age* (Philadelphia: Westminster Press, 1984).

예배의 자리로 나온 사람들은 고밀도의 삶(dense lives)을 살고 있다. '고밀도'라는 단어는 인간 개개인들과 관계하기 때문에 '심층심리학'(depth psychology)이라는 용어가 떠오르는데, 이는 다시 '고밀도심리학'(psychology of density)으로 바꿀 수 있다고 생각한다. 만일 획일적인 주도권으로 무뎌지지 않는다면, 사람들은 일부는 즐겁게 떠오르고 또 일부는 아직도 해결되지 못한 수많은 기억의 층으로 형성되고 다층위적으로 누적된 기억을 가지고 살아간다.

그래서 교회로 나올 때 우리는 주간 근무자들처럼 모든 것을 감당하고 성취할 수 있는 느낌이 들지만, 또 다른 한편으로 밤에는 불안스러워하고 당황해하며 두려움을 느끼는 피조물에 불과하다.

그래서 우리는 늘 실제와 의미를 새롭게 구성할 준비가 되어 있으며 심지어 온갖 저항 속에서라도 때로는 아주 위험한 방식으로도 실제와 의미의 거미줄을 재조직할 준비가 되어 있다. 그렇게 빽빽하게 응축된 고밀도의 인생과 마주하려면 동일하게 빽빽하게 응축된 고밀도의 텍스트가 필요하다.

그런데 이 이상의 것이 있다. 설교 강단 앞에 모인 이들은, 그것만으로도 결코 사소하지 않지만 단순한 고밀도의 사람들만이 아니다. 이들은 또한 위로부터 거듭난 두 번째 징표를 가지고 이미 중생해서 세례를 받았거나 앞으로 세례를 받을 예비 입교자들이다.

우리 신자들의 고밀도는 단순히 우리가 호모 사피엔스(Homo sapiens)이기 때문만이 아니라, 세례를 받고 위로부터 사랑과 위임을 받고 헌신된 사람들로서, 열정적인 헌신과 무조건적인 사랑을 수반하는 모든 신령한 복잡성(complexity)을 지닌 신자들이기 때문이다.

우리는 교회로 나오지만 확정성과 불확정성의 양면을 가지고 나온다. 달리 말하자면 우리는 우리 자신의 이상한 정체성을 위한 확실한 지구력을 지니고 있다는 의미다. 우리는 교회로 나와서 경청한다. 한편으로는 경청해야만 하는 의무감 때문에, 그러나 또 다른 한편으로 우리는 '지속적인 경외감' 속에서 살기 때문에 무언가 위로부터 들려올 것을 기대한다.[23] 그리고 우리에게 익숙한 기도문과 신앙고백문과 찬송이 우리 입술에서 흘러나온다. 우리의 피상성 너머에 있는 실체적인 진실을 기대하면서 말이다.

우리는 우리가 참여하는 소통의 코드를 직접 생각해 내거나 고안해 내지 않았다. 우리는 우리 이전에 이미 존재한 소통 체계에 나중에 참여하는 수납자로 다가왔을 뿐이다(비교. 니클라스 루만의 커뮤니케이션 이론).

달리 말하자면, 우리는 우리 이전에 여기에 헌신한 사람들의 뒤를 이어서 그리고 우리 뒤를 이어갈 자손들 앞서서 세대 사이에 위치해 있다. 우리는 우리 믿음의 반석인 아브라함을 알고 우리 믿음의 기원인 사라에 대해서 그리고 (디모데의 외조모) 로이스와 (디모데의 모친) 유니게에 대해서 잘 안다. 우리는 또 다음의 사람들도 잘 안다.

> 이 사람들은 다 믿음을 따라 죽었으며 약속을 받지 못하였으되 그것들을 멀리서 보고 환영하였으나... 약속된 것을 받지 못하였으니.. 이는 하나님이 우

---

23 이런 표현은 기적을 논리적으로 규명하기 위하여 선택적인 표현을 사용하는 Martin Buber 에게서 차용한 것이다. Martin Buber, *Moses* (Atlantic Highlands, N.J.:Humanities Press International, 1946), 75-76. 좀 더 일반적으로는 다음을 보라. Walter Brueggemann, *Abiding Astonishment: Psalms, Modernity, and the Making of History* (Literary Currents in Biblical Interpretation; Louisville, Ky.: Westminster/ John Knox Press, 1991).

리를 위하여 더 좋은 것을 예비하셨은즉 우리가 아니면 그들로 온전함을 이루지 못하게 하려 하심이라(히 11:13, 40).

세례를 받았으되 그 안에서 그 세례를 지키고자 분투하는 신자들은 자신의 인생 속에서 얄팍한 피상성(thinness)을 거부한다. 우리는 상업적인 소비지상주의가 그토록 고집스럽게 우리에게 주입하려는 얄팍한 소비자의 정체성을 거부한다. 또 우리는 세속적인 소비자로 살아가는 것도 거부하고, 고립된 개인주의에 잡아먹히거나 이에 편승하는 것도 거부한다.

그 대신 우리는 받아들이기 싫은 사역들과 음악가 바흐의 예술성, 그리고 이리 저리 몰려다니는 아이들이 뛰놀고 이웃 사랑의 의무를 부과하는 상징적인 담론에 매주 참여한다. 우리는 이 모든 것을 흡수하는 신령한 주도권을 결코 포기하지도 않았고 또 앞으로도 포기하지 않을 것이다. 그래서 우리는 매주 이 텍스트 앞으로 모이는 것이다.

4) 텍스트는 증언이다. 텍스트는 우리 인생의 대본 속에서 최우선의 인물(the Primal Character)이 누구인지를 증언한다.

그분은 우리 인생의 자유와 치유의 내러티브의 중앙에 서 계신 분이며, 피조된 하늘과 땅에 관한 신조들의 맨 처음 동사 이전부터 계시던 분이며, 나사렛 예수 안에서 성육신하신 분이시다. 또한 이분은 우리를 위하여 텍스트를 통하여 다가오시는 분이기 때문에, 이분을 만나려면 성경 텍스트가 필수적이다. 그러나 명심할 사실은 텍스트는 그 이상을 지시하면서 그 너머에 계신 분을 증언한다는 점이다.

잭 마일스(Jack Miles)가 그의 책에서 잘 보여준 바와 같이, 이분은 끝없이 비현실적이고 불가해하며 모순으로 가득 찼으며, 항상 현존하시면서도 위험한 순간에는 괴로울 정도로 부재하시는 분이다. 또한 이분은 모든 것을 아시면서도, 때로는 의심하고 질문하며 시험하고 불확실해한다. 그리고 전능하시면서도 분명 우리 가운데 퍼져있는 악을 분명 제거하지 않는 분이다.[24]

우리 사람들은 이러한 하나님을 소개하는 데 서로 모순된 수많은 텍스트가 필요하다는 것을 잘 알고 있다. 제한된 텍스트만으로는 한 때는 만족스럽지만 우리 가운데 살아계신 하나님이 아닌 지루하고 얄팍한 우상을 만들어 내기 때문이다.

우리는 하나님의 피상성(the thinning of God)이 무엇인지를 잘 안다. 그것은 여호와 하나님의 고밀도 내면성을 얄팍하게 다시 정의하려는 시도다. 교조주의적 환원주의(creedal reductionism)는 적당한 교리 체계 바깥으로 빠져나가는 하나님을 인정하지 않는다. 하지만 성경 텍스트 속에서 그렇게 맹렬하게 빠져나가는 부분은 때로는 믿음으로 또 때로는 낙심 중에라도 제대로 선포되기를 기다리고 있다.

역사 비평적 환원주의도, 쉽게 파악될 수 없는 거룩한 실제와는 아무런 연관성도 없는 상이한 자료와 문서, 그리고 상이한 전승의 궤적 사이의 얄팍한 긴장으로 신앙의 중추신경(the nerve of faith)을 쉽게 잘라 내 버린다.

---

[24] Jack Miles, *God; A Biography* (New York: Alfred A. Knopf, 1995).

하지만 얄팍한 피상성으로는 절대로 이스라엘의 거룩한 분을 위한 거주지를 마련할 수 없다. 그래서 우리는 하늘의 하나님이 영원토록 새겨진 이야기, 사람에게 길들여질 수 없는 신비의 영역에 계신 그분의 은혜와 분노, 임재와 부재, 영광과 수치, 망각과 기억, 관심과 무관심에 관한 이야기를 오고 오는 세대에게 계속 들려줘야 한다.

기독교 설교는 고밀도의 텍스트, 고밀도의 사람들, 그리고 고밀도의 하나님의 수렴에 관한 것이다. 기독교 설교자는 의미들의 그물망을 다시 소집하는 사람이며 교회에 새로운 활력을 공급하는 부호화된 눈짓(the coded winks)을 다시금 실행하는 사람이다.[25]

회중은 자신들의 영적인 정체성에 속한 신령한 자유와 용기, 그리고 은총에 관한 음성을 들으려는 인간적인 준비와 세례자로서의 준비(baptismal readiness) 상태로 교회로 나온다. 물론 그런 준비에도 불구하고 우리 인간성 안에는 여전히 두려움도 남아 있고, 우리가 받은 세례에도 불구하고 그 한 편 구석에 여전히 의심도 남아 있다. 하지만 우리는 성경 텍스트 안에서 다음의 이야기들을 잘 알기에, 새로운 음성을 들을 준비가 되어 있다.

(1) 서로 심히 크게 떨며 통곡하는 의지가 박약한 부친과 거절당한 아들에 관한 이야기.

(2) 적군이 우리보다 더 많은 군마와 병거를 가졌다고 절망할 때 그

---

[25] 필자는 상징적인 코드를 서로 공유하는 공동체 안에서 윙크를 통해 전달되는 사회적인 화물에 관하여 해설한 기어츠의 다음 자료를 참고하여 '부호화된 눈짓'(the coded winks)이란 표현을 사용한다. Geertz, "Thick Decription," 6-7.

보다 더 많은 사람들이 우리와 함께 하는 세상을 목격하도록 나이 어리고 무죄한 자에게 영안을 열어 달라는 기도.
(3) 대담하면서도 허약한 권력의 흥망성쇠를 바라볼 때 '메시아'라는 유대인의 호칭이 달린 이방 통치자.
(4) 야비한 가정이지만 샬롬의 복을 받아 태어나서 모든 사람들의 불안과 근심을 몰아낸 한 아기의 탄생.

우리의 고밀도 인생이 이상의 고밀도 본문과 서로 부합하기 때문에 우리는 이 말씀이 진리임을 안다.

그럼에도 우리는 아직도 성경 텍스트에 대해서 아는 것이 거의 없고, 빈약하게 들었으며 부주의하게 다뤘다. 그래서 우리는 텍스트의 음성을 올바로 들을 준비가 안 됐지만 텍스트는 스스로 우리를 읽는다. 텍스트는 우리에게 실체적인 진리를 제공할 뿐만 아니라, 우리 중에 그 진리가 전달되고 소통하는 데 필수적인 특이한 범주들에 대해서도 확증한다.

그래서 우리는 인간적인 준비와 세례의 준비를 갖추고 나오지만, 텍스트는 우리가 전혀 생각지도 못했더라도 여전히 우리에게 돌발적으로 다가오는 사건 속에서 우리를 압도한다.

설교자는 바로 그러한 고대(텍스트)의 이상한 독특성 안에서 말하는 사람이다. 항상 그런 것은 아니지만 가끔 비범한 사건이 일어난다. 그리고 설교를 통하여 고대의 독특성과 현대의 고밀도 사이에 필연적인 연결점이 만들어진다. 바로 그러한 고밀도의 불가해한 상호교환으로 말미암아 포로민들은 격려를 받고 치유받고 풀려나며 회복되고 변화를 경험하며 새로운 생명으로 부활한다.

그리고 이들은 세속적인 주도권에 직면하더라도 결코 두려워하지도 않고 굴복하지도 않으며, 이 말씀이 선포되는 순간에 거대하고도 다층위적으로 응축된 의도성(intentionality)에 집요할 정도로 붙잡혀서 새로운 존재들로 거듭난다.

외부인이 보기에 이 모든 것들은 참으로 기이하고 빈약해 보일 것이다. 하지만 함께 영적인 소통의 코드를 공유한 내부자들에게 이 순간은, 끊임없이 육중하게 다가오는 죽음의 위협을 거부하며 새로운 생명으로 나아가는 결정적인 순간이다.

제 6 장

복음을 엿듣기

　필자는 앞의 글에서 오늘날 북미권에서의 설교 사역, 즉 탈기독교 문명의 문화적인 상황 속에서의 설교 사역은 포로기의 설교 사역과 유비관계에 있음을 주장하였다.
　좀 더 포괄적으로 말하자면, 성경적인 설교의 메시지는 세례를 받음으로 성경적인 신앙의 주장에 새롭게 헌신한 신자들의 공동체에게 선포된다. 그리고 세상 속에서 세례 받은 공동체의 독특한 정체성을 더욱 명료화하고 지속하며 능력을 공급해 주기 위하여 선포된다. 유비관계라 함은 포로기 유대인들이 유대 공동체에게 포로기의 본문들을 선포한 까닭은 세상에서 유대인들의 독특한 신학적인 정체성을 견고하게 유지하기 위함이다.[1]

1　적대적이거나 또는 냉담한 사회에서 독특한 신학적 정체성을 유지하고 계승하는 일은 현대 서구 사회에서 기독교인들만큼이나 유대인들 역시 새로운 문제는 아니다. 역사적으로 살펴보자면, 정체성을 지키는 일이 기독교 공동체와 유대교 공동체 모두에게 동일한 수준의 난제였던 것은 아니었다. 그럼에도 불구하고 오늘날에는 두 신앙공동체가 직면한 문제가 평행선을 달릴 정도로 비슷해졌다는 것이 필자의 생각이다. 그 이유는 서구 사회에서 기독교의 영향력이 전방위적으로 와해된 것이 가장 큰 이유일 것이다. 서구에서 기독교가 상당한 영향력을 발휘하던 과거에는, 주변화된 유대교의 경우를 보더라도 알 수 있듯이, 오늘날처럼 서로 유사하지는 않았다.

포로민들을 향한 설교 사역은 오늘날 기독교 설교가 상대하는 신자들의 공동체 역시 예전의 포로민들처럼 여호와 하나님을 구심적인 존재로 인정하는 내러티브가 가리키는 세상을 거부하고 이들의 신앙에 대하여 무관심하거나 오히려 적대적인 세상 속에서 고난을 당하며 살고 있음을 고려해야 한다. '포로기'라는 유비관계는 오늘날 신자들이 신앙생활하며 살아가는 지배적인 문화는 대략 바벨론과 비슷하다는 것이다.

즉 오늘날 신자들이 상대하는 문화는 예전의 포로민들이 살던 시대처럼 이들에게 사회경제적인 패권을 행사하는 문화이고, 또 그 저변에 깔린 신화(관념) 역시 자신들의 패권을 설득하는 합리화 기제로 작용하며 압도적이고 전체주의적인 신학적 주장들을 그 배경으로 깔고 있다는 것이다.

찰스 라이히(Charles Reich)가 '자본 정부'(money government)라는 용어로 현재의 초국가적인 거대 자본의 패권을 설명한다면, 우리도 이와 유비적인 '자본 관념'(money ideology)이라는 용어를 제시할 수 있다.[2]

필자가 판단하기에 바벨론 포로기의 유비는 모든 재화와 자본을 초단위로 거래하면서 그 앞을 가로막는 모든 것들, 심지어 여호와 하나님을 그 중심에 놓는 대안적인 세계 구상마저도 파죽지세로 무위로 만들려는 오늘날의 초국가적인 자유무역주의와 밀접한 관계가 있다.[3] 필

---

2 Charles Reich, *Opposing the System* (New York: Random House, 1995).
3 자유시장경제의 전세계적인 지배력에 대해서는 다음을 참고하라. Theodore H. von Laue, *The World Revolution of Westernization: The Twentieth Century in Global Perspective* (Oxford: Oxford University Press, 1987), Francis Fukuyama, *The End of History and the Last Man* (New York: Free Press, 1992).

자가 판단하기에 이런 상황이 오늘날 대부분의 기독교 설교 사역이 직면해야 하는 북미권의 독특한 사회적인 상황이라고 확신한다.

1. 교회 내부인과 외부인

하지만 오늘날의 교회를 포로기의 상황에 놓는 것만으로는 충분하지 않다. 이번 장에서는 이 문제와 관련하여 좀 더 진전된 이야기를 제시하고자 한다.

먼저 확인할 것이 하나 있다. 성경적인 설교 사역은 사도행전 17장에 소개되는 사도들의 복음전도에서부터 근대의 거리전도 사역과 오늘날의 기독교 설교에서도 볼 수 있듯이 그 대상을 교회 안의 신자들에게만 국한하지 않고 오히려 수많은 회의적인 불신자들과 종교를 멸시하는 문화인들도 포함한다.

성경적인 설교는 신앙공동체 바깥에 있는 사람들과 고의든 무지불식간이든 바벨론 제국의 패권 아래 있는 사람들을 하나님의 말씀 앞으로 초청하고 소환하기 위하여 신앙공동체 바깥의 사람들을 상대해왔다. 그리고 성경적인 신앙의 진리는 내부자뿐만 아니라 외부자들에게도 적실성을 갖는다는 가정 위에 선포되었다. 기독교 교회가 붙잡는 내러티브 상상력(narrative imagination)의 중심에 좌정하신 하나님은, 그저 교회의 안주인 정도가 아니라 하늘과 땅을 아우르는 만유의 창조자이시고 주관자이시기 때문이다.

기독교 설교가 고려해야 할 내부자-외부자에 관한 쟁점은 몇 가지

방식으로 다룰 수 있다.⁴

---

4 한편으로 David Tracy는 보편적인 해석학, 즉 비교회적인 해석학(nonchurch hermeneutic)의 적극적인 지지자이다. 그는 기독교 교회만 신앙에 관한 신학적인 목소리를 낼 수 있는 특권을 가진 것은 아니라고 주장한다. 신학적인 주장에 대해서는 항상 세 기관, 즉 첫째로 교회가 포함되고 이어서 학계(academy)와 사회(society)도 나름의 타당한 주장을 할 수 있다는 것이다. David Tracy의 입장에서 주목할 중요한 주장은 설교와 성경해석, 그리고 교육은 기독교 교회 교구민들만의 배타적인 권리라거나 그들에게만 배타적으로 허용될 수 없다는 것이다. 이는 모든 설교자들이 관심을 가져야 할 매우 중요한 주장이다.

하지만 공정하게 말하자면 David Tracy의 견해는 (필자를 포함하여) 많은 사람들을 불편하게 만든다. 그 이유는 '공적인 담론'(public discourse)으로서의 실천신학에 대한 David Tracy 의 견해는 인식론적인 전제의 관점에서 볼 때 심각하게 타협한 전제나 가정에 따른 것이거나 좀 더 직설적으로 말해서 이 시대의 사회경제적인 주도권에 순응한 것처럼 보이기 때문이다. 가장 수치스러운 점은 (Richard Meuhaus, Michael Novak, Peter Bergrer의 연구에서도 그러하듯이) 소위 대부분의 공공신학(public theology)은 기존의 기득권에 순응한 것으로 밝혀졌고, 자유시장경제의 사상을 옹호하고 이를 기독교 신앙과 동일시하는 뻔뻔한 신보수주의와 별반 다르지 않은 것으로 밝혀졌다. 그러한 순응의 결과는 분명 David Tracy가 의도한 것도 아니었을 것이고 공공신학에 대한 그러한 해석에 대해서도 결코 동의하지도 않을 것이다. 그럼에도 불구하고 사람들은 공공신학이 한편으로는 원리적으로 신학에 기초하면서도 사회경제적인 실천과 공공 정책으로 발전시킨 과정에서 성경적인 신앙의 예리한 핵심 주장들을 현실에 맞게 타협한 보편주의에 대해서는 쉽게 동의하지 못할 것이다.

David Tracy가 주장하는 공공신학에 대한 여러 신학적인 해석의 대안은 무엇보다도 교회의 현실을 이해하려는 것이고 이는 George Lindbeck의 명확한 진술을 통해서 얻어졌다. George Lindbeck, *The Nature of Doctrine: Religion and Theology in a Postliberal Age* (Philadelphia: Westminster Press, 1984). George Lindbeck의 영향력 있는 주장에 의하면, 기독교적인 가르침과 기독교적인 수사학의 신뢰성은, 외부적인 모습에 대한 판단이 아니라 교회의 고유한 '문법의 규칙들'(rules of grammar)에 세심한 관심을 기울임으로써 확보된다는 것이다. Stanley Hauerwas와 William Willimon은 기독교인들을 '체류하는 이방인들'(resident aliens)로 이해하며 세상 속에서 기독교인들의 독특한 정체성은 자신들의 신학적인 정체성을 결정하는 것에 달렸다고 주장하는 현실 교회에 관한 독특한 견해를 발표하였다. Stanley Hauerwas and William Willimon, *Resident Aliens: A Provocative Christian Assessment of Culture and Ministry for People Who Know That Something Is Wrong*, (Nashville: Abingdon Press, 1989). 이와 관련하여 다음의 책도 참고하라. Stanldy Hauerwas, *After Christendom? How the Church Is to Behave If Freedom, Justice, and a Christian Nature Are Bad Ideas* (Nashville: Abingdon Press, 1991). 필자는 이들의 견해로부터 상당한 영향을 받았으며 독자들은 필자가 본서의 제4장과 제5장에서 언급하는 내용에 충분히 반영되었음을 쉽게 알 수 있을 것이다.

탈자유주의 신학의 통찰은 매우 중요하다. 탈자유주의 신학은 교회가 계몽주의의 영향을 받은 학문의 영역에서든 또는 일반 대중이나 공공의 영역에서든 기독교 신앙을 '현실 세계의 기준'에 맞게 타협하지도 말고 오히려 기독교 교회의 독특한 정체성을 부각시키는 '독

먼저 조지 린드벡(George Lindbeck)과 스텐리 하워바스(Stanley Hauerwas), 그리고 윌리엄 윌리몬(William H. Willimon)이 주장했던 탈자유주의 신학(postliberalism)은 불신자들을 배제하고 교회 내부인에게 집중한 반면에, 데이빗 트레이시(David Tracy)는 교회 외부인에 대한 신뢰 가능성을 너무 중요시하여 기독교 신앙의 내향성을 간과한 것으로 거의 일반화하여 결론내리고 있다.

그러나 이러한 결론 방식은 두 가지 모두 성급한 일반화의 오류라고 볼 수 있다.

특한 연설'(혹은 어법, peculiar speech)이라는 다소 급진적인 방식으로 표현할 것을 주장한다. William H. Willimon, *Peculiar Speech: Preaching to the Baptized* (Grand Rapids: Wm. B. Eerdmans Publishing Co., 1992). Hauerwas와 Willimon이 세례 받은 신자들에게 관심을 기울이면서도 동시에 '세례 받지 않은 불신자들'을 아주 배제한 것이 아님을 이해하는 것이 중요하다. 다음을 참고하라. William H. Willimon, *The Intrusive Word: Preaching to the Unbaptized* (Grand Rapids: Wm. B. Eerdmans Publishing Co., 1994), and William H. Willimon and Stanley Hauerwas, *Preaching to Strangers: Evangelism in Today's World* (Louisville, Ky.: Westminster/John Knox Press, 1992). 신학과 설교에 관한 이러한 관점의 의도는 세상 속에서의 교회의 일차적인 사명으로써 세상을 대하는 문화적인 기대감을 검열하는 일을 멈추도록 하여 세상 속에서 교회의 본래 모습을 회복하려는 것이다. 오늘날 북미권 교회와 설교의 상황을 고려해 볼 때 이런 통찰의 긴급성은 두말할 나위도 없다.
하지만 이와 동시에 탈자유주의 신학에 대한 비평의 목소리도 충분히 예상해 볼 수 있다. 한편으로 만일에 기독교 교회가 주장하는 메시지의 신실성이 교회 울타리 바깥에서 어떻게 평가되는지에 관하여 전혀 관심을 기울이지도 않고 그저 스스로에게만 같은 말을 되풀이한다면 교회는 세상으로부터 밀려나서 '공공의 영역'에서는 전혀 영향력 있는 메시지를 내놓을 수 없게 될 것이다. 그래서 James Gustafson은 그러한 자세를 '분파주의자'(sectarian)로 비판하였고, 물론 그렇게 비판을 받는 이들도 그런 비평을 전혀 모르는 것도 아니다. James Gustafson, "The Sectarian Temptation: Reflections on Theology, the Church and the University," *Proceedings of the Catholic Theological Society* 40 (1988):83-94. Lindbeck, "The Sectarian Future of the Church," in *The God Experience: Essays in Hope*, ed. Joseph P. Whelen S.J. (New York: Newman Press, 1971),226-43. and Walter Brueggemann, "The Legitimacy of a Sectarian Hermeneutic: 2 Kings 18-19," in *Interpretation and Obedience: From Faithful Reading to Faithful Living* (Minneapolis: Fortress Press, 1991), 41-69.
하지만 또 다른 한편으로 Hauerwas 역시 그의 독특한 관점을 지나치게 보편화시킨 것으로 Gloria Albrecht로부터 예리한 비평을 받았다. Gloria Albrecht, *The Character of Our Commentaries: Toward an Ethic of Liberation for the Church* (Nashville: Abingdon Press, 1995).

세속 사회에서의 교회의 위치에 관한 신학적인 논쟁이 진행되면서 시카고대학교의 트레이시와 예일대학교의 린드벡과 깊이 결부된 이러한 신학적인 입장들은 거의 유일한 대안적인 대칭 구조를 대표하는 것처럼 보인다.[5] 게다가 몇몇 열성적인 헌신자들을 제외하고는 그러한 신학적인 대칭 구조를 마음 편하게 수용하는 사람도 많아 보이지 않으며, 어떤 식으로든 제대로 된 해석학 모델과도 잘 부합하지도 않는 것 같다.

필자의 판단에 의하면 성경 교사의 감수성이 소위 예일학파에게 훨씬 더 어울리는 것은 거의 필연적인 것 같다. 하지만 교회(와 설교자들)는 잠시라도 오직 교회에게만 메시지를 선포한다는 것은 생각하기 어려운 일이다. 그래서 '공적인 자리에서의' 연설로부터 움츠려드는 그 어떤 분파주의는 처음부터 거부되어야한다.

윌리엄 플래쳐(William Placher)는 분명 '예일학파'에 좀 더 공감하지

---

5 물론 Tracy가 Lindbeck의 견해에 깊이 있는 평가와 논쟁을 제시한 점에 세심한 관심을 기울여야 하겠지만 세속 사회에서의 교회의 위치에 관한 신학적인 논쟁은 결코 Tracy 와 Lindbeck 사이의 대립 구도로 축소될 수는 없을 것이다. David Tracy, "On Reading the Scriptures Theologically," in *Theology and Dialogue: Essays in Conversation with George Lindbeck*, ed. Bruce D. Marshall (Notre Dame, Ind.: University of Notre Dame Press, 1990), 35-68. Lindbeck의 책에는 지속적인 연구에 관한 참고자료가 실려 있다. 다음도 참고하라. Stuart Kendall, "Intertextual Theology in a Postmodern World," in *Postmodern Theologies: The Challenge of Religious Diversity*, ed. John Edwards et al. (Marknoll, N.Y.: Orbis Books, 1995), 91-113. 특히 Hans Frei의 연구에도 세심한 관심을 기울일 필요가 있다. Hans Frei, *The Eclipse of Biblical Narrative: A Study in Eighteenth and Nineteenth Century Hermeneutics* (New Haven, Conn.: Yale University Press, 1974). 설교와 관련하여 Frie의 연구에 관한 비평적인 평가에 대해서는 다음을 참고하라. Charles L. Campbell, "Preaching Jesus: Hans Frei's Theology and the Contours of a Postliberal Homiletic" (Ph.D. diss, Duke University, 1993).

만, 점차 좀 더 중도적인 입장으로 발전하였다.[6] 『연약한 하나님의 내 러티브들』(*Narratives of a Vulnerable God*)에서 플래쳐는 '공공신학'(public theology)을 많이 허용하지 않으면서도 트레이시가 말하는 두 가지 공공의 영역인 아카데미와 일반 사회가 교회 안에서 교회를 위하여 교회에 의하여 선포되는 신학적인 주장을 엿듣는(overhear) 가능성을 허용한다.[7]

필자는 그가 말한 '엿듣다'라는 단어를 교회가 기독교적 담론의 일차적인 수신자이기 때문에 교회 안에서 작동하는 규범의 신뢰성이 교회 밖에서도 결정적인 메시지로 작동한다는 의미로 이해하고자 한다. 달리 말하자면, 교회가 선포하는 메시지의 규범성은 무엇보다도 교회 자신의 핵심적인 기억으로부터 확보되어야 한다.

하지만 이와 동시에 필자가 강조하고자 하는 점은 교회 외부인들에 의한 그러한 엿들음은 그저 우연히 일어나는 우발적인 사건이어서는 안 된다는 것이다. 그보다는 교회는 교회 바깥의 일반 대중을 위하여 신학적인 진술을 가장 대담하고도 신실한 차원에서 철저하고도 의도적으로 천명해야 한다는 것이다.

우연히 교회를 지나가다 듣게 된 메시지 덕분에 무언가 변화를 가져

---

6 William Placher, *Narratives of a Vulnerable God: Christ, Theology, and Scripture* (Louisville, Ky.: Westminster John Knox Press, 1994). William Placher, *Unapologetic Theology : A Christian Voice in a Pluralistic Conversation* (Louisville, Ky.: Westminster/John Knox Press, 1989).

7 설교학에서 '엿듣기'(overhearing)라는 주제에 대해서는 Soren Kierkegaad의 통찰을 차용한 Fred B. Craddock의 책을 참고하라. Fred B. Craddock, *Overhearing the Gospel* (Nashville: Abingdon Press, 1978). 이보다 덜 직접적으로는 다음을 참고하라. Gerald T. Sheppard, "Enemies' and the Politics of Prayer in the Book of Psalms," in *The Bible and the Politics of Exegesis*, ed. David Jobling et al. (Cleveland: Pilgrim Press, 1991), 61-82.

오는 것처럼 그렇게 교회의 이야기가 외부인들에게 들려지는 정도로는 썩 바라직하지 않다. 그보다는 세례 공동체 안에서 함께 모여 경축하는 복음을 주장하는 교회들은 그 본래의 거듭난 세례의 대화 속에서 좀 더 일반 대중의 질문과 쟁점들, 그리고 대중이 기대하는 새로운 가능성에 부합하는 방식으로 바깥으로 울려야 한다.

물론 여기에서 '… 에 부합하는 방식으로'라는 표현이 암시하는 의미는, 교회의 이야기들의 상당 부분은 결정적인 쟁점에 있어서 너무 성급하게 미리 결론을 내리지 않도록 조심해야 한다는 것이다.

앞서 필자가 제시한 범주를 따라서 설명하자면, 교회의 설교는 세상 속의 포로민들을 상대로 선포하지만 포로민들에게 선포한 메시지의 주장은 바벨론 사람들에게도 해당되는 적실성과 설득력 있는 권위를 발휘해야 한다는 것이다. 패권을 행사하는 사람들은 교회 이야기의 첫 번째 청취자라기보다는 두 번째에 해당된다는 점이 중요하다.

첫 번째는 포로민 공동체에게 할당되어야 한다. 그럼에도 불구하고 간과할 수 없는 사실은 패권을 행사하는 사람들 역시 교회 이야기의 청취자라는 점이며, 그런 이유로 기독교 설교는 계속해서 첫 번째 청취자들이 특권을 누리는 신앙공동체 바깥의 외부인들에게도 여전히 권위적인 주장을 발휘할 수 있어야 한다.

더글라스 존 홀(Douglas John Hall)의 견해를 받아들여 교회는 새로운 목소리로 다시 문화와 관계 맺기 위하여 문화로부터 일차적으로 관계를 끊고 이탈해야 한다는 주장은 나름 타당하다.[8] 그러한 이탈은 그 자

---

[8] Douglas John Hall, "Ecclesia Crisis: The Theologic of Christian Awkwardness," in *The*

체로 최종 단계가 아니라, 정체성과 임무를 새롭게 조정하여 다시 집중하기 위한 전략적 과정이다. 교회가 지나치게 세상과 동화되어 무기력해진 후기 기독교 문화 속에서는 오히려 차별화와 이탈에 전략적인 초점이 집중되어야 한다.

그러나 이탈(disengagement)/재관여(reengagement)의 순차적인 과정은 다소 공허한 이론이나 프로그램에 불과해 보인다. 왜냐하면 실제 현실의 교회에서 이 두 가지 전략은 거의 동시적으로 진행되기 때문이다. 이탈에 관한 한 필자가 판단하기에 현대의 서구 교회는 그 본연의 세례 정체성을 회복해야 한다는 것이다. 그럼에도 불구하고 이번 장의 초점은 서구 교회의 재관여의 책임에 관하여 깊이 성찰하여 앞에서 논의한 이탈의 주제를 좀 더 거시적인 전략의 차원에서 이해할 토대를 마련해야 한다.

결국 우리의 질문에 빛을 던져줄 수 있는 것은 현대의 해석학적인 범주가 아니라 성경 본문이다. 그래서 다음에 필자는 이스라엘의 실제적인 본문 실천의 사례를 소개하고자 한다. 필자가 사례를 소개하는 배경에는 '시카고학파'와 '예일학파'에 관한 엄격한 범주 작업은 고대 이스라엘의 본문 실행과 거리가 멀어서 매우 독특한 현대적인 학문의 올가미일 수도 있어서 결국 우리를 위한 최선의 안내와는 거리가 멀 수도 있다는 판단이 자리하고 있다. 필자는 교회의 이야기(church talk)는 그 본연의 정체성과 사명을 포기하지 않으면서도 공공 이야기(public talk)을 추구하는 방식을 깊이 성찰하기를 원한다.

Church Between Gospel and Culture: *The Emerging Mission in North America*, ed. George R. Hunsberger and Craig Von Gelder (Grand Rapids: Wm. B. Eerdmans Publishing Co., 1996), 198-213.

2. 찬양의 리듬

먼저 필자는 모든 시편의 찬양 중에서 가장 짧은 시편으로 알려진 117편에 대한 주해로부터 시작하고자 한다. 이 시편은 아주 짧기 때문에 이 시편의 발성에 세심한 주의를 기울여야 한다. 말하자면 이 시편의 간결함 속에 담긴 난해함은 이 시편을 익숙하게 찬양하는 내부자에게만 겨우 허락된다.

하지만 그 모든 간결함과 난해함에도 불구하고 이 시편은 첫 번째 수신자인 이스라엘과 두 번째 수신자인 이스라엘 바깥의 사람들에 관하여 우리가 조심히 살펴봐야 하는 대부분의 내용들을 담고 있다.

> 너희 모든 나라들아 여호와를 찬양하며
> 너희 모든 백성들아 그를 찬송할지어다
> 우리에게 향하신 여호와의 인자하심이 크시고
> 여호와의 진실하심이 영원함이로다 할렐루야(시 117:1-2).

이 시편은 먼저 여호와 하나님을 찬양하도록 초청하고 이어서 찬양의 이유를 제시하는 일반적인 영광송의 패턴을 따른다.[9]

그런데 우리의 관심을 끄는 부분은 이러한 초청과 이유를 전략적으로 배치하고 있다는 점이다. 찬양으로의 초청은 여호와를 찬양하라는

---

9 Walter Brueggemann, *Israel's Praise: Doxology against Idolatry and Ideology* (Philadelphia: Fortress Press, 1988), 78-80.

위탁의 명령법 문장과 함께 두 행(line)이 평행을 이루고 있다. 그리고 이 찬양의 주제는 이스라엘의 삶과 역사, 그리고 기억을 통해서 알려지신 '여호와를 찬양하라'는 명령으로 명백하게 나타난다. 찬양 받으실 분은 이 시편의 내부자, 즉 포로민들에게 이미 알려진 분이시다. 하지만 그 초청 명령 다음에는 늘 그러하듯이 호격 명사가 등장함으로써, 우리는 그 명령법의 초청 대상이 누구인지를 알 수 있다.

> 여호와를 찬양하라! 너희 모든 나라들아!
> 그를 찬송할지어다! 너희 모든 백성들아!

이 시편에서 이스라엘 백성들은 열방의 모든 나라와 백성들이 함께 여호와를 찬양하도록 초청하고 촉구하며 소환하고 찬양의 의무를 위임한다. 우리는 이 시편의 호격 명사 속에 분명 바벨론 사람들도 포함될 것으로 추측할 수 있다. 그래서 우리는 이 시편에서 포로민들이 초청하는 메시지 내용을 다음과 같이 그 대상을 좀 더 현실성 있게 특징지을 수 있다.

> 너희 바벨론 백성들아! 포로민들의 하나님을 찬송할지어다!

이스라엘 바깥의 사람들, 심지어 이스라엘에게 적대적인 사람들이 하나님을 향한 이스라엘의 찬양에 함께 동참할 수 있다고 생각하는 것은 참으로 대담한 예전 행위이다.

1절의 찬양 초청(또는 소환)과 2절의 찬양할 이유 사이에서 우리는 이 시편을 엿듣게 될 나라와 백성들이 놀라움과 당혹감, 그리고 도발적으로 다음과 같이 질문하는 모습을 상상해볼 수 있다.

"우리에게도 수많은 신들이 있는데, 왜 우리가 너희 하나님을 찬양해야 하는가?"

정말 왜 그래야만 하는가?

찬양하라는 소환 명령 다음에는 항상 이런 질문들이 떠오르는 것은 당연하다.

그런데 이스라엘 백성들이 제시하는 독특한 이유는 바로 이러한 암시적인 놀라움과 항변 때문이다. 우리가 너희도 찬양에 동참하도록 초청하는 이유가 있다는 것이다.

이는 너희를 향한 여호와의 신실한 사랑이 참으로 위대하기 때문이다.
그리고 여호와의 신실하심이 영원하기 때문이다.

찬양할 이유는 여호와는 한 번 맺은 언약에 참으로 신실하시며(*hesed*) 참으로 믿을만하기(*emunah*) 때문이다. 이 두 가지가 이스라엘이 영원토록 여호와를 찬양할 이유로 계속 반복된다.

찬양할 이유를 제시함에 있어서 이스라엘은 매우 정직하다. 우리를 향한, 즉 이스라엘을 향한 여호와의 헤세드는 참으로 위대하다. 사실 이스라엘의 실제 삶과 예전적인 찬송 속에는 모두가 여호와의 헤세드가 깊이 스며들어 있다. 이미 시내산에서 금송아지 우상숭배의 소용돌이가 지나간 다음에 여호와 하나님은 자신을 이스라엘의 모든 삶과 신앙의 기초로 자원하여 제시하신다.

> 여호와라 여호와라 자비롭고 은혜롭고 노하기를 더디하고 인자와 진실이 많은 하나님이라(출 34:6b).

게다가 이 말씀 이후로 이스라엘 백성들은 그 모든 공적인 삶과 하나님과의 모든 친밀한 삶은 오랫동안 소중히 지켜온 여호와의 헤세드의 당연한 결과임을 분별하였다.

시편 107편은 사막에서의 방황과 비관적인 감옥생활, 심각한 질병, 그리고 심지어 난파선이라는 절망적인 상황에서의 구원에 관한 네 가지 사례를 제시한다. 매번 이스라엘은 기적적인 구원을 경험하면서 계속 여호와를 찬양했다.

> 여호와의 인자하심과 인생에게 행하신 기적으로 말미암아 그를 찬송할지로다(시 107:8, 15, 21, 31).

또는 좀 더 특정하여 이스라엘 백성들의 상황에서 매우 정교하게 짜인 시편 136편은 이스라엘의 규범적인 신앙을 진술한 다음에 매번 "그 인자하심이 영원함이로다"라는 후렴구가 이어진다. 이스라엘에서 삶의 모든 국면은 영원하고 심대하며 흔들리지 않는 충절에 기초하고 있는 것으로 이해된다.

엄청난 충돌을 동반한 출애굽 사건은 그분의 인애(*hesed*)를 보여준 사건이며(10-15절), 강대국을 전복하면서 쟁취한 가나안 땅의 선물은 그분의 자비(*hesed*)의 표지다(16-22절). 이스라엘은 구속 사건들을 계기로 여호와의 헤세드의 진리에 더욱 다가가는 자신들의 정체성으로 인하여 하나님께 감사하며 놀라워한다.

> 우리를 비천한 가운데에서도 기억해 주신 이에게 감사하라 그 인자하심이 영원함이로다 우리를 우리의 대적에서 건지신 이에게 감사하라 그 인자하심이 영원함이로다(시 134:23-24).

그런데 찬양에 동참하도록 초청을 받은 열방의 입장에서 제기되는 잠재적인 문제는, 찬양의 이유로 제시되는 자료들이 모두 이스라엘을 위한 것처럼 보인다는 것이다. 여호와는 우리 이스라엘을 기억하시고 구원하셨다. 그분은 이스라엘을 고난에서 구원하셨다. 그는 광야에서 자기 백성들을 인도하셨다. 심지어 시편 117편에서도 이스라엘 백성들이 확증하는 것은 "우리에게 향하신 여호와의 인자하심이 크시다"라는 것이다.

열방이 굳이 이스라엘을 향한 하나님의 인애를 함께 찬양할 필요가 있을까?

바벨론 사람들이 굳이 하나님이 이스라엘에 얼마나 선한 분으로 알려졌는지에 대해서 함께 기뻐할 필요가 있을까?

그럴 것 같지 않다. 다만 예외가 있다. 그 결정적인 예외 조건을 다음 두 가지 방식으로 진술할 수 있다.

첫째, 이스라엘이 찬송에서 하나님의 인애를 이스라엘 백성들의 삶의 한계 안에 가두지 않을 때이다.

이스라엘은 헤세드가 모든 인생의 기초임을 잘 이해했다. 세상 모든 사람들과 공동체의 인생은 여호와의 신실하심 덕분에 유지된다. 그래서 헤세드는 여호와의 통치가 행사되는 곳이라면, 하늘과 땅을 포함하여 이 세상 어디에서든 자유롭게 흐른다. 그래서 심지어 시편 136편에서도 이스라엘은 자신들의 지역적인 신앙고백의 한계를 뛰어넘어 다음과 같이 결론 내린다.

> 모든 육체에게 먹을 것을 주신 이에게 감사하라 그 인자하심이 영원함이로다(시 136:25).

둘째, 좀 더 중요한 사실은, 시편 107편에서 '인생들에게 행하신 기적으로 인한' 찬송으로의 초청이 이 세상의 모든 인생들에게 제시되고 있다.

이 시편에서 이스라엘 백성들은 여호와의 인애(hesed)의 실재가 단순히 자신들만의 배타적인 소유물이 아니라 그분이 창조하신 모든 인생들과 피조물 전체를 위한 은사임을 충분히 이해하고 있었다.

이 찬양의 첫 번째 청취자였던 이스라엘 백성들은 하나님을 향한 영광송의 근거를 올바로 이해할 수 있었던 세부적인 이유나 배경들을 충분히 가지고 있었다. 하지만 그들은 동시에 이 찬송 속에서 여호와에 관한 심오한 코드(dense code)를 제대로 이해하는 사람들에게 그분의 인애는 이스라엘만이 아니라 이 세상 어디에서든, 달리 말하자면 두 번째 수신자들에게까지 풍성하고도 관대하게 공급된다는 것을 결코 의심하지 않았다.[10]

---

10 여기에서 언급되는 '심오한 코드'(dense code)는 Lindbeck이 강조하는 '문법의 규칙들'(rules

여호와에 관한 '심오한 코드'는 이스라엘 바깥에서도 쉽게 익힐 수 있다. 왜냐하면 그 코드는 사람들의 삶에 관한 가장 본질적인 실재를 통해서 확인할 수 있기 때문이다.

게다가 이스라엘 백성들은 열방이 소유하는 모든 권력과 특권, 영향력, 바벨론이 소유한 모든 부귀와, 인간의 삶이 생존 가능하게 만드는 필수적인 요소들은 모두가 헤세드 때문임을 확신했다. 그리고 바벨론 사람들이 가장 열망하는 모든 것들도 여호와의 신앙에 관한 예전적인 코드를 통해서 확보할 수 있다는 것이다. 이 시편에서 이스라엘이 노래한 헤세드는 이스라엘만의 배타적인 전유물이 아니라 이 세상 어디에서나 누구에게든 제공되고 그래서 찬양할 수 있는 실마리이자 이스라엘의 구체적인 사례이다.

그래서 모든 열방과 심지어 세상의 패권을 집요하게 추구하는 이들까지 모두 다 어디에서든 주어지는 은사와 정절과 신뢰성 때문에 여호와의 헤세드와 자비를 찬양하도록 초청된다. 하지만 여호와의 통치 안에서 주어지는 그분의 은사와 광범위한 선물은 바벨론 사람들이 구체적으로 여호와의 헤세드라는 단어나 그분의 이름(여호와)을 지목하여 부르지 않고서는 결코 깨달아 이해할 수도 없고 그분을 직접 찬양하여 송축할 수 없다.

이 시편의 찬송에서는 바벨론 사람들이 시편의 찬송 덕분에 유대인으로 개종하여 더 이상 바벨론인의 신분을 포기했다는 증거는 발견되

---

of grammar)에 해당되며, Clifford Geertz와 Gilbert Ryle의 '심층 서술'(thick description)에서 파생된 것이다.

지 않는다. 이 시편은 심지어 바벨론 사람들도 이스라엘 사람들을 통해서 알려져서 결국 자신들에게도 알려진 여호와의 인애(hesed)와 자비(emunah)의 노래에 함께 동참할 것을 기대하고 예상할 뿐이다.

그러나 이 초청의 메시지는 이스라엘은 헤세드의 본질뿐만 아니라 그 헤세드의 원천과 실행자, 즉 이스라엘의 삶 속에서 기이한 방식으로 일하셔서 바벨론 사람들도 참으로 이상하게 생각할 수밖에 없었던 여호와의 이름을 제시해야 한다는 주장을 담고 있다.

그래서 이 영광송의 진행 과정에서 일어나는 일, 다시 말해서 그저 예전적인 허구가 아니라 신중하게 예상할 수 있는 사건은, "우리를 향하신 그분의 신실한 사랑이 참으로 위대하도다"라고 할 때 언급되는 '우리'가 이스라엘 담을 넘어 멀리 확대되어서, 다른 사람들도 그들의 고유한 문화와 관용적인 말씨들 속에서 여호와의 인애와 자비가 흠뻑 스며든 삶으로 그분을 함께 찬양하는 것이다.

그렇게 확장되고 재구성된 '우리' 안에서만 바벨론 제국의 공공의 삶의 변혁이 가능하며, 제국의 부적절하고 용납할 수 없는 삶과 잔혹성을 폐기하여 바벨론 본래의 모습을 회복할 수 있다.

만일 시편 117편에 언급된 '우리'의 일차 수신인이 이스라엘이고 이차 수신인으로 바벨론이 포함된다면, 필자는 부연 설명으로 바벨론 제국에서 여호와를 두려워했던 느부갓네살 왕이 그 두 번째 수신자의 모범이라고 생각한다.

성경 내러티브에 따르면 느부갓네살은 그의 패역한 독재 통치 도중에 미치광이가 되고 말았다(단 4:33). 나중에 그는 온전한 정신을 다시 회복하였다. 분명 이스라엘 사람이 아닌 그는 자신의 인생이 이스라엘의 하나님께 달렸음을 인정했다.

> 나 느부갓네살이 하늘을 우러러 보았더니 내 총명이 다시 내게로 돌아온지라 이에 내가 지극히 높으신 이에게 감사하며 영생하시는 이를 찬양하고 경배하였나니 그 권세는 영원한 권세요 그 나라는 대대에 이르리로다… 그 때에 내 총명이 내게로 돌아왔고 또 내 나라의 영광에 대하여도 내 위엄과 광명이 내게로 돌아왔고… 내가 내 나라에서 다시 세움을 받고 또 지극한 위세가 내게 더하였느니라… 그러므로 지금 나 느부갓네살은 하늘의 왕을 찬양하며 칭송하며 경배하노니 그의 일이 다 진실하고 그의 행하심이 의로우시므로 교만하게 행하는 자를 그가 능히 낮추심이라(단 4:34-37).

시편 117편에서 두 번째 수신자는 여호와를 찬양하라는 소환 명령을 전해 듣는다. 그 초청은 여호와가 베풀어 주신 헤세드의 은사와 관련된 이스라엘의 우위성을 결코 부정하지 않지만, 그렇다고 이스라엘이 여호와를 사적인 수사학의 차원에서만 언급하도록 방치하지도 않는다. 이스라엘은 모든 사람들이 이해할 수 있는 방언으로 말하고 있는 셈이다. 왜냐하면 여호와의 은사는 처음 맛본 사람들만을 위한 비밀한 배타적 선물이 아니기 때문이다.

물론 이 시편은 이스라엘의 대담하고 독특한 수사학의 우위성을 인정한다. 그들이 없이는 여호와의 헤세드가 세상에 알려질 수도 없고 확인할 수도 없기 때문이다. 하지만 그 헤세드는 이스라엘만을 위한 것이 아니라 어디에서든 간절히 찾으며 모두가 요구해서 모두에게 주어진 것이다.

따라서 오늘날의 설교자들은 포로기의 공동체, 달리 말하자면 세례를 받은 일차적인 수신자들에게 초점을 모으는 일을 멈추지 말아야 한다. 그러나 이제 여러분들은 그 방식을 이해할 것이다. 어떤 유형의 설교 사역이든 모든 설교 사역은 그 메시지의 범주 안에 타인을 포함한다. 거기에는 그저 메시지만을 전달하려는 설교자가 있겠지만, 설교자의 섣부른 판단과 달리 그 속에는 여호와의 헤세드의 리듬에 붙들린 이방인들도 있다.[11]

그들은 제국에서 지성적인 역할로부터 거리가 먼 사람들일지라도 이상한 호기심으로 참석한 이들일 수 있다. 이들이 그 메시지를 경청하는 이유는 여호와의 특이한 이름에 관한 호기심 때문이 아니라, 여호와의 자비(*hesed*)에 관한 특이한 말투와 인애(*emunah*)를 향한 간절한 열망이 무엇인지를 잘 이해하기 때문이다.

그들은 종종 헤세드의 선한 은사들과 여호와의 인애가 그들의 인생 전반에 각인된 이분의 독특한 이름 때문임을 종종 간과할 때가 있다. 이것이 바로 여호와께서 이 세상 제국 속에서 신비로운 방식으로 일하시기 때문이며, 예전의 바벨론에서처럼 이 세상 전역에 그분의 인애와 자비의 지문(fingerprint)을 남겨두셨기 때문이다.

---

11 예를 들자면 필자가 방송 카메라 앞에서 강연한 적이 있었는데, 당시 필자는 세례 받은 신자에게나 통하는 코드로 강연을 했음에도 불구하고 필자 앞에서 촬영을 진행했던 카메라 기자들이 점차 내 강연에 깊은 관심을 갖게 되었다.

3. 복음의 리듬

시편의 리듬이 철저하게 스며든 이스라엘 포로민들을 제대로 이해할 수 있는 핵심 구절은 이사야 40-55장이다. 우리의 관심을 고려할 때 이사야 52:7의 환희에 찬 선언처럼 그렇게 결정적인 본문은 찾아보기 힘들다. 그래서 이 본문은 복음전도의 원류에 해당하여 오늘날 설교 사역을 위한 탁월한 모델을 제공한다.[12]

> 좋은 소식을 전하며 평화를 공포하며 복된 좋은 소식을 가져오며 구원을 공포하며 시온을 향하여 이르기를 네 하나님이 통치하신다 하는 자의 산을 넘는 발이 어찌 그리 아름다운가(사 52:7).

필자가 여기에서 이 본문을 선택한 이유는 이 본문은, '메시지'와 '전령'(messenger)이라는 단어에 신학적인 의미를 담아서 가장 이른 시기에 사용된 '좋은 소식을 가져오다'(mebasser)라는 단어를 두 번 연거푸 사용하기 때문이다(비교. 사 40:9-11). 본문은 복된 소식을 전한다. 그리고 복음전도자의 발에 대해서도 언급한다. 그는 이스라엘에게 좋은 소식을 전하는 사람이다. 이 본문은 여호와와 바벨론의 신들 사이에 진행된 전쟁터로부터 승리의 소식을 간절히 기다리는 예루살렘으로 복된 소식을 가져가는 전령에 관한 시나리오를 보여준다.

---

12 Walter Brueggemann, *Biblical Perspectives on Evangelism: Living in a Three Storied Universe* (Nashville: Abingdon Press, 1993), 26-30.

이 전령은 여호와의 승리에 관한 메시지를 가지고 왔다. 여러분은 그가 달려왔음을 고려하여 그 소식이 복되다는 것을 알 수 있을 것이다. 그의 발이 아름다운 것도 이 때문이다. 그는 예루살렘에 당도하여 그들이 듣지 못했던 소식을 전달한다.

그 소식은 다음과 같다.

> 시온을 향하여 이르기를
> 네 하나님이 통치하신다.
> 네 하나님은 왕이시도다.
> 네 하나님이 방금 왕으로 등극하셨도다.[13]

네 하나님이 바벨론의 신들을 무찌르셨도다. 그 소식은 예루살렘과 시온을 위한 것이며 오랫동안 제국의 압제 속에서 고통당하며 하나님의 구원을 기다렸던 포로민들을 위한 소식이다.

그리고 이제 복음의 선언 다음에 찬송이 이어진다.

> 그들이 소리를 높여 일제히 노래하니... 너 예루살렘의 황폐한 곳들아 기쁜 소리를 내어 함께 노래할지어다 이는 여호와께서 그의 백성을 위로하셨고 예루살렘을 구속하셨음이라(사 52:8-9).

---

13 실제적인 의식을 반영하는 이러한 번역은 제왕으로의 등극에 관한 시편에 관한 Sigmond Mowinkel의 탁월한 가설에 근거한 것이다. 이 주제에 관한 개요를 위해서는 다음을 참고하라. Ben D. Ollenburger, *Zion the City of the Great King: A Theological Symbol of the Jerusalem Cult* (JSOTsup 41; Sheffield: Sheffield Academic Press, 1987), 28-33.

이 노래는 바벨론의 패권과 바벨론 신들의 통치가 드디어 무너졌다는 선언에 대한 반응이다. 포로기의 유대인들은 더 이상 바벨론 사람들에게 아첨하거나 그들 앞에서 굽신대며 복종할 필요가 없었다. 모든 세상과 특히 포로민들이 살던 바벨론 세상은 자유와 행복 가득한 세상으로 뒤바뀌었다. 그 소식은 정확히 고향 소식처럼 들렸다. 그 소식은 모두가 이스라엘 백성들이 간절히 기다렸던 뉴스이고 (만일 여러분들이 인정한다면) 매우 교회적이고 매우 탈포로기적이며 반제국적이었다.

하지만 이 시점에서 필자가 언급하려는 요점은, "너희 하나님이 왕이시도다"라는 세상을 뒤바꾼 선언에 놀라운 변형이 제시된다. 이사야 본문의 선언이 여기에서 맨 처음으로 선언되고 있는 것은 아니라는 점이 분명하다.

이 찬송은 이스라엘의 예전적인 전통 속에 깊이 스며들어 있으며, 그래서 (궁켈이나 베스터만에 반대하는 모빙클과 함께) 필자는 이사야 52:7의 위대한 즉위식 선언문은 주전 6세기 포로민들의 특정한 역사적 상황 속에서는 매우 통렬한 자극을 제공하면서도 좀 더 오래된 이스라엘의 예전적인 신앙고백으로부터 파생되고 발전되어 왔다고 믿는다.[14]

필자는 또한 이사야 52:7의 복음전도에 관한 선언은 그 이전 시대 예루살렘에서의 왕의 즉위식 축제 도중에 사용되었던 좀 더 오래된 복

---

14 이러한 문제 제기는 오늘날 신학계에서도 충분히 논의해 볼 여지가 있다. 이 쟁점에 관하여 좀 더 오래된 토론으로는 다음을 참고하라. A. R. Johnson, "The Psalms," in *The Old Testament and Modern Study: A Generation of Discovery and Research*, ed. H. H. Rowley (Oxford: Clarendon Press, 1951), 190-97; Hans-Joachim Kraus, *Die Koenigsherrschaft Gottes im Alten Testament: Untersuchungen zu den Liedern von Jahwes Thronbesteingung* (Tübingen: J.C.B. Mohr, 1951); and Kraus, *Worship in Israel: A Cultic History of the Old Testament* (Richmond: John Knox Press, 1966), 203-22.

음의 선언이 그 후 세대 '시온'을 위하여 지방화(localization)된 것이라고 제안한다. 그리고 엄밀하게 보자면 이 선언은 시편 96편과 같은 찬송시로부터 파생된 것이라고 제안한다.

이 시편은 여호와를 찬양하라는 여섯 번의 명령법의 초청과 함께 시작된다. 그 명령법들 중에서 다섯번 째 '전파하다'라는 동사의 목적어가 '복음'(gospel, *basar*)이며, 그 단어 다음에 초청의 메시지를 끼워넣는 여섯 번 째 동사가 이어진다.

> 그의 영광을 백성들 가운데에, 그의 기이한 행적을 만민 가운데에 선포할지어다(사 96:3).

이 구절에서 '기이한 행적'이란 명사는 시편 107:8에서 '인생에게' 행하신 '기이한 일들'이라는 표현에서 다시 반복되는 명사라는 사실에 주목할 필요가 있다. 예루살렘의 예전은 여호와의 깜짝 놀랄만한 복된 소식은 모든 열방 가운데에서, 그리고 그분을 알아야 하는 모든 사람들 가운데에서 확인되어야 함을 환호 속에서 기대하고 있다. 오직 죽음으로 끝나는 거짓된 충절이 사그라지기 위해서라도 열방은 반드시 여호와를 알아야 한다는 것이다. 달리 말하자면 열방이 새로운 통치 질서에 기쁨으로 참여하려면 우주적인 통치의 질서가 뒤바뀐 소식을 먼저 들어야 한다. 좀 더 자세히 시편 96:10에서는 쟁점이 다음과 같이 더욱 간결하게 표현된다.

> 모든 나라 가운데서 이르기를 여호와께서 다스리시니(시 96:10).

말하자면 "여호와가 방금 왕으로 등극하셨다"라는 것이다. 여호와의 새로운 역할은 만천하에 공개적으로 선포되어야 할 자료 중의 일부이다. 그리고 그 내용은 복된 소식이다. 부정한 세상 정부는 무너졌다는 것이 복된 소식이다. 그래서 하늘과 땅과 바다, 들판, 그리고 숲의 나무들도 함께 기뻐하며 찬양하는 것은 당연하다(10-13절). 이제 여호와께서 이 세상을 그분의 자비로 통치할 것이기 때문에 그분의 신실하심을 찬양하는 것이다(그래서 시 107편에서 우리는 같은 단어를 반복적으로 살펴보았다).

이 놀랍고 환희에 찬 선언은 이스라엘의 세력 확장을 암시할 수도 있다. 하지만 시편에서는 어떤 식으로든 그런 표현을 찾아볼 수 없다. 필자가 판단하기에 시편 96:10은 여호와의 왕권에 관한 좀 더 이른 시기의 권위적인 진술이라면, 이 진술로부터 이사야 52:7의 좀 더 자세한 확증의 선언이 파생된 것 같다.

다음의 구절들을 비교해보자.

> 모든 나라 가운데서 이르기를 여호와께서 다스리시! |(시 96:10).
> 시온을 향하여 이르기를 네 하나님이 통치하신다(사 52:7).

첫 번째 선언은 오랫동안 핍박한 치명적인 패권이 드디어 무너졌다는 복된 소식을 듣게 된 열방을 향한 메시지이다. 그의 신들은 그 어떤 정당한 경배를 요구할 수도 없고 아무런 좋은 은사들을 베풀 수도 없는 헛된 우상에 불과하다. 필자가 보기에 시편의 이러한 확언은 결코 이스라엘만을 위한 배타적인 선언이 아니다. 여기에서 통치하시는 분은 '너희의 하나님'이 아니라 그저 여호와이시다. 이 시편의 본문에서만큼은 여호와의 통치는 이스라엘에게 국한되지 않는다.

시편 96:10의 복음전도에 관한 선언이 이사야 52:7에서 특정한 필요를 충족하기 위하여 포로기 유대인들에게 적합하도록 현지화(또는 지역화, localization)되었던 나름의 타당한 배경적인 이유가 있을 것이다. 여기에서 선언의 대상은 '모든 나라'가 아니라 '시온'이다. 그리고 그렇게 제시되는 분도 '여호와'가 아니라 '너희 하나님'이시다. 이러한 변화는 분명히 확언의 적실성을 강화해준다.

하지만 특정한 상황에 맞추어 지역화된 재조정은 그 이전 시편의 좀 더 규범적인 복음전도에 관한 선포의 정당성을 위축시키거나 제한하거나 축소하지 않는다. '시온을 향하여' 이르더라도 그 속에서 '모든 나라'를 향한 선언의 가능성이 사라지지 않기 때문이다. 그리고 '너희 하나님'이라고 말하더라도, 앞서 천명된 '여호와'의 이름과 인격과 그분의 목적이 사라지는 것이 아니기 때문이다.

그래서 필자가 보기에 좀 더 범위를 좁혀서 특정한 상황에 맞게 조정된 이사야 52:7의 확언은 좀 더 목회적인 필요에 부합하지만, 그렇게 지역화된 선언은 이 주장의 좀 더 커다란 범주를 조금도 제거하지 않는다. 심지어 이사야서에서 시온에게 선포된 것은 암시적으로 동시에 열방을 향하여 선포된다. 그리고 '너희 하나님'이라는 표현은 분명 하늘과 땅의 창조주이신 여호와 하나님을 포함한다.

겉으로 볼 때 분명하게 지역화되어 이스라엘 백성들을 향한 메시지는 그 저변에 암시적으로 좀 더 광범위하고 포괄적인 수신자들을 포함한다. 그래서 바벨론의 첩자나 고위 관리인, 또는 호기심 많은 참여자가 이 노래가 울려 퍼지는 자리에 함께 참석했다면, 이 노래의 첫 번째 청취자인 포로민들에게 진리의 말씀으로 다가온 메시지는 두 번째 청취자들에게 그리고 심지어 바벨론 사람들에게도 진리로 다가왔을 것이다.

그런데 포로민 공동체가 분명 수신자이긴 하지만 이들이 복된 소식을 독점하면서 이 선언의 본질 자체는 결코 편협한 독선으로 축소될 수 없다는 사실을 제대로 간파하지 못했다는 것은 참으로 이상하다. 이스라엘 백성들이 기뻐했던 복된 소식은 모든 피조물들과 모든 열방도 함께 기뻐할만한 복음이다.

> 그가 임하시되 땅을 심판하러 임하실 것임이라 그가 의로 세계를 심판하시며 그의 진실하심으로 백성을 심판하시리로다(시 96:13).

무엇보다 그분의 강림은 결코 위협이 아니다. 그분의 강림은 복된 소식이며, 심지어 그 마음속에서 인애를 간절히 찾았던 바벨론 사람들에게조차 복된 소식이다. 그 인애는 하늘과 땅의 창조주이신 이스라엘의 하나님이 베푸시는 선물이다. 이 선물은 우리가 복음으로부터 일상적으로 얻어낼 수 있는 것도 아니다. 그러나 복음을 편협한 방식으로 듣는 열방 사람들의 편협한 귀가 아니라면, 그리고 포로민들의 노래 속에서 자신들을 위한 복된 소식을 간절히 기대하는 마음이라면 결코 놓칠 수 없을 것이다.

4. 두 번째 수신자를 위한 복음

만일 시편 96:10의 "모든 나라 가운데서 이르기를 여호와께서 다스리시니"라는 선언을 '두 번째 수신자,' 즉 이스라엘 바깥의 세상에 관한 논의의 출발점으로 삼는다면, 이스라엘은 참으로 여호와의 말씀을 '모든 나라 가운데서 선포하는' 대상인 '열방을 향한 신탁들'(the Oracles Against the Nations)의 말씀과 함께 고찰할 필요가 있다.

'열방을 향한 신탁'은 포로기 전후 몇 몇 선지자들에 의하여 선포된 메시지로서 표면적으로는 열방을 향한 여호와의 통치에 관한 내용을 담고 있다.[15] 이 신탁의 메시지들은 구약성경에 포함된 특이한 문집으로서 그동안 성경적인 연설의 공공성과 관련하여 그동안 해석학적인 조명을 충분히 받지 못했다.

표면적으로 볼 때 이 신탁들이 열방을 향하여 선포된 점을 고려할 때, 무엇보다도 이 신탁의 실제 수신자들이 누구인지에 관하여 좀 더 자세한 연구가 필요하다. 하지만 이 신탁들은 이스라엘 백성들의 귀를 향하여 구원에 관한 확신을 제공하려는 의도로 선포됐다고 보는 것이 쉽게 도달할 수 있는 일반적인 결론이다.

---

15 이 장르에 가장 빈번하게 포함되는 본문으로는 사 13-23장과 렘 46-51장, 겔 25-32장, 암 1:3-23, 옵, 나, 습 2:4-15이 있다. 좀 더 유용한 논의를 위해서는 다음을 참고하라. John H. Hayes, "The Usage of Oracles against Foreign Nations in Ancient Israel," *JBL* 87 (1968): 81-92; Herbert Donner, *Israel Unter den Volkern: Die Stellung der klassischen Propheten des 8 Jahrkunderts V. Chr. zur Aussenpolitik der Konige von Israel und Juda* (VT-sup 11; Leiden: E. J. Brill, 1964); and Norman K. Gottwald, *All the Kingdoms of the Earth: Israelite Prophecy and International Relations in the Ancient Near East* (New York: Harper & Row, 1964).

특성상 이 신탁들은 여호와의 심판으로 열방을 위협하는 내용을 담고 있으며, 열방의 심판은 그동안 자신들이 압제해 온 이스라엘의 구원으로 귀결된다. 이런 관점에서 볼 때, 신탁의 메시지는 이스라엘을 향한 선지자들의 심판 예언에 관한 대항 주제(또는 반대 메시지, counter-theme)로 기능한다.

그러나 신탁의 공식적인 연설들을 좀 더 세심하게 살펴보면, 이를 단순히 이스라엘을 위한 확신의 메시지로 간주하기 어렵고, 오히려 문자 그대로 이스라엘 바깥의 열방을 향한 진짜 메시지로 인정해야 할 것이다. 폴 라베(Paul Raabe)의 주장에 의하면, 이 신탁들은 이스라엘에게 주어졌지만 그와 동시에 열방도 부가적인 수신자로 그 메시지를 엿듣도록 의도됐다고 한다.[16]

이런 관점에서 볼 때, '열방을 향한 신탁들'은 ('여호와의 복음'이 이스라엘뿐만 아니라 이스라엘이 관여하고 또 여호와의 복된 소식이 지향하는 공공의 세상도 포함한다는 분명한 가정 아래) 두 번째 수신자들인 열방을 향하여 선포된 것이다. 폴 라베는 "열방이 신탁을 엿들었다"라는 주장과 함께 자신의 논의를 좀 더 발전시켜서 구약 시대 선지자들과 얼빙의 나라들 사

---

16 Paul Raabe, "Why Prophetic Oracles against the Nations?" in *Fortunate the Eyes That See: Essays in Honor of David Noel Freedman*, ed. Astrid B. Beck et al. (Grand Rapids: Wm. B. Eerdmans Publishing Co.,1995), 236-57. Paul Raabe는 고대의 이스라엘 선지자들과 오늘날의 종교적인 연설가들의 대비적인 유사성을 다음과 같이 제안하였다.
어떤 이들은 고대의 선지자에 대한 대비적인 유사성으로 오늘날 정부 공무원들을 대상으로 하나님의 말씀을 선포하는 설교자나 심지어 청중 가운데 공무원은 한 명도 없더라도 이상적인 정부 정책에 대해서 설교하는 경우를 떠올릴 수 있다. 이런 설교에서 설교자들은 정부가 정책을 집행하는 관점이나 정부 정책이 시행되는 방향에 관한 자신들의 견해를 적극적으로 제시하고자 할 것이다. 이들의 의견을 들어 보면 설교자들은 아마도 정부가 자신들의 조언에 적극 귀를 기울여주기를 바라고 또 더 나은 개선책을 모색하기를 희망할 것이다 (248).

이의 소통의 접촉점을 좀 더 구체적인 방식으로 제시하였다.[17]

폴 라베의 제안들은 그럴듯하지만 지나치게 추론적이다. 그래서 필자는 그러한 역사적인 사건의 재구성 방식보다는 신탁의 메시지에 담긴 수사적인 의도에 좀 더 집중하기는 편을 선호한다.[18]

만일 그러한 신탁들이 어떤 식으로든 두 번째 수신자들에게 의도적으로 전달되었고 또 실제로 그들이 들었다면 다음의 질문들이 제기된다.

그 연설 속에는 어떤 의도가 들어있는가?

이스라엘 백성들의 기억과 수사적인 코드에 철저히 물들어 있으며 여호와를 신앙하는 이스라엘의 화자(또는 선지자들)는 이 두 번째 연설을 통하여 이방인들에게 말하려고 한 메시지는 무엇인가?

우리는 그런 복음의 메시지에서 세 가지 측면을 조망해 볼 수 있다.

첫째, 그 신탁의 메시지는 반드시 존중해야 하는 여호와의 주권과 영광, 그리고 목적을 다룬다.

신탁에서 최우선의 쟁점은 열방의 운명이 아니라 여호와 하나님의 영화(glorification)이다.[19] 물론 그 영화는 열방이 여호와를 조롱하고 무

---

[17] Ibid., 252.
[18] 필자는 '정경적인' 해석 방법론은 그 밖의 다른 역사적인 비평 방법보다 더 유용하다고 생각한다. 선지서에서 신탁 본문의 수사적인 기능이 오히려 문학적인 맥락을 통해서 더 분명하게 드러나기 때문이다. Brevard S. Childs는 신탁 본문의 정경적인 기능에 관하여 간단하게 언급하였지만 좀 더 깊이 있는 연구가 여전히 필요한 상태이다. Brevard S. Childs, *Introduction to the Old Testament as Scripture* (Philadelphia: Fortress Press, 1979), 352-53, 401-403.
[19] 예를 들어 출애굽 내러티브(출 1-15장)의 '최종 형태'(final form)에서 핵심적인 초점은 이스라엘 백성들의 구원이 아니라 열방의 목전에서 성취되는 여호와의 영광으로 그럴듯하게 논증할 수 있다.

시하는 것을 멈추고 여호와 하나님께 집중할 때 일어난다. 필자는 여호와의 영화의 두 가지 측면을 고찰하고자 한다.

(1) 열방 모두가 의도적으로 그리고 명백하게 여호와 신앙인(Yahwistic)이 되기라도 하듯이 그렇게 여호와의 이름을 부르는 것이다. 신탁의 메시지 속에서 이런 측면은 분명 주요한 강조점은 아니지만 약간의 힌트가 발견된다.

(2) 좀 더 중요한 측면은 여호와께 합당한 행동과 처신, 즉 여호와의 성품과 통치에 합당한 프락시스(praxis)다.[20] 이 프락시스가 의미하는 것은 그분 앞에서 오만과 자율성, 그리고 무자비를 버리고 여호와의 주권에 올바로 반응하며, 그래서 이스라엘뿐만 아니라 온 열방을 향한 그분의 자비와 인애를 향한 여호와의 목적에 합당하게 반응하는 것이다.

'고아와 과부, 그리고 이방인들'에 관한 이스라엘의 율례가 지속적으로 염두에 두고 있는 것처럼, 여호와 신앙의 일관된 강조점은 열방 나라들도 국가적인 정책과 실행 속에서 인간의 가치를 올바로 존중하는 것이다. 여호와의 왕권에 관한 복음은 이 땅의 모든 권력의 중심을 위한 사회경제적이고 정치적이며 군사적인 정책에

---

20 여호와의 프락시스(the praxis of Yahweh)는 역사 비평에 대한 인식론적인 접근들과 조화되기 어려운 이상한 개념이지만, 이러한 신탁의 본문들은 여호와의 성품에 관한 묘사보다는 오히려 그분의 행동하는 프락시스에 더 많은 관심을 기울이는 것 같다. '여호와의 행동'에 관한 가장 예리한 본문은 렘 22:15-26이며, 다음을 참고하라. Jose Miranda, *Marx and the Bible: Critique of the Philosophy of Oppression* (Maryknoll, N.Y.: Orbis Books, 1974), 46-72.

직접적이고 즉각적인 일관성을 발휘한다. 이 모든 것들이 여호와의 보호와 방패 아래 있기 때문이다.[21]

둘째, 여호와의 영화에 관한 주제로부터 파생된 것으로서, 열방을 향한 신탁들에서는 여호와의 의도를 무시하고 역행하는 프락시스에 관계하는 모든 패역한 열방 나라들에 대한 심판을 선고하는 특징이 발견된다.

예를 들어 암몬에게는 "자기 지경을 넓히고자 길르앗의 아이 밴 여인의 배를 갈랐던" 죄악(암 1:13)과 바벨론에게는 이스라엘에게 자비를 베풀지 않은 죄악에 대한 심판이 선고된다(사 47:6).

사실 열방을 향한 신탁의 탁월한 우월성은 타인들에 대한 학대, 특히 여호와께서 통치하시는 세상에서 전혀 자비를 누리지 못하는 이스라엘 백성들에 대한 학대에 깊은 관심을 가진다는 점이다. 그래서 여호와의 심판은 그분이 통치하시는 온 세상 나라들에 대한 타협할 수 없는 목적을 강제하고 실행하는 절차이다.[22]

---

21 Donald Gowan은 열방의 세속 권력은 오만한 자율성의 원리를 따라 작용하기 때문에 필연적으로 약자를 착취하고 혹독한 방식으로 변질되는 것을 보여주는 본문들을 분석하였다. Donald Gowan, *When Man Becomes God: Humanism and Hubris in the Old Testament* (Pittsburgh: Pickwick Press, 1975).

22 여호와 하나님을 거룩한 통치를 위하여 필요한 영역에서 합당한 권리와 책임을 발휘하는 통솔자로 이해하는 입장에 대해서는 다음을 참고하라. G. Grnest Wright, "The Nations in Hebrew Prophecy," *Encounter* 26 (Winter 1965): 225-37, and George E. Mendenhall, "The Vengeance of Yahweh," in *The Tenth Generation: The Origins of the Biblical Tradition* (Baltimore: Johns Hopkins University Press, 1973), 69-104. John Barton에 의하면, 이러한 신탁 본문에서 열방 나라들에게 선포되는 심판의 메시지를 반드시 초자연적인 방식으로 해석할 필요는 없고 오히려 지정학적인 상황 속에서 평범하게 발생하는 사건으로 이해할 필요가 있다고 한다. John Barton, *Amos's Oracles Against the Nations : A Study of Amos 1:3-2:5* (Cambridge: Cambridge University Press, 1980). 필자도 Paul M. Kennedy가 다룬 신탁의 메시지에 대해서 좀 더 자연스러운 제재의 메시지로 이해할 것을 제안하였다. Paul

셋째, 이 신탁의 메시지에서 발견되는 덜 주목받는 측면은, 만일 정죄 받은 열방 나라들이 회개하고 잘못된 정책과 실행을 바꾸고 여호와 신앙의 프락시스에 부합하게 행동하면 여호와의 심판이 철회되거나 경감된다는 것이다.

그래서 심판의 신탁에서 발견되는 한 가지 희망은, 만일 분노를 자초한 나라들이 여호와의 의도를 깨닫고 올바로 신탁에 반응하여 회개하면 그 심판이 면제될 것이고 두 번째 기회를 얻어서 번영 가능한 정치적인 집단으로 명예가 회복된다는 것이다.[23]

그런데 이 점이 지나치게 과장되는 것은 바람직하지 않다. 그 이유는 열방을 향한 신탁에 담긴 심판의 예고는 포로 전기 선지자들이 이스라엘과 유다에게 제시했던 최소한의 희망(minimal hope)과 서로 부합하기 때문이다. 포로 전기 선지자들의 입에서 쏟아진 엄청난 저주와 심판 속에서 전달된 것도 역시 최소한의 희망이었다. 여호와의 통치는 항상 가볍게 취급될 수 없기 때문에 그 통치의 일부분인 심판 역시 이스라엘뿐만 아니라 이방 나라들에게도 항상 강력한 파장으로 다가온다. 그러나 이스라엘뿐만 아니라 이방 나라들에게도 항상 다음 두 가지 기회가 주어졌다.

(1) 심판이 철회될 것이다.
(2) 아니면 심판 이후에 새로운 가능성이 나타날 것이다.

M. Kennedy, *The Rise and Fall of the Great Powers: Economic Change and Military Conflict from 1500-2000* (New York: Random House, 1987).

23 Raabe, "Why Prophetic Oracles," 244–47.

새로운 가능성과 관련하여 찰스 캠벨(Charles Campbell)은 필자에게 흥미로운 통찰을 소개하였다. 열방의 권세자들을 여호와의 신앙과 실행으로 변화시킨다는 메시지는 '정사와 권세자들'이 복음에 굴복할 것이라는 신약성경의 예상과 평행을 이룬다는 것이다.[24] 이스라엘이 여호와와 상대하여 자신들의 진정한 상황을 인식했듯이 열방 역시 자신들의 진정한 위치를 여호와의 관계 속에서 이해하였다. 이스라엘뿐만 아니라 열방에게도 공공의 세상에서 여호와의 실재는 그분이 주도하시는 심판과 희망으로 파생되어 나타난다.

그러므로 구약성경에서 복음의 지평은 이스라엘 안에 제한된 것이 아니며 여호와의 통치의 광대한 지평을 향하여 이스라엘을 넘어가고 있음을 인정하는 것이 매우 중요하다.[25]

시편 96:10을 두 번째 수신자들을 향한 복음의 원류로 인정하며 이사야 52:7을 첫 번째 수신자들에 대비되는 복음으로 받아들인다면, 시온-예루살렘-성전의 구조는 모든 수신자들을 아우르는 복음의 준거점을 구성한다고 볼 수 있다. 이사야 52:7은 노략당한 도시 예루살렘과 그 속에 거하는 절망적인 백성들에 관하여 언급하는 것이 분명하

---

[24] Walter Wink, *Engaging the Power: Discernment and Resistance in a World of Domination* (Minneapolis: Fortress Press, 1992), and Ched Myers, *Binding the Strong Man: A Political Reading of Mark's Story of Jesus* (Maryknoll, N.Y.: Orbis Books, 1990).

[25] 구약성경의 맥락 속에서 이스라엘의 신앙의 광대한 지평을 체계적으로 다룬 책으로 다음을 참고하라. Patrick D. Miller, "Creation and Covenant," in *Biblical Theology: Problems and Perspectives*, ed. Steven J. Krafchick et al. (Nashville: Abingdon Press, 1995), 155–68. 다음도 참고하라. Walter Brueggemann, "The Transformative Potential of a Public Metaphor: Isaiah 37:21–29," in *Interpretation and Obedience*, 70–99. 계몽주의 사조가 오늘날과 같이 사사화된 경향을 보이는 상황에서는 더더욱 특정한 회중을 향한 구체적인 설교 담론 속에 이러한 성경적인 신앙의 지평을 회복하는 것이 매우 시급하다.

다. 또 시편 96편을 포함하여 제왕 즉위시 역시 예루살렘 성전을 주요 배경으로 구성됐다는 점은 의심의 여지가 없다.[26]

예루살렘 성전은 여호와의 율법이 온 열방을 향하여 제공되는 장소이기 때문에(사 2:1-5; 미 4:1-5),[27] 모든 열방은 이스라엘과 함께 여호와가 분명히 추구하는 의도에 이스라엘처럼 똑같이 나아갈 수 있다. 게다가 시온에서 열방에게 제공된 여호와의 일관된 의도는 무장해제(disarmament)의 과정을 거쳐 구현되는 평화와 공의이다. 이것이 바로 온 세상을 향한 여호와의 뜻인 동시에 그들의 올바른 통치자인 여호와의 주권에 순종하도록 부름 받은 이스라엘과 열방의 의무이기도 하다.[28]

그런데 '시온'이란 장소는 다윗 왕조가 세워진 장소를 연상하는 곳이기에 매우 관념론적인 무게감을 담고 있다는 것은 의심의 여지가 없다. 달리 말하자면, 시온은 이스라엘에게 부여된 특권을 떠올린다. 하지만 벤 올렌버거(Ben Ollenburger)가 주장했듯이, 그렇게 독특한 특권을 부여받은 장소가 이스라엘에 대해서는 전혀 언급이 없이 곧바로 열방을 위한 여호와의 의도를 부각하는 수사적인 표현 속에서 등장하는

---

26 예루살렘 성전이 동반하는 엄청난 신학적인 무게에 대해서는 다음을 참고하라. Ben C. Ollenberger, *Zion the City of the Great King*.

27 Ollenberger 뿐만 아니라 Hartmut Gese도 시내산이 아니라 예루살렘 성전이 위치한 시온산이 토라가 정착한 장소임을 주장한다. Hartmut Gese, *Essays on Biblical Theology* (Minneapolis: Augsburg Publishing House, 1981), 79-85; Norman K. Gottwald에 의하면, 예루살렘의 수사적 평가는 이스라엘을 여호와께서 통치권을 행사하는 많은 사람들 중의 한 백성으로 위치시키는 관점 속에 들어 있다고 한다. Norman K. Gottwald, *All the Kingdom of the Earth*, 199-203.

28 Walter Brueggemann, "Vine and Fig Tree: A Case Study in Imagination and Criticism," *CBQ* 43 (1981): 188-204.

데는 독특한 의도가 있다.[29]

이스라엘을 향한 여호와의 의도와 열방을 향한 여호와의 의도의 일치된 수렴(convergence)은 아마도 포로민 공동체를 위한 예레미야의 서신에서 가장 탁월하게 표현되는 것 같다.

> 너희는 내가 사로잡혀 가게 한 그 성읍의 평안을 구하고 그를 위하여 여호와께 기도하라 이는 그 성읍이 평안함으로 너희도 평안할 것임이라(렘 29:7).

이스라엘이 만일 당시의 국제적인 현실로부터 도피한다면 그 어떤 '분리된 평화'나 '개인적인 복락'을 누릴 수 있는 것이 아니다. 이는 상식이나 마찬가지이다. 아니면 이는 상식 이상의 당연한 것이다. 이스라엘은 여호와께서 통치하시는 더 거대한 열방 나라들의 일원이라고 해야 할 것이다. 이스라엘의 미래는 여호와가 통치하시는 세상의 공동체 안에서 모색될 수 있지, 그 배타적인 바깥에서는 도무지 찾아볼 수 없다.

그런 이유로 수용하기 어려운 여호와의 증인들은, 이스라엘과 그 밖의 다른 모든 나라들의 공동체가 새로운 통치자에 관한 소식에 귀를 기울여야 한다고 단호하게 주장하는 것이다. 그래서 이러한 선지자들에게 정말로 중요한 것은 여호와의 이름이 아니라 그분의 놀라운 행위다.

---

29 시온에 대한 Ollenburger의 신학적인 평가에도 불구하고 실제적으로 (역사 비평적인 근거로) 그는 문제가 다르게 나타났음을 인정해야 할 것이다. 왕권-성전 구도의 확정 과정은 관념론적인 권력에 대한 유혹과 전혀 무관하지는 않았다. Ollenburger, *Zion the City of the Great King*, 159.

5. 두 번째 수신자의 응답

열방을 향한 신탁의 메시지들은 문학적으로 매우 정교하게 짜였고 두 번째 수신자들을 향한 복음의 확증을 매우 도식적으로 전개한다. 이스라엘의 문학작품에서 항상 그러하듯이 독자를 그러한 도식적인 요청으로 안내하는 것은 내러티브의 독특성 때문이다.

그런 이유로 두 번째 수신자가 자신들을 향한 여호와의 복음에 응답하는 내러티브 전개 방식을 좀 더 자세히 살펴보고자 한다.

1) **출애굽의 내러티브(출 1-15장)는** 바로가 자신이 통치하는 애굽의 진정한 통치자로 조금씩 인정해가는 고통스러운 과정을 배열한다.[30]

초기에 바로는 자신을 향한 여호와의 명령들을 반항적으로 일축한다.

> 바로가 이르되 여호와가 누구이기에 내가 그의 목소리를 듣고 이스라엘을 보내겠느냐 나는 여호와를 알지 못하니 이스라엘을 보내지 아니하리라 (출 5:2).

바로는 여호와의 이름을 부르기를 거절하고 또 여호와께 합당하게 행동하는 것, 즉 '이스라엘을 내보내기'를 거절한다. 하지만 바로는 여호와가 주도하는 일련의 가혹한 역병 때문에 굴복하고 만다.

---

[30] Walter Brueggemann, "Pharaoh as Vassal: A Study of a Political Metaphor," *CBQ* 57 (1995): 27-51.

> 이번은 내가 범죄하였노라 여호와는 의로우시고 나와 나의 백성은 악하도다(출 9:27).

게다가 결국에 가서 바로는 축복의 동력이 여호와에게 달렸음을 인정한다.

> 너희가 말한 대로 너희 양과 너희 소도 몰아가고 나를 위하여 축복하라 (출 12:32).[31]

이렇게 출애굽의 내러티브는 바로가 여호와의 주권을 결국 인정하여 '그로 말미암아 영광을 얻는' 자리로 독자들을 초청한다(출 14:4, 17).

2) 이와 조금 다른 맥락에서 모세의 장인 이드로도 여호와의 주권을 다음과 같이 인정한다.

> 여호와를 찬송하리로다 너희를 애굽 사람의 손에서와 바로의 손에서 건져 내시고 백성을 애굽 사람의 손 아래에서 건지셨도다 이제 내가 알았도다 여호와는 모든 신보다 크시므로 이스라엘에게 교만하게 행하는 그들을 이기셨도다(출 18:10-11).

---

31 이 본문과 관련하여 다음을 참고하라. Walter Brueggemann, "Subversive Modes of Blessing,"

그런데 학자들의 토론에서는 이드로의 신앙고백을 모두가 '여호와 신앙'(Yahwism)의 기원에 관한 '미디아인의 가설'의 틀에서 분석하려고 한다.[32] 그러나 만일 이 본문을 있는 그대로 받아들이면, 이스라엘 백성들의 삶에서 분명하게 드러나는 사실은, 미디안 제사장으로 하여금 여호와 하나님을 이렇게 신앙고백하도록 이끈 존재는 바로 여호와 자신이라는 것이다.

게다가 좀 더 중요한 사실은 이드로의 신앙고백은 그저 추상적인 지식으로 머물지 않고, 이기적이고 부정직하거나 착취적이지 않은 공공의 리더십을 위한 요구 조건을 충족하는 실천적인 함의를 제공한다는 점이다(출 18:21). 이스라엘 백성이 아님에도 불구하고 여호와를 향한 올바른 신앙은 그러한 실천적인 함의를 충분히 제공한다. 그리고 그러한 귀결은 시편 117편의 기대치와도 정확히 부합한다.

3) 여리고성을 함락하는 여호수아의 내러티브에서 사회적인 소외계층이었던 라합은 여호와의 능력을 다음과 같이 공개적으로 천명한다.

> 여호와께서 이 땅을 너희에게 주신 줄을 내가 아노라 우리가 너희를 심히 두려워하고 이 땅 주민들이 다 너희 앞에서 간담이 녹나니 이는 너희가 애

---

[32] 여호와신앙(Yahwism)의 기원에 관한 '미디아인의 가설'에 관한 최근의 평가에 대해서는 다음을 참고하라. Moshe Weinfeld, "The Tribal league at Sinai," in *Ancient Israelite Religion: Esssays in Honor of Frank Moore Cross*, ed., Patrick D. Miller et al. (Philadelphia: Fortress Press, 1987), 303-14. 어쨌든 여호와신앙의 기원에 관한 질문은 이 논문에서 다루는 연구 영역의 한계를 벗어나는 것이다.

굽에서 나올 때에 여호와께서 너희 앞에서 홍해 물을 마르게 하신 일과 너희가 요단 저쪽에 있는 아모리 사람의 두 왕 시혼과 옥에게 행한 일 곧 그들을 전멸시킨 일을 우리가 들었음이니라 우리가 듣자 곧 마음이 녹았고 너희로 말미암아 사람이 정신을 잃었나니 너희의 하나님 여호와는 위로는 하늘에서도 아래로는 땅에서도 하나님이시니라(수 2:9-11).

이러한 신앙고백을 통해서 (그리고 이후에 이스라엘을 위한 라합의 행동을 통해서) 라합은 그동안 다른 신들의 이름을 부르며 다른 신들의 프락시스를 따라 행동하였으나, 어떤 식으로든 그녀를 배제했던 다른 신들과의 관계를 모두 청산했다.[33]

4) 좀 더 나중의 여호수아 내러티브에서 기브온 거민들은 이스라엘의 침공이 두려워서 다음과 같이 기만적인 신학적인 진술로 이스라엘과의 정치적인 협상을 얻어냈다.

종들은 당신의 하나님 여호와의 이름으로 말미암아 심히 먼 나라에서 왔사오니 이는 우리가 그의 소문과 그가 애굽에서 행하신 모든 일을 들으며 또 그가 요단 동쪽에 있는 아모리 사람의 두 왕들 곧 헤스본 왕 시혼과 아스다롯에 있는 바산 왕 옥에게 행하신 모든 일을 들었음이니이다(수 9:9-10).

---

33 여기에서 필자는 사회적 계층의 관점에서 본문을 읽어내면서 라합이 분명 지원하거나 찬동했을 '소작농의 반란'이라는 가설과 같은 것을 전제하고 있다.

이러한 신앙고백은 이스라엘을 속여서 평화조약을 맺으려는 술책의 일부분이다. 그럼에도 불구하고 이 내러티브의 흐름에서 여호수아는 이들의 신앙고백을 듣고서 이를 신뢰할만한 신앙고백으로 수용했다(수 9:15).

5) 사무엘상의 방주 내러티브에서 블레셋 사람들은 비록 여호와께로 개종을 하지 않았더라도, 그분의 권능을 익히 들어서 알고 있으며 그분을 두려워했던 것으로 묘사된다(삼상 4:1-7:1).

이스라엘과 블레셋 사람들의 대립과 갈등 초기에 이스라엘의 대적자들은 여호와의 권능과 이로 인한 이스라엘의 위협을 충분히 인지했다.

> 블레셋 사람이 두려워하여 이르되 신이 진영에 이르렀도다 하고 또 이르되 우리에게 화로다 전날에는 이런 일이 없었도다 우리에게 화로다 누가 우리를 이 능한 신들의 손에서 건지리요 그들은 광야에서 여러 가지 재앙으로 애굽인을 친 신들이니라 너희 블레셋 사람들아 강하게 되며 대장부가 되라 너희가 히브리 사람의 종이 되기를 그들이 너희의 종이 되었던 것 같이 되지 말고 대장부 같이 되어 싸우라(삼상 4:7-9).

여기에서 블레셋 사람들은 이중적 태도를 보인다. 한편으로 여호와 신앙의 실천적인 함의를 불길하게 예감하면서도, 역설적으로는 여호와를 포로로 붙잡는 하나님으로 소개한다. 이 본문에서도 쟁점은 하나님의 이름에 관한 것이 아니라 적대적인 하나님의 행실에 관한 것이다.

만일 이 본문을 '소작농의 반란 사건'이나 어느 정도라도 당시 이스라엘 백성들의 사회적인 운동에 관한 묘사로 받아들인다면, 이 본문에서 블레셋 사람들은 분명 여호와의 이름을 바꾸도록 요청받는 것이 아니라 본래적으로 여호와의 이름에 속한 언약의 호의적인 실행을 수용하도록 요청받는 것으로 볼 수 있다.

본문의 방주 내러티브(삼상 4:1-7:1)가 등장하기 이전에 먼저 굶주린 자와 배부른 자, 부자와 가난한 자, 그리고 빈궁한 자가 함께 귀족들과 한 상에 앉는 급격한 사회적인 변혁에 관한 '한나의 노래'가 먼저 등장한다(삼상 2:1-10). 그리고 사무엘상 22:1-2을 주의 깊게 읽어보면, 사회경제적인 실천에 관한 쟁점은 결코 이스라엘 백성들의 여호와 신앙과 분리될 수 없고, 심지어 내레이터의 관심에서도 사라질 수 없음을 알 수 있다.

방주 내러티브의 뒷부분에서 여호와를 출애굽의 하나님으로 인정하는 신인식은 블레셋 사람들의 이스라엘에 대한 실천적인 정책을 변경하도록 작용한다.

> 애굽인과 바로가 그들의 마음을 완악하게 한 것 같이 어찌하여 너희가 너희의 마음을 완악하게 하겠느냐 그가 그들 중에서 재앙을 내린 후에 그들이 백성을 가게 하므로 백성이 떠나지 아니하였느냐(삼상 6:6).

방주 내러티브에서 블레셋 사람들은 여호와를 적극적으로 믿는 신자로 소개되지는 않지만 그럼에도 여호와께 순종하는 행동을 보여준다. 이런 모습이야말로 어떤 식으로든 '열방을 향한 신탁들'이 기대하는 최선의 모습이다. 다곤 우상이 출애굽의 하나님에게 패배했을 때도 부자와 가난한 자에 관한 실천적인 쟁점은 오랫동안 쉽게 사라지지 않는다.

6) 앞의 본문과 전혀 다른 맥락에서 두로 왕 히람은 솔로몬의 성전건축의 장엄함을 통해서 나타난 여호와의 권능에 다음과 같이 반응한다.

> 오늘 여호와를 찬양할지로다 그가 다윗에게 지혜로운 아들을 주사 그 많은 백성을 다스리게 하셨도다(왕상 5:7).

또 다른 비유대인 스바의 여왕도 하나님의 프락시스를 실행하는 솔로몬을 향하여 동일한 반응을 보인다.

> 당신의 하나님 여호와를 송축할지로다 여호와께서 당신을 기뻐하사 이스라엘 왕위에 올리셨고 여호와께서 영원히 이스라엘을 사랑하시므로 당신을 세워 왕으로 삼아 정의와 공의를 행하게 하셨도다(왕상 10:9).

이들 외국의 통치자들의 입에서 '정의와 공의'라는, 솔로몬이 결코 무시할 수 없는 여호와 신앙을 열과 성의를 다하여 구현한 공공의 삶의 핵심에 관한 매우 정확한 용어가 흘러나온다는 점은 결코 간과될 수 없다. 이 여왕은 여호와 신앙에 깊이 영향을 받아서 이스라엘의 왕 솔로몬을 향하여 그의 참된 정체성에 대해서, 그리고 그가 부정하려던 거룩한 왕권의 정당성에 관하여 올바로 증언할 수 있었다.

정의와 공의에 관한 표현은 나중에 선지자적인 전통에서는 좀 더 일반적인 형태로 반복되면서(사 5:7; 9:7; 암 5:7, 24; 6:12) 가난한 자와 궁핍한 자들에 관한 사회적인 공의에 관한 핵심적인 율례로 정착된다.

7) 아람의 군대장관 나아만은 하나님의 능력으로 불치병을 고침 받은 다음에 여호와의 신인식에 올바로 반응한다.

내가 이제 이스라엘 외에는 온 천하에 신이 없는 줄을 아나이다(왕하 5:15).

분명 이 구절에서 나아만 장군은 '이스라엘 외에는'이라는 제한적인 표현을 사용하고 있어서 그가 여호와의 우주적인 주권에 관한 정확한 인식을 보여준다고 보기는 어렵다. 게다가 그 다음 이야기에서 나아만은 여호와의 임재를 상징하는 이스라엘의 흙을 아람으로 가져간 모습을 보여준다. 그럼에도 불구하고 이 내러티브는 여호와의 통치, 즉 이 본문에서는 자비로운 치유의 통치를 믿음으로 수용하는 비이스라엘 사람(a non-Israelite)의 모습을 보여준다.

8) 다니엘서에서는 여호와로부터 심각한 형벌을 받은 바벨론의 왕 느부갓네살마저도 여호와에 대한 올바른 신인식을 보여준다.

사드락과 메삭과 아벳느고의 하나님을 찬송할지로다 그가 그의 천사를 보내사 자기를 의뢰하고 그들의 몸을 바쳐 왕의 명령을 거역하고 그 하나님

> 밖에는 다른 신을 섬기지 아니하며 그에게 절하지 아니한 종들을 구원하셨도다 그러므로 내가 이제 조서를 내리노니 각 백성과 각 나라와 각 언어를 말하는 자가 모두 사드락과 메삭과 아벳느고의 하나님께 경솔히 말하거든 그 몸을 쪼개고 그 집을 거름터로 삼을지니 이는 이같이 사람을 구원할 다른 신이 없음이니라(단 3:28-29).

이 조서의 마지막 부분은 참으로 놀랍다. 느부갓네살 왕의 입에서 바벨론의 패권을 장악한 자신의 신들을 포함하여 그 어떤 신일지라도 이같이 사람을 구원할 수 없음을 확증하고 있다. 그래서 약간은 변형된 표현이긴 하지만 느부갓네살은 앞서 이드로와 라합, 그리고 블레셋 사람들과 같은 이방인들의 입을 통해서 정형화된 신인식을 재진술하고 있다.

이들 이방인들은 한결같이 여호와에 관하여 정확한 신앙고백을 제시한다. 여호와가 존재하신다는 수준도 아니고 여호와가 유일한 신이라는 수준이 아니라 아예 사람을 구원할 수 있는 신은 오직 여호와뿐이라는 것이다. 그래서 이들 이방인들은 한결같이 여호와를 향한 이스라엘의 가장 핵심적인 신앙을 그대로 메아리처럼 고백하고 있다.

다니엘서 4장에는 느부갓네살이 심각한 정신착란의 시기를 보낸 다음 다시 정신을 회복한 모습을 소개한다. 이 내러티브에서 느부갓네살이 하나님을 찬양하는 가사가 이스라엘 백성들의 전형적인 영광송의 리듬과 전혀 다를 바가 없음을 고려할 때, 그가 회복한 온전한 정신은 이스라엘의 하나님에 관한 온전한 신인식을 의미하는 것으로 이해할 수 있다.

그 기한이 차매 나 느부갓네살이 하늘을 우러러 보았더니 내 총명이 다시 내게로 돌아온지라 이에 내가 지극히 높으신 이에게 감사하며 영생하시는 이를 찬양하고 경배하였나니 그 권세는 영원한 권세요 그 나라는 대대에 이르리로다 땅의 모든 사람들을 없는 것 같이 여기시며 하늘의 군대에게든지 땅의 사람에게든지 그는 자기 뜻대로 행하시나니 그의 손을 금하든지 혹시 이르기를 네가 무엇을 하느냐고 할 자가 아무도 없도다(단 4:34-35).

게다가 거룩한 실행과 거리가 멀어 보이는 사람의 입에서 흘러나오는 이 신앙고백은 신인식에 합당한 정치적인 실행까지 언급한다.

그의 일이 다 진실하고 그의 행하심이 의로우시므로 교만하게 행하는 자를 그가 능히 낮추심이라(단 4:37b).

다니엘서 4장에서 느부갓네살 왕은 여호와의 이름을 부르는 차원에 머무르지 않고 그분의 진실과 공의가 동반하는 실천을 따르면서, 그의 정신착란의 초기 원인이었던 교만을 버린다. 사실 이는 우연이 아니라 왕이 앞서 다니엘을 만났을 때, 이 유대인이 이방 왕에게 다음과 같이 증언했던 내용을 따른 것이다.

그런즉 왕이여 내가 아뢰는 것을 받으시고 공의를 행함으로 죄를 사하고 가난한 자를 긍휼히 여김으로 죄악을 사하소서 그리하시면 왕의 평안함이 혹시 장구하리이다(단 4:27).

이스라엘은 이방인들에게 정기적으로 여호와 신앙에 부합하는 사회적인 전망과 책무를 제시했다. 여기에서 이스라엘의 하나님의 이름은 '지극히 높으신 이'로 소개되며, 이 표현은 여호와를 가리켜서 '지극히 높으신 하나님'으로 불렀던 살렘 왕의 확언에서도 반복된다(창 14:19).

필자는 지금까지 첫 번째 수신자인 이스라엘뿐만 아니라 두 번째 수신자인 이방인들도 여호와의 우주적인 통치에 대한 신앙고백에 부합하는 대안적인 정책과 실행으로 초대받았음을 보여주는 분명한 증거를 제시하는 주목할 만한 신앙고백의 목록을 소개하였다.

이러한 명령법을 담은 초청 목록은 성경 전체에 등장하며 매우 다양한 장르로 표현되어 획일적이지 않고 다양한 수사적인 의도를 실행한다. 우리가 보기에 여호와로의 초청에 대한 다양한 반응들이 자발적인 기쁨과 감사로 나타날 것으로 기대한다.

그러나 애굽 왕 바로(출 9:27; 12:32)나, 블레셋 사람들(삼상 5:7-9; 6:6), 그리고 느부갓네살 왕(단 3:28-29)의 경우처럼 그 반응은 여호와의 강력한 능력에 의하여 강제된 것들이다. 바로왕과 이드로, 라합, 그리고 기브온 사람들의 신앙고백의 지향점은 출애굽 사건의 기억이라면, 히람 왕과 스바 여왕의 경우는 여호와의 통치를 따르는 군주제의 위엄이다. 또 나아만 장군의 경우에 여호와 인식을 위한 설득력 있는 근거는 치유로 인한 개인적인 변화이고 느부갓네살 왕의 경우는 패권의 위기였다.

어쨌든 이렇게 다양한 상황에서 이 모든 두 번째 수신자들은 여호와를 실제적이고도 구체적인 방식으로 인정하는 대안의 세상으로 들어오라는 요청을 받았다. 구체적인 실행에 관한 쟁점은 획일적으로 제시되지는 않더라도 이들 모두는 여호와의 이름에 부합하는 인식과 실천을 제공받았다. 이름은 인격체에게 부합하는 변혁적인 정책을 가장 친근하고도 구체적인 방식으로 나타낸다.

대부분의 경우에 새로운 실체에 직면한 화자(speaker)는, 시편 117편의 초청에서도 충분히 예상할 수 있듯이 이스라엘의 영광송에 함께 동참한다. 그리고 그 영광송 바깥의 이방인들도, 자신들의 인생 속에서 그 구원의 실상을 직접 경험했든 아니면 이스라엘의 삶 속에 꽃피운 복락의 실체를 간접적으로 관찰했든, 그러한 체험을 계기로 이스라엘이 노래하는 여호와의 인애와 자비를 확인하게 되었다.

성경에서 하나님의 신실한 사랑과 성실에 대한 경축은 항상 공의와 정의를 통해서 구현된다. 그리고 여호와신앙을 포용하는 일은 그와 함께 필연적으로 독특한 실행의 위임 명령을 동반한다.

6. 회심

앞서 살펴본 몇 가지 사례들은 내러티브의 문학적인 특수성을 통해서 '열방을 향한 신탁의 메시지들'의 실천적인 관심사를 보여준다. 이 모든 사례를 통해서 분명하게 드러나는 사실은 신앙을 고백하는 주체 편에서 결정적인 변화, 즉 회심 체험이 발생하여 독자들을 새로운 관점과 새로운 목적으로 인도하며, 최소한 새로운 실천의 시간을 제공한다. 이 소식은 이스라엘에게 매우 중요하듯이(사 52:7), 열방에게도 매우 중요한 소식이다(시 96:10).

하지만 (아마도 이드로와 라합의 경우를 제외하고) 대부분의 경우에 이러한 변화는 이방인들이 이스라엘 사회 속으로 들어가서 그들의 언약에 함께 동참하는 정도의 귀화는 아니다.

앞서 살펴본 대부분의 사례에서 여호와를 향한 신앙을 고백했던 화자들은 그들이 오랫동안 지켜왔던 사회정치적인 정체성을 그대로 유지하면서 자신들에게 적합한 사회정치적인 상황 속에 그대로 머무르는 것이 허용되었다. 바로 왕은 애굽에 그대로 남았고, 느부갓네살 왕도 바벨론 사람으로 그대로 남았고, 기브온 사람들 역시 기브온에 그대로 남았다.

그러나 실재에 관한 대안적인 내러티브를 지배하는 여호와라는 중심 인물을 통해서 발생한 심대한 재조정(the profound reorientation) 때문에, 화자들의 정체성과 이들이 바라보는 주변 상황에 관한 모든 것들이 바뀌었다. 그리고 각각의 내러티브는 여호와에 대한 신인식 이전에 먼저 화자 주체가, 실재에 대한 여호와 신앙으로 형성된 실재적인 참 자아(정치적인 자아)로부터 멀리 '소외되었음'을 분명히 보여준다. 그래서 여호와를 만나기 전에 바로 왕은 참된 바로 왕일 수 없었고, 느부갓네살 왕도 자신에게 부여된 정치적인 영향력을 올바로 행사할 수 없었다.

필자가 여기에서 '소외되었다'(alinated)라는 단어를 사용하는 이유는 나중에 여호와에 대한 신앙을 고백하는 이방인들이 여호와 인식의 관점에서는 포로기의 이스라엘 백성들과 별반 다르지 않아서, 그들의 참된 삶, 즉 그들의 진정한 고향(home)으로부터 멀리 떨어져 있음을 강조하려는 것이다.

매우 분명한 사례 중의 하나가 바로 거만하고 독재적인 인생 속에서 정신병에 걸릴 정도로 여호와에게서 소외된 인생을 살았던 느부갓네살 왕이다(단 4장). 느부갓네살 왕의 내러티브의 핵심은 그의 정신병이 아니라 "내 총명이 다시 내게로 돌아왔다"라는 환희에 찬 신앙고백이다. 총명이 다시 돌아온 덕분에 그는 자신의 참 자아를 회복하고 왕권도 회복되었다. 게다가 총명과 왕권이 회복된 계기는, 그만이 홀로 왕이 아니며 이스라엘에게 알려진 여호와 하나님을 향한 영광송에 기쁨으로 동참할 수 있다는 새로운 신인식 덕분이다. 그래서 총명을 회복한 이후의 내러티브는 그가 '지극히 높으신 하나님'께 경배하는 장면으로 이동한다.

그래서 이후의 내러티브는 그러한 신학적인 변화와 함께 이전의 가혹하게 착취하는 사회 정책으로부터 여호와 공의의 실행으로 변화된 모습을 보여준다. 구약성경의 수사학이 분명하게 보여주는 것이 있다. 그것은 여호와를 멸시하는 권력이 강력할수록, 그 권력의 광기 역시 강력하고 그래서 시행되는 정책 역시 더 가혹하다는 것이다. 이 점이 바로 오늘날 강대국의 시민으로서 이 본문을 읽는 우리와 같은 신자들의 진지한 성찰이다. 독재 권력은 항상 불의와 착취, 그리고 무자비로 표현되는 엄청난 광기의 길을 열어준다.

느부갓네살 왕은 이 점을 극명하게 보여준다. 구약의 내러티브 전체가 이스라엘 바깥의 이방인들이 항상 광기에 사로잡혀 살았다고 말하는 것은 물론 아니다. 다만 그들은 어떤 점에서 참다운 자아 정체성에서 분리됐다는 것이다. 그리고 이렇게 여호와를 배제한 광기는 다음과 같은 총체적인 죄악들의 격자로 나타나며, 여호와가 만드는 대안 세계 바깥에서 살았던 느부갓네살과 그 모든 동류들은 그러한 죄악의 격자 아래에서 살 수 밖에 없었다.

(1) 자율성

이 때문에 사람들은 주어진 권력이 그 누구의 통제로 받을 필요가 없이 완전히 자신의 것이라고 생각한다. 예를 들어 바로 왕과 느부갓네살 왕의 경우, 그러한 자율성은 "하나님이 없다면 모든 것이 가능하다"라는 도스토예프스키의 경구를 예상할 수 있다. 구약의 본문이 가장 심각하게 취급하는 그 '모든 것'은 무신론의 세상에서 발생하는 최고의 잔혹함이다.

(2) 교만

바로 왕과 느부갓네살 왕은 여호와의 권위를 포함하여 다른 권력자들 모두를 일종의 경쟁자로 간주하여 자신을 과시하고 허세 가득한 공적인 관계를 유지하고자 교만을 품었다(그러한 교만에 대한 자세한 분석을 위하여 겔 28:2과 29:3을 참고).

(3) 불안

불안은 아마도 바로의 광기에서 가장 탁월하게 표현되는데 여기에서 그는 이스라엘에 대한 증오심에 사로잡혀 그의 아끼는 아이들을 나일강에 버리도록 했고(출 1:22), 이스라엘 백성들을 통제하고 처벌하려고 (그들을 지키려고 그들의 마을을 파괴함) 자신의 통치 기반마저도 무너뜨리려고 했다(출 10:7).

(4) 무자비

무자비는 자율성과 교만, 그리고 불안의 필연적인 열매이며, 무자비의 대상은 단지 연약한 이스라엘만 아니라 그 권력이 미치는 다른 모든 연약한 공동체까지도 포함된다.

(5) 탐욕

탐욕은 지나치게 착취하는 경제정책을 통해서 시행되며, 다른 사람들의 권리를 짓밟고 재산을 빼앗으며 어떤 희생을 지불하고서라도 타인의 소유를 통제하고 소유하려는 비정상적인 열망이다.

구약 시대 이방인들이 여호와에 대한 신인식으로 회심하는 이유는 자율성과 교만, 불안, 무자비, 그리고 탐욕을 양산하는 자기 인생의 광기를 극복하기 위함이다. 그렇다고 이런 이방인들이 이스라엘로 귀화하거나 여호와 신앙을 고집스럽게 지켜야 하는 것도 아니다.

다만 그들은 그 이름을 부르고 삶을 꾸려감에 있어서 여호와 하나님을 자기들이 사는 세상의 중심으로 인정해야 했다. 구약성경에서는 심각한 광기 가득한 세상에서 온전한 총명을 지키는 것은 여호와 하나님과의 언약에 관한 선지자적 신앙의 일부분을 차지한다.

지금도 별반 다르지 않다. 복음은 공공의 권력으로 표현되는 현대적인 광기에 대한 최고의 해독제다. 앞서 살펴본 구약의 내러티브들은 내부자인 이스라엘 포로민들에 대한 관심만큼이나 바깥에 소외된 외부자들에 대해서도 깊은 관심을 가지고 진정한 자아와 진정한 권력을 소개하는 데 집중한다.

이 이야기들이 들려주는 복된 소식은 마치 고향의 리듬처럼 모든 광기의 혼란을 잠재운다. 이방인들에게 광기의 혼란을 잠잠케 하는 귀향의 소식은 그 능력 그대로 이스라엘 사람들에게도 모든 혼란을 그대로 종식시켜준다. 고대에 그렇게 온전한 정신과 총명을 가져다주는 이야기는 그리 많지 않으며, 오늘날 세상에도 그런 유익을 줄 수 있는 이야기는 흔치 않다. 오직 여호와의 소식만이 그런 유익을 제공한다.

고대 이스라엘 사람들은 이 본문의 이야기가 제공하는 설교 메시지의 첫 번째 수신자들에 걸맞는 특권을 누렸다. 당시 설교자들에게는 할례 받은 공동체가 첫 번째 수신자들이었음은 틀림없다. 그러나 필자가 판단하기에 그들만을 수신자로 제한하는 것은 철저하게 비성경적인 판단이다. 이 복된 소식은 첫 번째 수신자들처럼 같은 복음을 간절히 기다렸던 두 번째 수신자들에게 여전히 복된 소식이기도 하다.

오늘날 서구 사회에 속한 대부분의 교회와 북미권 사회에 속한 교회들은 이 두 번째 수신자들을 위한 목소리를 잃어버린 것 같다. 그래서 현대의 기독교 설교자들은 이들을 위한 위임과 가능성을 회복하여 먼저 첫 번째 수신자들에게 여호와의 인애와 자비를 여전히 선포해야 하고, 그에 따른 필연적인 결과인 공의와 정의를 그들로부터 기대해야 한다.

하지만 그와 동시에 온 세상 열방도, 하나님의 은혜 안에서 나아만 장군이 고침을 받았고 느부갓네살 왕이 복권되었던 것처럼, 온전한 정신을 회복하고 이를 경축할 자리로 초대받아야 한다.

은혜를 경험한 나아만 장군은 다음과 같이 확증할 수 있었다.

> 내가 이제 이스라엘 외에는 온 천하에 신이 없는 줄을 아나이다(왕하 5:15).

이후로 그는 분명 새로운 모습으로 변화되었을 것이다. 느부갓네살 왕도 이렇게 고백했다.

그의 손을 금하든지 혹시 이르기를 네가 무엇을 하느냐고 할 자가 아무도 없도다(단 4:35).

내레이터가 들려주는 이야기에 의하면 이후로 그 역시 바벨론의 변화된 통치자로 새로워졌다. 이것이 바로 여러분이 다가가서 누려야 할 그분의 은혜다.

제 7 장

교회론의 모델을 성경적 관점에서 재고하기

'교회론의 모델'에 관한 질문을 새롭게 제기하는 것은 매우 중요하다. 이 질문은 우리가 목회 전문가로서 채택하여 사용하는 교회의 모델이 유일하거나 최선의 모델이 아닐 수도 있고 다른 교회론 모델이 더 생각해볼 가치가 있을 수도 있다는 자기반성을 담고 있다. 그러한 자기 성찰은 교회에 대한 우리의 개념을 좀 더 새롭게 발전시키고자 할 때 반드시 필요하다.

에버리 델레스(Avery Dulles)의 기념비적인 저서인 『교회의 모델』(*Models of the Church*)은 조직신학의 관점에서 교회론의 주제를 깊이 있게 다루고 있으며, 폴 미니어(Paul Minear)의 『신약성경의 교회 이미지들』(*Images of the Church in the New Testament*)은 신약성경에 등장하는 교회의 모델들에 관한 탁월한 개요를 제시한다.[1]

델레스와 미니어 두 학자의 저서는 교회일치운동(ecumenism)에 지속적으로 관여해 온 결과물이다. 델레스는 로마가톨릭과 개신교 양자 간

---

[1] Avery Dulles, *Models of the Church* (Garden City, N.Y.: Doubleday & Co., 1974); Paul S. Minear, *Images of the Church in the New Testament* (Philadelphia: Westminster Press, 1960).

대화에 지속적으로 관여해왔으며, 미니어의 저서 역시 세계교회협의회(WCC)의 '신앙과 직제위원회'(Faith and Order)에 관여한 결과물이다. 의심의 여지가 없이 교회론의 모델에 관한 가장 영향력 있는 작품 중의 하나는 리차드 니버(Richard Nieburh)의 『그리스도와 문화』(Christ and Culture)이다.[2]

그런데 필자의 판단에 의하면 니버의 저서에 담긴 진의가 여러 독자들에게 왜곡된 측면이 있다. 니버의 관심사는 교회가 다양한 시대와 역사적인 상황 속에서 그 본연의 모습을 다양한 방식으로 드러낸 과정을 역사적으로 연구하여 추적하는 것이다. 하지만 상당수의 독자들은 니버의 교회에 대한 모델을 시대를 초월한 보편적인 규범으로 받아들이면서 모델의 역사적인 배경을 탈역사화(dehistoricized)하였다.

그 결과 니버의 저서에서 부각되는 모델들을 역사적인 배경 속에서 비평하는 적극성이 니버 자신보다 더 빈약해졌고, '문화를 변혁하는 그리스도'의 모델도 어디에서나 항상 대입 가능한 교회의 정체와 삶의 본질처럼 받아들여졌다. 그 결과 성경 속에서 그리고 교회 역사 속에 등장한 수많은 다른 교회 모델들과 형태들에 대한 정당하고도 꼭 필요한 성찰을 간과하는 환원주의(reductionism)의 한계에 갇히고 말았다.

지상의 교회에 대한 단 하나의 획일적이고 규범적인 모델은 존재하지 않는다. 모든 상황에 적용 가능한 절대적인 모델을 주장하는 것은 현실 교회를 왜곡하는 것이고 이는 매우 위험한 발상이다. 만일 서로 경쟁적이고 대립하는 여러 모델들에 관한 개방적인 대화의 문을 닫아

---

[2] H. Richard Niebuhr, *Christ and Culture* (New York: Harper & Brothers, 1951).

버리면 우리는 환원주의에 빠지고 만다. 좀 더 긍정적인 측면에서 설명하자면, 교회론의 모델은 특정한 시대를 지배하는 문화적인 실재의 지배를 받아서는 안 되며, 하나님의 백성들이 함께 부름을 받은 특정한 시기와 상황을 세심하게 고려하는 방식으로 정리되고 실행되어야 한다. 그래서 교회론의 모든 모델들은 세상 문화에 대하여 비평적인 입장에서 평가받아야 한다.

오늘날 교회 모델의 신학적인 근거에 관하여 이렇게 비평적인 질문을 제시하려면, '그리스도와 문화'에 관하여 깊이 있는 성찰이 요구된다. 즉 하나님이 특정 시대에 신자들을 불러 모으시는 시기와 장소, 그리고 그 독특성에 걸맞은 모델에 관한 세심한 고찰이 필요하다.

이번 장에서 필자가 기대하는 것은 구약성경에 대한 탐구를 통해서 구약의 지평을 넘어서는 지상 교회의 다양한 특성들에 대한 탐구를 제시하는 것이다. 구약성경의 교회 모델에 관한 이번 장의 전체 내용은 다음 네 부분으로 구성된다.

1. 이스라엘 군주제.
2. 군주제 이전의 이스라엘.
3. 포로 후기 이스라엘.
4. 성전으로부터 본문까지.

1. 이스라엘 군주제

구약성경의 중심에는 문학적으로나 역사적으로 그리고 신학적으로 볼 때 예루살렘에서의 군주제와 왕조의 건립이라는 주제가 자리하고 있다. 구약성경에서 하나님 나라 백성들에 관하여 제공되는 핵심적인 모델은 주전 1000년 당시의 다윗 시대부터 주전 586년까지의 이스라엘 왕조의 모습이다.

이스라엘 군주제는 구약성경 안에서 뿐만 아니라 우리 기독교 신자들의 사고 속에서도 지배적인 이미지로 뿌리내리고 있다. 우리가 구약성경에 관하여 생각하는 역사적인 흐름의 핵심을 제공하는 것도 이스라엘 군주제이다. 필자가 구약신학자로서 그렇게 생각할 수밖에 없는 이유는 사람들이 종종 필자에게 이런 견해를 털어 놓기 때문이다.

> 신앙과 문화에 관한 구약성경의 모델은 오늘날 현대인들에게는 적합하지 않습니다. 그 이유는 이스라엘은 교회이면서도 실상은 신정 통치체계를 갖춘 국가이기 때문입니다.

그런 견해는 이스라엘 역사에서 군주제 시기에만 해당되지만 사람들은 군주제가 구약의 유일한 모델이라고 생각한다. 그러한 신정 통치에 관한 견해는 사실 구약성경 전체 중에 일부분에만 해당되지만, 사람들은 이를 구약 전체로 당연하게 생각하며 그러한 편견이 구약의 본문 해석에도 상당한 영향을 미친다.

고대 이스라엘의 역사 중에 군주제의 시대에 관한 필자의 논지는,

이 모델이 오늘날 구약 해석 과정에서 지배적인 모델의 비중을 차지하기 때문에 '문화적으로 잘 정착된 교회'에 관한 우리의 탐구에 잘 부합한다는 것이다.[3]

필자는 오늘날 하나님의 백성들을 위한 군주제 모델의 네 가지 측면을 다음과 같이 분석하고자 한다.

1) 성전과 제사장직

이스라엘의 군주제에는 널리 공인된 리더십을 확보했을 뿐만 아니라 가시적이고 합법적이며 수용할만하고 안정적이고 재정적으로도 탄탄한 종교 제도를 갖추고 있었다. 성전과 제사장직은 일반 백성들의 사상을 정돈하는 데 합법적인 역할을 감당했다. 당시의 안정적인 성전과 제사장직의 역할은 오늘날 문화적으로 잘 정착된 교회의 모델을 위하여 아무리 강조해도 지나치지 않는다.

2) 군왕들의 신학적인 역할

군주제 시대에 군왕들의 역할은 성전과 제사장직의 안정적인 종교적 역할과 동일한 신학적인 분별력을 위하여 최소한 공식적으로 헌신된 리더십을 발휘하는 것이었다. 사실 성전은 군왕의 예배당과 같은 기능을 감당했다. 히스기야나 요시야를 제외하고 대부분의 이스라엘 군왕

---

[3] 고대 이스라엘의 역사 속에서 왕정-성전의 확립과 기독교 교회에 대한 콘스탄틴 제국 시대 기독교 교회의 확립 사이의에 유비가 존재한다는 것은 필자의 주장에서 그리 먼 것이 아니다. 그래서 콘스탄틴 제국의 종말에 따른 현대 교회의 쇠락은 필자의 주장과 유사하다.

들은 자신들에게 부여된 신학적인 분별력을 구체적인 방식으로 감당하는 데 그다지 헌신적이지 않았다. 그들은 최소한 그런 책임을 공식적으로 맹세했기 때문에 다음 두 가지 비평적인 견해가 논의될 수 있다.

(1) 군왕들의 신학적인 분별력에 관한 책무를 지원하기 위하여 제사장들이 군왕들의 궁궐을 자주 방문하는 것은 전혀 이상한 일이 아니었다.
(2) 군왕은 성전에서 분실된 율법책을 다시 발견한 일에 매우 신중하게 반응해야만 했던 곳도 그리 이상한 일도 아니었다(왕하 22장).

3) 지식계층

교회에 대한 군주제 모델에는 부분적으로는 시민 관료계층과 또 부분적으로는 고등교육을 받은 압력단체인 지식계층이 나타났다. 구약성경 전반에 영향을 미친 잠언의 현자들과 같은 지성적인 전통은 군주제의 영향력에도 불구하고 오히려 군주제의 형성에 상당한 영향을 미쳤다.

이들 지식계층은 성전 중심 종교의 공식적인 전제에 수용적인 입장을 취했다. 즉 군주제는 여호와의 통치와 세상의 도덕적인 일관성에 관한 전제를 별 무리 없이 반영한다는 것이다. 하지만 이 지식계층은 자율적인 이성과 병행하여 군주제의 지원에 관하여 주목할 만한 사상적인 여유를 발휘하였다.⁴ 그래서 잘 정착된 종교는 다른 것을 희생하는 대가로 권력과 지식의 안정화를 얻어낼 수 있었다.⁵

4) 선지자들의 증언

그 당시 안정적인 성전 리더십(제사장직)과 성전 종교의 저변에 깔린 현세적인 전제들을 수용한 통치체계(왕과 현자들)에 인접하여 공존했던 것이 정기적으로 이스라엘의 신앙에 관하여 좀 더 순수한 전망을 좀 더 열정적이고 좀 더 과격한 목소리로 쏟아냈던 선지자들의 증언이다.

선지자들의 활동 시기는 군주제 시대에 국한된다고 보는 것은 타당하지 않다. 달리 말하자면 선지자들의 열정적인 목소리는 혼란기보다 오히려 잘 정착된 권력이 원리적으로 그와 같이 잘 정착된 계층과의 대화에 헌신적인 사회의 상황 속에서 가능할 수 있다.

이렇게 잘 정착된 종교 제도와 백성들에 동정적인 리더십, 세속화된 지식계층, 그리고 열정적인 선지자들의 목소리의 조합은 일종의 문화적인 통합체(또는 꾸러미, cultural package)처럼 긴밀하게 결부되어 있었다(필자가 단언하건데 이것이 오늘날 현대 서구 사회에서 정착된 기독교에 관한 지배적인 모델이나 다름없다).

잘 알려진 바와 같이 고대 이스라엘 시대에 이러한 총체적인 모델이

---

4 고대 현자들의 사회적인 역할에 관한 가능한 해석을 위하여 다음을 참고하라. George E. Mendenhall, "The Study Side of Wisdom: The Date and Purpose of Genesis 3," in *A Light Unto My Path*, ed. Howard N. Bream et al. (Philadelphia: Temple University Press, 1974), 319-34.
5 J. David Pleins, "Poverty in the Social World of the Wise," *JSOT* 37 (1987): 61-78.

지정학적이고 문화적인 급변동의 와중에 모두 사라졌다. 게다가 이러한 문화적인 통합체가 소멸된 배경에는 이 군주제 모델이 하나님의 소명을 올바로 이행하지 못하는 한계를 보이면서 신학적인 정당성을 잃어버렸기 때문이다.[6]

필자가 이 주제에 관심을 기울이는 이유는 오늘날 우리는 개인적으로든 제도적으로든 예전의 지정학적이고 문화적인 급변동과 흡사한 시대를 살고 있기 때문이다. 오늘날의 급변동은 매우 충격적이고 당혹스러우며, '대안적 모델'에 대해서 고민하는 이유이기도 하다. 이 모델이 주전 587년에 붕괴하자 이후로 고대 이스라엘 사회에 엄청난 다원주의가 등장하였고 신앙과 삶에 관하여 새롭게 활용 가능한 모델에 관한 적극적인 탐구도 함께 시작되었다.

2. 군주제 이전의 이스라엘

다행스럽게도 성전-왕권-선지자 모델은 교회에 관하여 구약성경에서 발견되는 유일한 모델은 아니다. 군주제 모델은 안정적인 왕권 시대와 적절히 조화를 유지했다. 그러나 구약시대 하나님 나라 백성들인 이스라엘은 규범적으로는 확립된 권력의 조직체는 아니다. 쉽게 알 수 있듯이 그러한 통치 체계는 다윗 왕조에서 알 수 있듯이 (대략 400년 정도의) 짧은 시기 동안에 잠깐 유지되었고 하나님 나라 백성들의 역사 속

---

6 예레미야와 에스겔의 전통에서는 이런 주장이 상당한 열정과 명료성을 가지고 제기된다.

에서 다시 재현되지 못했다.

그래서 필자의 두 번째 논지는 다윗 왕조 이전의 이스라엘은 또 다른 모델과 잘 지내왔다는 것이다. 만일 모세의 활동 시기를 대략 주전 1250년 정도로 계산한다면 모세로부터 다윗의 생존 시기까지 주전 1250년부터 주전 1000년까지 이스라엘은 자신들의 삶과 신앙을 군주제와 전혀 다른 정치체계로 표현하였다. 이 두 번째 모델에서 다음 다섯 가지 특징을 발견할 수 있다.

1) 이스라엘의 삶과 신앙은, 이 세상 속에서 대안 공동체를 세우기 위하여 먼저 이 세상의 권력 구조와 인식론의 패턴으로부터의 도덕적이고 긴급하며 구체적인 분리를 요구하는 하나님을 신앙고백하는 출애굽 예전(Exodus liturgy)을 통하여 양육받아 형성되었다.

출애굽 예전은 당시 세상의 지배적인 실체로부터 유혹에 취약하여 종종 굴복당하는 (그래서 실제로 애굽의 미각으로 종종 되돌아가려는 유혹에 굴복한) 신앙공동체의 상상력을 정기적으로 자극해 주었다. 이스라엘의 자기 정체성의 중심에 정초한 예리한 분리 의식, 즉 세상에 익숙해지려는 새로운 상황에 항상 긴장해야만 하는 자기 정체성 의식을 완화하거나 타협할 방법은 그 어디에도 없었다. 당시 신앙공동체는 이런 운명을 잘 이해하였고, 출애굽 예전은 세상과의 과격하고도 값비싼 분리로 태어난 공동체임을 거듭 확인해 주었다.

2) 시내산 언약과 이후의 토라에 대한 끊임없는 재해석 과정은, 이스라엘이 자신들의 신앙과 삶을 출애굽을 통한 자유의 빛 아래 생각하고 재고하며 재성찰할 수 있는 기회를 제공했다.

그러한 성찰 과정은 서로 대립하는 여러 견해들 속에서 적합한 것을 선택해야 하는 끊임없는 조정을 요구했다. 만일 우리가 레위기를 약간 보수적인 책으로 생각하거나 신명기를 다소 급진적인 책으로 생각한다면, 이미 레위기와 신명기 사이의 지속적인 긴장이 발생하고, 그러한 긴장은 사회적인 정책을 조정할 때 일종의 지침이나 한계를 제시한다.[7]

이렇게 계속되는 토라해석 작업은 교회가 하나님의 마음과 생각을 분별하도록 안내했다. 이 시기의 이스라엘에 대해서 다음 세 가지 사항에 대체로 동의할 것이다.

(1) 이스라엘 공동체는 거룩한 언약과 같은 것으로 형성되었다.
(2) 이스라엘은 이 세상에서 새로운 삶을 누리도록 하나님으로부터 자유를 얻었다.
(3) 이 공동체는 애굽의 바로 왕이 생명을 위하여 제공하는 양분을 거부하였다. 그 밖의 나머지 것들도 이 틀 안에서 결정해야만 했다.

---

7 레위기와 신명기의 병렬구조에 대해서는 다음을 참고하라. Fernando Belo, *A Meterialist Reading of the Gospel of Mark* (Maryknoll, N.Y.: Orbis Books, 1981), 1-86.

3) 주전 1250년부터 주전 1000년까지 초기 이스라엘은 왕권의 정착과 관련하여 앞서 언급한 사항들 이외의 다른 뚜렷한 모습을 발견하기 어렵다.

당시에는 안정적인 정치 제도도 아직 나타나지 않았고, 일반 백성들을 위한 국가적인 리더십이나 대중화된 지식계층, 그리고 선지자들의 음성도 아직 등장하기 이전이다.

성전도 없고 왕도 없으며 현자들이나 선지자들이 없는 이스라엘을 상상해보라.

그런 모습이 초기 이스라엘의 실상이다. 초기 이스라엘은 훨씬 더 수수한 수단과 양식에 의존할 수밖에 없었다.

사실 당시 이스라엘은 모든 것들을 있는 그대로 인정할 수밖에 없는 상황이었다. 즉 당시 이스라엘은 즉흥적으로 대응해야만 하는 공동체였다. 그러한 무모하고도 즉흥적인 활동은 한편으로 주변 문화로부터 많은 것들을 빌려와야만 하는 것이다. 그러나 또 다른 한편으로 밖에서 빌려온 것들을 하나님과 맺은 언약과 자유를 위한 이스라엘 중심의 열정에 따라서 새롭고도 심대하게 변화시키는 변혁의 과정이기도 했다.

4) 군주제 시기의 이스라엘과 달리 초기 이스라엘은 그렇게 획일적이거나, 엄격하게 서로 연결체를 이룬 것이 아니었다.

사회학자들의 용어를 빌려 표현하자면 당시 이스라엘은 확대된 대가족 단위나 부족들로 구성된 분절 공동체(segmented community)였다.

이러한 공동체 단위는 중앙집권적인 권력도 없었고 혈맹으로 형성된 것도 아니었다. 이들은 구심적인 이야기와 그 내러티브가 지향하는 독특한 사회적인 열정에 공동으로 헌신하였다. 그래서 언약과 해방에 관한 이야기가 이들에게는 지나칠 정도로 중요했지만, 왕권이 확립되고 가시적인 성전이 이들의 이야기를 덜 긴급하고 쉽게 확인하기 어렵게 만들면서 그들의 이야기는 점점 덜 중요해졌다. 초기에는 가시적인 증거들이 부족한 상황에서 신앙공동체는 정기적으로 들려지고 언급되는 구속 이야기에 훨씬 의존적이었다.[8]

5) 초기 이스라엘 공동체는 사회경제적으로 변방의 소외계층으로 형성된 공동체였다. 그 공동체의 중심 은유는 광야를 방황하거나 아무도 원하지 않는 변방에 정착하는 이야기에 관한 것이었다.

이들은 광야에서 그 어떤 세상의 생존 수단을 전혀 확보하지 못하고 오직 하늘로부터 내리는 빵과 암석에서 솟아나는 물로 생존하였다. 그리고 변방 땅에서 이들은 주변 세력들의 침공 위협에 견딜 충분한 힘과 용기, 그리고 권능을 공급하는 성령의 인도하심을 의지했다. 이 공동체에서는 좀 더 안정적인 자원을 확보할 능력은 전혀 찾아볼 수 없었고 다만 신앙과 증언이라는 아주 독특한 방식으로 삶을 꾸려갔다.

그래서 필자는 가장 급진적인 방식으로 표현하자면 이스라엘은 참으

---

[8] George Lindbeck은 '이야기로 형성된 공동체'(storied community)는 기독교 교회론의 독특성을 내세울 가장 중요한 표지(the primary identifying mark)라고 주장했다. George Lindbeck, "The Church," in *Keeping the Faith: Essays to Mark the Centenary of Lux Mude*, ed. Geoffrey Wainwright (Philadlephia: Fortress Press, 1988), 179-208.

로 새로운 교회의 출발이었다고 평가할 수 있다. 여기에서 새로운 교회의 출발(a new church start)의 의미는 위협적인 세력에 둘러싸인 상황에서 이들과 연대하여 그들로부터 자원을 마련하는 것은 결국 그들에게 길들여지고 속박을 피할 수 없기 때문에 이들과의 안정적인 사회관계를 기꺼이 포기한 대안적인 공동체를 세우는 것을 말한다.

새롭게 출발하는 신앙공동체는 그 중심에 모세와 여호수아, 그리고 사무엘과 같은 강력한 목소리를 가졌으며, 이들 지도자들의 중요한 역할은 공동체의 삶과 권력, 그리고 전망을 재구성하는 자유와 언약에 관한 예전을 반복적으로 계속 들려주는 것이다.

모세와 같은 지도자들의 목소리가 점차 끊임없는 위험에 직면하여 계속 위축되는 변화를 맞이하면서 안정적인 성전 모델이 점차 무력해졌는지에 대해서는 의문의 여지가 남는다. 모세가 아론을 책망하는 장면이 등장하는 금송아지 우상숭배의 내러티브(출 32장)는 새롭게 출발하는 교회가 안정적인 교회 모델에 대항하는 일종의 파당적인 대립을 떠올리는 것 같다.

3. 포로 후기 이스라엘

구약성경의 끝부분에서 우리는 또 다른 신앙공동체 모델을 발견할 수 있다. 성전 모델은 주전 587년에 급작스런 종말을 맞이한다. 주전 520년 이후 두 번째 성전이 건축됐지만, 그 성전이 이스라엘 사회에서 지배적인 중심부 역할을 제대로 감당하지 못했고, 그 이후에도 지속되는 해석자들의 상상력을 강하게 사로잡지도 못했다. 587년에 예루살렘이 함락된 이후로 왕과 선지자의 공생관계가 무너졌다. 이후로 바벨론 치하의 포로기가 시작되었고 그 다음에 페르시아 제국이 등장하여 헬라화(Hellenization)로 대체될 때까지 계속된다. 기독교인들은 이 시기에 대해서 잘 알지 못하며 그다지 많은 관심을 기울이지도 않았다.

이러한 무관심은 포로 후기 유대주의에 관한 우리의 전형적인 견해를 반영하는데, 이러한 한계는 최소한 율리우스 벨하우젠(Julius Wellhausen)에게까지 거슬러 올라간다. 포로 후기 유대주의에 대한 기독교인들의 조직적인 무관심은 반셈족(anti-Semitic) 해석학의 경향을 반영한다.

하지만 오늘날 구약학계에서는 이 시기에 대한 상당한 관심과 연구가 진행 중이며 우리의 고답적인 견해를 극복하도록 안내한다. 포로 후기 유대주의에 관한 최근의 연구 결과에 의하면, 이 시기에 유대주의의 실천에 관하여 다원주의를 보여주는 다양한 실천들이 공존했음을 알 수 있다. 당시 다원주의는 신학적으로도 깊이가 있고 신앙의 실천에서 다양한 상상력이 허용되었으며, 문학적인 창의력이 매우 역동적이었다.

여기에서 필자가 강조하려는 것은 성전의 주도권이 붕괴한 다음의 포로기와 포로 후기는 현대 교회의 진로를 이해하기 위하여 세심한 주의를 기울여야 하는 시기라는 것이다. 왜냐하면 그 시기의 신학적인 특징이 다시 우리가 처한 시대의 상황 속에서 다시 메아리치고 있기 때문이다. 이 시기의 모델로부터 다음 세 가지 국면을 관찰할 수 있다.

1) 당시 신앙공동체는 주변 사회의 공공 정책에 아무런 영향력을 행사할 수 없는 시대적인 상황을 살아내야만 했다.

제국의 군주들이 포로민들로부터 세금을 거두는 한도 안에서 그들에게 어느 정도의 자비를 허용했는지에 대해서, 그리고 유대인들의 독특성을 무효화하려는 제국의 시도에 대해서 유대인들은 어느 정도 적대적이었는지에 대해서는 논란의 여지가 있다.

바벨론 사람들은 유대인들에게 적대적인 반면에 페르시아 사람들은 친절했다는 것이 우리가 가진 고정관념이지만, 이러한 생각은 페르시아 정부에 고용계약을 맺은 사람들에 의하여 관념적으로 조합된 생각에 불과할 것이다.

어느 경우든 아합왕에 대적한 엘리야의 드라마와 아마샤를 대적한 아모스 선지자, 그리고 시드기야 왕을 대적한 예레미야 선지자의 이야기를 들어 본 사람이라면, 그러한 대결 모델은 오늘날 더 이상 쉽지 않다는 것을 어렵지 않게 인정할 것이다. 권력자 편에서는 그런 대결에 관심을 가질만한 사람은 아무도 없다. 이 시기의 신앙공동체는 정치적으로 아무런 영향력을 발휘하지도 못할 정도가 되었기 때문이다.

2) 특히 헬레니즘 시기에는 문화적 혼합주의의 유혹과 독특한 정체성의 상실의 문제가 매우 심각했다.

마카비 시대는 유대인들이 직면한 사회정치적인 상황에 대하여 매우 당황하면서 어떻게든 갈등을 무마하려고 노력한 유대 청년의 사례를 보여준다. 로마 황제의 통치 기간 중에는 사실상 혼합주의가 기승을 떨치고 있었지만 유대인들의 정체성을 잃어버릴 위험은 없었다. 당시 사회정치적인 제도가 그들의 정체성을 비난하지 않았고, 유대 청년들의 입장에서도 정체성에 관하여 비교적 무관심하더라도 큰 문제가 없었기 때문이다.

오늘날에는 신학적인 정체성을 지원하는 사회제도적인 장치가 부족한데다 사회적인 지출 패턴마저도 독특한 정체성과 열정을 추구하는 신앙공동체로부터 멀어지도록 자극하기 때문에, 독특한 정체성을 의도적으로 유지하려면 좀 더 강력한 지향성이 요구된다.

3) 정치적인 무관심과 사회적인 혼합주의에 직면한 당시 신앙공동체의 주된 목표는 공동체의 고유한 문화언어적인 하부구조를 구축하는 것이었다.[9]

다니엘 스미스(Daniel L. Smith)는 그러한 노력을 가리켜서 생존을 위한 전략과 메커니즘의 발전이란 용어로 설명한다. 왜냐하면 당시 공동체가 직면한 위협은, 독특한 정체성을 지닌 신앙공동체가 부분적으로는 자신들에게 적대적이고 또 부분적으로는 자신들에게 무관심한 보편적인 문화 속으로 사라지는 것이기 때문이다.[10]

---

9 필자는 George Lindbeck의 구절을 그대로 인용한다. George Lindbeck, *The Nature of Doctrine: Religion and Theology in a Postliberal Age* (Philadelphia: Westminster Press, 1984). 필자는 Lindbeck의 주장에 등장하는 범주가 문화적인 지원책이 부족할 때 고대 이스라엘의 신앙과 실천을 매우 선명하게 조명해 준다고 믿는다.

10 Daniel L. Smith, *The Religion of the Landless: The Social Context of the Babylonian Exile* (Bloomington, Ind.: Meyer-Stone Books, 1989).

생존을 위한 전략들 중에서 다음 세 가지 전략에 세심한 주의를 기울일 필요가 있다.

첫째, 사회정치적인 주변부로의 퇴거에 직면한 이 공동체는 기억과 기원, 그리고 연결망 회복에 집중했다.

구약성경에서 발견할 수 있는 이러한 노력의 주된 증거는 확장된 족보로서 포로 후기 시대에 정교하게 고안되었다. 족보의 목적은 현재 위협에 직면한 세대를 과거로부터 물려받은 전통의 지평과 연결하는 것이다. 족보를 통한 과거에 대한 정교한 회복의 목적은 새로운 세대가 역사적인 진공 속을 살고 있다는 생각을 주입하는 개인주의와 자율성의 질병에 대항하도록 하려는 것이다.

둘째, 절망의 끝자락에서 신앙공동체의 생존을 보장할 또 다른 전략은 희망에 관한 강력한 실천(the intense practice of hope)이다.

신앙공동체의 수사학은 그들의 상상력을 매우 구체적인 하나님의 약속으로 가득 채웠다. 이 희망의 수사학은 묵시록에서는 매우 극단적인 형식으로 표현된다. 구약 묵시록을 연구해 보면 기독교인들의 지식의 사회학에 관하여 배울 점이 많음을 알 수 있다. 교회가 안전하고 잘 정착했고 현재 상황과 동맹관계를 맺고 있을 때에 묵시록은 부적절하다. 그래서인지 묵시록에 관한 대부분의 비평적인 학자들은 묵시록을 참으로 별난 장르로 평가절하하였다.

하지만 현 상태가 절망적이라고 생각하는 소외계층으로 구성된 공동체에게 묵시록은 권력에 대한 일종의 수사적인 행위이다. 그래서 묵시록의 수사학은 현재의 모든 상황에 대하여 매우 비판적이며 혁신적인 입장을 취하며 세상에 지친 사람들의 입에 아주 적절한 치유책을 제공한다. 오늘날 우리의 문화에서도 묵시적인 수사학은 절망에 시달리는 사람들에게 분명히 호소력을 발휘한다.

필자가 판단하기에 이 점은 매우 중요하다. 그 이유는 오늘날 북미권에 (일부 자녀들을 포함하여) 현 상황에 충분히 만족하는 젊은이들은 하나님께서 그 이상으로 무엇을 약속하셨는지에 대해서 잘 모르는 경우가 많다. 하지만 그들의 미래는 고등교육을 받은 분주한 손으로 만들어지는 것이 아니라 하나님의 신실성에 달렸다. 그런 의미에서 사회적인 변방의 공동체는, 올바로 기능한다면, 강력하고도 신실하게 하나님을 기다리는 공동체이다.

셋째, 생존에 관한 전략으로서 주목할 만한 점은 포로 후기 공동체는 강력하게 본문 공동체(textual community)로 발전하였다는 것이다.

그 공동체는 규범적인 정경을 제작하는 데 집중하였고, 포로기 전후 시대는 정경화(canonization)의 시대로서 규범적인 문서를 제작하던 시대였다는 것이 보편적으로 받아들여지고 있다. 이 시기에는 또한 회당과 '벧 미드라쉬'(Beth Midrash)라는 '토라학당'이 생겨나던 시기였으며, 그와 함께 율법과 전통을 가르치는 랍비가 등장하였다. 문서에 대한 연구는 주로 규범적인 텍스트에 대한 상상의 해석에 집중되었다.

유대주의의 중요한 특징인 상상의 해석(imaginative construal)은 신학적인 합의나 도덕적인 합의로 발전하지는 않았더라도 그 자체가 유대주의의 본질적인 행위로 간주되었다. 소외계층으로 구성된 공동체 안에서의 해석 활동에는 획일적으로 통제된 결과가 필요하지는 않았다.

유대인들의 정경에 대한 매우 열정적인 관점과 관련하여 우리는 정경의 사회적인 권력에 대한 초점을 놓치지 말아야 한다. 그들에게 있어서 전승된 텍스트에 관한 지속적인 연구의 초점은 객관적인 지식이나 정보, 또는 결론을 얻기 위함이 아니다.

그보다는 유대인들의 텍스트에 대한 그리스 사회의 적대감과 페르시아 권력에 대항할 전통과의 대화, 성찰, 분별, 그리고 상상의 세계 속으로 들어가 이 세계와 관계를 맺기 위함이다. 텍스트가 없는 유대인은 결코 유대인도 아니고 세상과 동화된 가짜에 불과하며, 결국은 그 정체도 사라지고 말 것이다. 이와 마찬가지로 텍스트가 없는 교회도 결코 교회가 아니다.

「뉴요커」(the New Yorker)는 사설에서 미국을 가리켜서 '냉전'을 일종의 국가 기반의 이야기로 간직한 나라라고 썼다.[11] 그런데 오늘날 냉전에 관한 이야기는 사라졌고 뉴요커 기사에 의하면 오늘날의 북미권 시민 사회는 본질적으로 이야기가 없는(storyless) 사회로 변했다고 한다. 항상 그래왔듯이 지배적인 제국이 제공하는 이야기가 실상은 아무 것도 아닌 것으로 드러난 셈이다.

오래전에 적대적인 세력으로 둘러싸였던 유대인들은 그 사실을 잘 알고 있었다. 그들은 자라나는 젊은이들을 세상으로부터 지키기 위해서 자신들의 말로 정경을 읽고 연구해야 한다는 사실을 잘 알고 있었다. 뿐만 아니라 그들이 붙잡고 있는 독특한 텍스트는 그들을 향한 하

---

11 "Notes and Comments," *The New Yorker* (May 21, 1990): 27–28.

나님의 음성이며 제국과 세상의 문화적인 패권을 견딜 수 있도록 붙잡아 주는 참 이야기에 관한 음성이라는 사실을 확신했다. 이 공동체는 정경에 대한 심오하고도 역동적인 확신을 발전시켰고 그러한 확신은 포로 후기 정경화 과정의 근간을 이룬다.

따라서 필자가 여기에서 내릴 수 있는 결론은 포로기 전후의 상황이 성전-왕권-선지자의 공동체로부터 본문 공동체로의 변화를 가져왔다는 것이고, 그 과정에서 공동체는 텍스트 속에 담긴 진리와 그 모든 위험스러운 파괴력과 씨름하면서 이 세상을 향하여 이 세상과 전혀 다른 실재의 양식을 계속 증언했다.

❖ **옛날의 기억에서 다시 시작하기**

필자는 앞에서 포로 전후기 이스라엘 공동체의 사회적인 위기와 역사적인 변동과 관련하여 다음 세 가지 교회 모델을 제시하였다.

(1) 군주제 이전의 '새롭게 출발하는 교회' 모델.
(2) 성전 공동체로서의 군주제 모델.
(3) 포로후기의 본문 공동체 모델.

이 세 가지 모델을 서로 비교해 보면, 군주제 이전의 모델과 포로 후기 모델은 서로 공통점이 많으며, 두 번째 군주제 모델의 견고함이나 안정성과도 쉽게 구분된다. 그래서 서로 상당한 유사성을 지닌 초기와 마지막 모델의 변증법적인 연관성에 대해서 더 깊이 있는 고찰을 진행해 볼 수 있다.

한편으로 보자면, 마지막의 본문 공동체는 초기의 모델로 되돌아간 측면이 발견된다. 실은 마지막 모델이 공동체를 지탱할 초기의 자원을 확보하려고 군주제 시대를 뛰어넘어 초기로 되돌아가려고 했던 것이다. 그들에게 정작 필요한 것은 질서의 확립이었으나 좀 더 시원적이고 덜 안정적인 모델로의 귀환을 추구했다. 이 점은 유대교의 창시자인 에스라에게서 통렬할 정도로 분명하게 드러난다. 그는 포로 후기 유대인들에게는 첫 번째 모세를 복제한 두 번째 모세나 다름없는 인물이었다.

그러나 또 다른 한편으로 그리고 좀 더 세심하게 살펴보면, 마지막 세 번째 공동체는 초기 모델의 자료를 적극 활용했을 뿐만 아니라 자신들을 위하여 소유권을 주장하면서 이전 모델의 자료들을 과감하게 점유하고 재구성하기까지 하였다. 예를 들어 모세오경에 관한 문서설의 입장에서 보자면 제사장 전통의 문서(the Priestly tradition)는 초기의 자료에 대한 후대의 재구성을 대변한다. 그래서 후대의 자료는 단지 성경에서 나중에 기록된 문서라는 의미가 아니라, 후대의 일부 자료들이 초기 자료 속에 덧붙여졌다는 것이다.

주지하다시피 제사장 전통의 문서의 작성 시기는 관례적으로 포로기이든 혹은 포로 후기의 이른 시기든 대략 주전 6세기 혹은 5세기로 추정된다. 그래서 다윗 왕조 이전의 문서(the pre-David text)를 읽을 때 좀 더 세심한 관심을 기울여보면 상당수의 문서들은 포로 후기로 추산되며 후기 이스라엘 공동체가 직면한 역사적인 필요뿐만 아니라 그들의 신앙도 보여준다.

다음 네 본문을 살펴보면 후대 자료들이 초기 문서들에 덧붙여졌음을 알 수 있다.

(1) 창 1:1-2:4a의 창조 기사는 성례로서의 안식일(sabbath)에서 최고조에 달한 제사장 문서(P statement)이다.
안식일 준수의 문제가 유대인 정체성의 표지로 부상한 것도 이 시기였으며, 이교적인 환경에 둘러싸인 유대인들은 거대한 이교적인 제국의 공장에 보잘 것 없는 나사와 같은 존재가 아니라 하나님의 형상으로 창조된 피조물로서 그에 걸맞은 위엄이 보장된 존재임을 확증해야만 했다. 그래서 후기 이스라엘의 예전은 위엄과 해방에 관한 성례전을 만들어서 절망적인 사회 상황에 대처했다.

(2) 창세기 17장에서 아브라함은 그의 자녀들에게 할례를 시행한다. 이 본문은 이스라엘 공동체가 자신의 정체성을 가시적인 훈육으로 제시해야 하는 후대의 상황을 암시한다. 할례는 성차별적인 사고에도 불구하고 내부자가 외부인으로부터 분명하게 구별되는 것을 보여주는 시각적인 표지이며 할례를 시행한 공동체 구성원들은 하나님의 약속이 그 몸에 각인된 사람은 누구이며 하나님의 계명을 제대로 준수하는 사람이 누구인지 분명하게 알 수 있었다. 할례는 포로 후기 시대에 유대인의 정체성을 보여주는 결정적인 표지로 등장하였다. 그러한 시대적인 상황에 직면한 공동체가 의존했던 그러한 본문은 교회에게 적대적이거나 최소한 무관심한 사회에서 세례의 중요성을 다시 생각해 볼 여지를 제공한다.

(3) 광야에서 먹었던 만나에 관한 출애굽기 16장에도 제사장 문서의

전통이 들어 있다.

이 이야기에서 광야는 포로기를 가리키는 암호로 작용하며, 기존 사회에서 소외된 신실한 포로민들은 풍요로운 제국에서 흘러나오는 잉여 생산물이 아니라 하나님의 은혜로 생존함을 웅변적으로 보여준다. 이 본문은 또한 놀랍게도 제국의 성전을 지탱하는 잉여 생산물에 대해서도 강하게 경고한다. 그리고 하늘로부터 풍성한 식량이 공급되는 안식일 준수를 거듭 강조한다(사 55:1-3; 단 1장).

(4) 출애굽기 26장은 제사장 문서 전통에서 성막 설계에 관한 내용을 담고 있다.

성막 양식은 분명 고정된 성전을 반영하긴 하지만, 이 본문의 의도는 하나님께서 유배지에 흩어진 백성들과 함께 동행하실 수 있다는 하나님의 이동성(God mobility)을 강조하기 위함이다. 이분은 이동 가능한 제단에 임재하시는 분이며 그 백성들과 함께 기꺼이 여행하실 수 있는 하나님이시다.

이렇게 초기 문서와 후기의 상황을 서로 연결하려는 요점은 무엇인가? 그것은 후대의 공동체는 이러한 문서 활동(이런 활동은 점차 소외된 공동체의 가장 중요한 지적인 활동이 되었다)을 통해서 그 이전의 공동체가 위기의 순간에 자신의 정체성을 견고하게 지키기 위해서 실행했던 것을 반복했다는 점이다.

달리 말하자면 정착 이전의 광야 시대와 마찬가지로 정착 이후의 시대 역시 본질적으로는 '새로운 교회의 출발'이었다는 것이다.

포로 후기 유대교(Postexilic Judaism)는 결코 예전의 오래된 기억에 포획되지도 않고 새로운 출생을 알리는 활기찬 실행이며 제국의 권력에 관한 최근의 씁쓸한 기억에 힘을 빼앗기지도 않았다. 학사 에스라는 '새로운 교회의 출발'(new church start)을 주도한 위대한 지도자였다. '새로운 교회의 출발'은 적대적인 환경에서 다시 시작해야 하는 신앙공동체가 굳게 붙잡아야 하는 신앙을 이전과 다르게 급진적인 방식으로 재구성하는 것을 의미한다.

이전의 모세와 마찬가지로 에스라에게 '새로운 교회의 출발'의 목표는 세속적인 성공을 위한 전략이 아니라 적대적인 환경 속에서 대안 공동체로서의 생존을 의도했다. 생존은 단순히 물리적이고 가시적인 공동체만이 아니라 대안적인 사회적 인식과 대안적인 기억을 가진 대안 공동체를 통해서 가능하다. 이 공동체는 자신들의 정체성을 독특한 족보에 뿌리내리고 있으며, 독특한 성례전을 통해서 그 표지가 드러나며 제국의 문화에 휘둘리지도 않고 또 그들의 욕망에 길들여지지도 않는 독특한 사람들로 이루어진 공동체였다.

4. 성전으로부터 본문까지

이러한 틀거리가 현대 교회와 교인들의 사고에 어느 정도 유익을 주는가 마는가의 여부는 앞서 살펴 본 제사장 문서들에 관한 비평적인 분석의 설득력에 달렸다. 그 여부는 또한 오늘날 우리가 세상의 지배적인 문화와의 동맹관계가 무너지는 시점을 살고 있는가의 판단 여부에 달렸고, 가시적인 성전의 권력이 무너지는가, 그리고 세상 제국이 우리에게 적대적이거나 최소한 무관심한가의 여부에, 그리고 오늘날 선지자들은 세상 유혹에 함께 맞설 동반자가 부족한가 아니면 충분한가의 여부에 달렸다. 이러한 주장은 최소한 다음 세 가지 사항 때문에 어느 정도 지지를 받는다.

(1) 근대성(modernity)의 붕괴는 오늘날 대다수 사회과학적인 분석의 핵심 주제이다.[12]
우리는 기독교 교회에 관한 기존의 지배적인 모델들이 근대성이라는 거대한 인식론의 프레임에 부합하도록 고안되었기에 이제는 더 이상 설득력을 발휘하지 못하는 구 시대의 전제들에 의존한 것임을 인정해야 한다.

(2) 이전의 관례적인 신학적인 언어 행위가 이제는 더 이상 '공적인 언어 행위'로 인정받지 못하는 것이 분명해졌다.
그리고 공공의 리더십이 이제는 기존의 교회 수사학을 더 이상 공식적으로 지지할 수도 없게 되었고, 그 결과 우리의 기독교 전통에 대한 호소 역시 정치적인 함의를 점차 줄여가고 있는 실정이다.

(3) 상당수의 젊은이(자유주의자들을 계승하는 자녀들뿐만 아니라 선량한 자유주의 신자들의 자녀들)은 우리가 신앙의 전승에서 의도하는 것들에 대해서 전혀 관심이 없다.

---

12 이와 관련하여 필자는 Stephen Toulmin의 견해가 매우 탁월하다고 생각했지만, 이후로도 이 주제를 더 깊이 연구한 자료들이 계속 출판되고 있다. Stephen Toulmin, *Cosmopolis: The Hidden Agenda of Modernity* (New York: Free Press, 1990).

'성전에서 본문으로' 구심성의 이동을 위해서는 오늘날 우리 현대 기독교 교회가 위치한 사회적인 위치를 재고해야 할 뿐만 아니라, 우리가 함께 의지할 수 있고 또 그래야 하는 자원에 대해서, 그리고 이미 전방위적으로 무너진 하부구조의 재건에 관하여 우리가 감당해야 하는 역할들에 대하여 다시 성찰해야 한다.

오늘날에는 교회에 대한 광야-포로 모델이 더 이상 설득력을 발휘하지 못할 것처럼 보이겠지만, 그렇더라도 성경의 하나님은 더 이상 교회를 광야나 포로기와 무관한 것처럼 섭리하신다는 성경적인 증거도 없다.

어쨌든 성경의 하나님은 성전에 안주하는 것을 거부하신다(삼하 7:4-7). 결국 성전 프로젝트(the temple project)를 종결하는 이도 바벨론 사람들이 아니라 여호와 하나님이시다. 그래서 오늘날 우리 시대 우리의 상황에서 기대함직한 결말을 미리 내다보는 대안 공동체의 생존과 대안적인 상상력의 활력을 위해서는 새로운 전략이 요청된다.

Cadences of Home : Preaching among Exiles

제8장

단련된 준비

이 시대 이 장소로 오기까지 기독교인들의 순례길은 아주 오랜 시간이 걸렸고 또 이상한 순례였다. 이제 안식의 장소에 도착했으나 이는 또 새로운 출발의 순간이다. 이번 장에서 필자는 오랜 시간이 걸린 순례에 대해서 살펴보고 이어서 새로운 출발에 대해서 고찰하고자 한다.

1. 이스라엘의 순례 여행

성경의 주장에 따르면 하나님의 백성들은 항상 순례의 도상에 있는 사람들이다. 성경의 여행 이야기와 우리 북미권 교회가 오늘날 여기에 도달하기까지의 기독교 이야기 사이에는 다소 기이한 유사성과 연관성이 존재한다. 우리 이야기를 이와 다른 방식으로 읽는 것도 가능할 것이다. 하지만 필자가 제안하고 싶은 것은 규범적 권위를 가진 오래된 성경의 이야기의 관점에서 우리들의 이야기를 읽어보자는 것이다.

신앙의 순례 여행에 관한 성경의 이야기는 다음과 같이 거대한 3단계 순서를 거치는데, 이는 우리들의 인생을 올바로 이해할 실마리를 던져준다.

1) 그 이야기의 시작은 이미 창세기와 출애굽기에서 들어 볼 수 있는 바와 같이 안정된 고향 집이나 정착하여 살만한 땅은 하나도 없이 위험천만한 상황에서 다만 새로운 장소에 대한 믿음 하나로 이동하는 사람들로부터 시작된다.

이들의 여행에는 여러 이유가 있다. 때로는 압제로부터 벗어나기 위해서나 새로운 땅을 얻기 위해서, 풍족한 소출을 얻기 위해서, 그리고 인생에 참다운 자유와 행복을 얻기 위해서다.

하지만 성경 이야기에 의하면 이 순례 여행을 떠나는 대부분의 사람들은 여호와 하나님의 주권적인 약속 때문에 부름을 받고 보냄을 받았다. 이들의 여행을 주도한 것은 다름 아닌 여호와 하나님의 음성이었다. 이들이 장차 직면할 위기를 감지한 이도 하나님이셨고 그래서 여행을 시작하도록 명령하시면서 이들과의 동행을 약속하신 이도 하나님이셨으며, 그들 앞에 축복과 행복을 약속하시고 젖과 꿀이 흐르는 미래를 약속하신 이도 하나님이셨다. 그러한 하나님의 주권적인 약속 앞에서 이스라엘 백성들은 그들 앞의 속박이나 억압, 불모의 땅, 그리고 차별은 결코 자신들을 향한 하나님의 뜻이 아님을 확신했다.

2) 성경의 이야기가 계속 이어지면서 드러나는 사실은 하나님은 자신의 약속을 분명히 지키신다는 것이다.

이스라엘 백성들은 약속된 땅에 도착하여 그 땅을 얻었다. 그래서 순례에 관한 성경 이야기의 둘째 단계는 약속된 땅에서 살아가는 이스라엘 사람들이다. 하나님은 참으로 신실하시다. 이스라엘 백성들은 젖과 꿀이 흐르는 땅에 도착해서 물이 가득한 웅덩이와 열매가 가득 달린 올리브 나무와 철과 동이 넉넉하게 생산되는 땅에서 번영을 누리게 되었다(신 6:10-11). 이스라엘 백성들은 더 이상 광야에서 먹던 만나가 필요 없게 되었다. 이제 그들은 약속된 땅에서 나는 풍족한 소산물을 먹을 수 있게 되었다(수 5:11-12).

그런데 이 땅이 이스라엘 백성들을 심각하게 변형시켰다. 이 땅은 이스라엘 백성들의 탐욕을 자극하여 더 많은 땅과 안전, 그리고 생산물을 욕망하게 되었다. 이들은 번성하는 도시를 건설하고 강력한 군대를 조직하며 탐욕스런 세금 정책을 집행하기 시작했고, 다른 사람들의 희생을 담보로 지나친 부를 축적하였다(왕상 4:22-28).

결국 이스라엘 백성들은 하나님을 잊어버렸다(신 8:11-19). 이들은 자신들이 정착한 풍족한 땅은 하나님의 선물이고 하나님의 약속의 결과임을 잊어버렸다. 탐욕이 감사를 압도했고 이기심이 동정을 대체했다. 하나님과 맺은 언약에 대한 믿음은 착취와 압제로 변질되고 말았다. 이들은 하나님을 잊어버리고 자신들이 이 땅에서 누리는 부귀영화는 자신들의 권력과 힘 때문이라고 착각하기 시작했다(신 8:17).

이러한 자기-만족(self-sufficiency) 상태에서 이스라엘 백성들은 갑자기 여호와 하나님의 주권적인 명령의 말씀과 조우하게 되었다. 이 말씀은 선지자들의 입을 통하여 전달된 명령이었고, 그 시대 정치와 경제의 구체적인 진행 과정에서 분명하게 목격할 수 있고 피할 수 없는 요청으로 다가왔다. 지도자들의 권력이 세상과 다르게 새로운 방식으로 실행되어야 한다는 요청이었다.

권력은 인간과 사회의 상호작용의 틀 안에서 올바로 작동되어야 한다는 것이다. 그리고 이스라엘 백성들은 여호와 하나님이 자신들의 삶 속에서 결코 물러나실 수 없는 분임을 반복적으로 그리고 고통스럽게 학습했다.

결국 잘못된 권력은 징계를 받고 무너질 것이고, 잘못 관리된 땅은 박탈당할 것이고, 잘못 관리된 대비책도 모두 증발할 것이며, 잘못 관리된 약속도 모두 사라질 것이다. 이 과정에서 이스라엘 백성들이 분명 학습한 것이 있다. 그것은 여호와 하나님은 결코 사람들의 이용의 대상이 되실 수 없는 분이라는 사실이다. 왜냐하면 안전과 번영을 누리더라도 하나님의 추상같은 명령은 번영에 관한 하나님의 약속보다 더 강력하기 때문이다.

3) 이스라엘 백성들은 약속된 땅으로 즐겁게 들어갔다. 하지만 이제 그들은 다시 황폐해진 땅을 떠나야만 했다.

마치 위로받기를 거절했던 라헬처럼(렘 31:15). 이렇게 놀라운 이야기의 셋째 단계는 땅의 상실과 유배에 관한 것이다. 이스라엘 백성들은 유배의 고통이 자신들에게 닥치리라고 전혀 생각지도 못했다. 하지만 이야기가 계속 진행되면서 이들은 마치 이전에 그들의 조상들이 애굽에서 노예살이를 했던 것처럼, 그리고 창세기에 등장하는 생산치 못한 여인들처럼 그렇게 모든 행복을 박탈당하고 말았다.

이들에게 어떻게 유배의 고난이 찾아왔는지를 설명하기란 쉽지 않다. 이스라엘 지도자들의 리더십이 바벨론 제국의 강력한 확장정책을 제대로 막아내지 못했기 때문이라는 설명도 가능하다. 전체적인 이야기의 외양에 대해서는 그러한 표면적인 사실들에 근거하여 설명할 수 있고, 나름대로 충분한 해명이 될 수도 있다.

하지만 이런 해명은 그 와중에 이스라엘 백성들이 강력하고도 타협할 줄 모르는 선지자들의 외침을 반복적으로 들어야만 했다는 사실을 제대로 설명해 주지 못한다. 당시 선지자들은 다가오는 심판을 미리 예견했었고 당시의 관례적인 합리성이나 연설 방식에서 완전히 벗어나서 연설했던 사람들이었다.

그들은 임박한 슬픔을 이야기했고, 이스라엘의 삶은 무엇보다도 여호와 하나님의 목적에 따라 만들어진다는 점을 강조했으며, 그들의 인생은 결코 무시할 수 없는 도덕적 일관성을 가져야 한다는 점을 설피히 였다. 그래서 이스라엘 백성들은 유배가 신학적인 배경 속에서 발생했음을 결코 의심할 수 없었다.

이런 맥락 속에서 가나안 땅의 박탈과 유배가 일어났고, 이스라엘 백성들은 정든 도시를 떠나 낯설고 적대적인 환경에서 새로운 삶을 시작해야만 했다. 이들로서는 새로운 정치 경제의 현실을 감당하기란 너무나도 고통스러웠다.

이런 상황에서 이스라엘 백성들은 하나님의 주권적인 부재에 직면하게 되었다. 하나님의 영광이 자신들에게서 완전히 떠나갔다(삼상 5:21-22; 겔 9:3; 10:4-5). 어떤 시인은 이런 상황을 가리켜서 "위로하는 자가 없다"라고 탄식했다(애 1:2, 9, 16, 17, 21). 하나님도 더 이상 찾아볼 수 없으며, 그분이 조롱당하는 상황에서 삶의 모든 것이 무너지고 말았다. 이스라엘 백성들은 더 이상 희망도 없고 무력해져서 자신들의 정체성마저 모두 포기할 수밖에 없는 지경에 빠졌다.

연대기적으로 보자면 이스라엘의 이야기는 아주 길게 이어지는 역사 속에서 다소 기이한 여러 은사들로 채워져 있다. 그러나 신학적으로 보자면 이들의 오랜 이야기는 여호와 하나님의 주권적인 약속(sovereign promise)과, 주권적인 요구(sovereign demand), 그리고 주권적인 부재(sovereign absence)라는 세 가지 간단한 공식으로 집약된다.

이들은 그토록 많은 것들을 얻었으나, 다시 그 많은 것을 모조리 잃어버렸다. 그래서 이들 공동체는 이전에 자신들의 이야기를 시작했던 지점으로 다시 되돌아갔다. 그곳에서 이들은 빼앗기고 굶주리며 무기력하여 이 세상에서 아무런 희망이 없는 상태로 다시 시작했다. 이들은 유배지에서 모든 것을 빼앗기고 굶주리며 무기력하여 아무런 희망이 없는 상태에서 예전에 시작했던 것을 그대로 다시 시작해야만 했다. 유배지의 공동체는 이전에 사라처럼 생산할 수 없었고 모세처럼 압제를 당했다.

그런데 이뿐만 아니다. 이런 절망적인 상황에서도 이들에게는 여호와 하나님께로 신앙을 회복하라는 새로운 소환 명령이 주어진다. 그 명령은 세상적인 사고방식으로 이해하기 어려운 신학적 창의성(theological creativity)을 향한 새롭고도 대담한 모험과도 같다. 그 명령은 이스라엘 백성들의 삶과 신앙에 새로운 시대를 예고하는 명령이다.

하지만 이 시점에서 그 소환 명령은 다만 기다림과 슬픔, 그리고 경이로움에 불과하다. 실제 성취된 것은 하나도 없기 때문이다. 여기에서 이대로 끝날 수도 있다. 그러나 이스라엘은 다만 그 미래를 소망할 뿐이다. 그렇게 희망할 뿐 그 미래는 자세히 알 수 없다.

이스라엘 백성들의 이야기는 너무 급하게 진행된다. 그 이야기 속에는 역사 비평적인 논쟁거리들이 수도 없이 많다. 그럼에도 불구하고 그 이야기는 여전히 오늘날 이 시대의 교회와 신자들에게 규범적인 권위를 발휘한다.

이 시점에서 필자가 강조하려는 것이 있다. 이들의 순례 이야기에는 아주 독특한 여호와 하나님이 인생들을 향하여 행사하는 권위와 목적, 그리고 임재에 관한 설명이 들어 있다는 것이다.

이스라엘의 입장에서 볼 때 이 하나님(this God)이 계시지 않다면 이토록 기이한 순례 여행도 없다. 이들의 순례 이야기가 매우 독특한 종류의 이야기로서 그 안에 여러 위험에도 불구하고 결국 그분에 대한 신뢰와 순종에 관한 이야기가 되도록 전체 이야기를 주관하시는 분이 바로 하나님이시다.

이 이야기 안에서 그분은 이 이야기를 우리 입맛에 맞추려는 우리의 이기적인 편애를 호락호락 가만 놔두지 않으신다. 만일 우리 입맛에 맞추려는 이야기라면 그 이야기는 결국 파멸을 맞이할 것이다.

2. 미국의 순례 이야기

만일 우리 북미권 교회가 이 시기 이 자리에 오기까지의 순례 이야기를 성경의 순례 이야기의 관점에서 다시 읽어보면 어떨까?

우리의 순례 이야기는 성경의 순례 이야기와 같지 않기 때문에 독서 과정에서 유사성을 강요해서는 안 된다. 성경의 이야기에 비하여 우리의 이야기는 좀 더 현대적이고 좀 더 자율성에 근거하여 진행하는 여행에 관한 것이며 좀 더 세속적이고 좀 더 우리 입장에 많이 기울어진 이야기다. 그럼에도 불구하고 우리의 순례 이야기에서 성경 이야기와 흡사한 놀랍고도 값진 액센트 일부분을 발견할 수 있다.

약간 도식적일 수 있겠지만 앞서 성경의 이야기에서 확인했던 3단계의 구조로 우리의 순례 이야기를 살펴보자.

필자는 이 이야기를 유럽계 백인(white Europeans)의 관점에서 분석할 것이다. 그 이유는 그 관점이 이 이야기에서 지배적이고 압도적인 줄거리이기 때문이다. 다른 이야기에는 또 다른 줄거리들이 들어 있음을 인정한다. 하지만 그런 다른 이야기들 역시 유럽계 백인의 내러티브와 일정한 상호작용 속에 있음을 부인하기 어려울 것이다.

예를 들자면 북미의 인디언들은 자신들이 오래 살아온 땅과 권력을 유럽계 백인들에게 양도해야만 했다. 아프리카의 흑인들 역시 유럽계 백인들이 만들어온 이야기와의 상호작용 속에서 자신들의 이야기의 상당 부분을 포기하고 희생할 수밖에 없었다.

북미권에서 아시아인들 역시 오랫동안 소외계층으로 머물러 있으면서 최근에야 유럽계 백인들이 주도하는 이야기 속으로 받아들여졌다.

그래서 필자는 이 이야기를 진술하는 과정에서 변방에 밀려났던 사람들의 이야기를 배재하지 않고 다만 주요 이야기가 전개되는 과정에서 얼마나 많은 사람들이 심각하게 희생당했는지를 살펴보고자 한다.

1) 유럽계 백인들의 이야기는 전개되는 과정에서 미국 이야기(American story)가 되었고, 여러 이유로 새로운 땅을 찾는 이야기로 발전하였다.

이 이야기가 새로운 땅을 찾는 이야기로 발전한 배경에는 종교적인 자유에 대한 열망도 있고 좀 더 나은 세상을 동경하는 것이나 새로운 사업에 대한 야망도 한 몫 거들었다.

새로운 땅에 도착하는 이야기 전체를 압도하는 수사학은 바로 새로운 세상을 약속하시고 그 세상으로 인도하시는 하나님의 주권적인 약속에 관한 수사학이었다. 여기에는 '언덕 위의 도시'와 같은 구절로부터 시작하여 '자명한 섭리'(manifest destiny)나 '자유로운 세상의 지도자'처럼 직설적인 표현들이 다수 등장한다.

신대륙에서의 정착과정의 배후에는 하나님의 섭리적인 돌보심이 관여하고 있었다는 것은 그 때나 지금이나 의심이 여지가 없다. 그리고 이런 주장은 매우 열정적인 신학적인 주장인 동시에 정치적으로도 강력한 힘을 발휘했다. 신대륙에 정착하는 과정에서 우리 유럽계 백인들은 과거 출애굽한 이스라엘 백성들처럼 고통스런 과정을 거칠 수밖에 없었다. 그 이유는 당시 정착민들은 자기중심적인 신학적인 열정 때문에 자신들의 진로를 방해하던 사회정치적인 장애물들을 매우 호전적으로 받아들였기 때문이다.

2) 미국의 순례 이야기의 둘째 단계는 미국의 번영과 확장, 그리고 세금 제도와 방어체계와 복지체계의 비약적인 발전에 관한 놀라운 이야기로 채워졌다.

미국이라는 거대 제국은 국제 시장에서 거대한 영향력을 발휘하면서 이윤을 착취하며 개발도상국의 나라들에 영향력을 행사하는 것을 당연한 권리로 받아들였고 미국주의(Americanism)를 퍼뜨려야 하는 당연한 선교지로 간주하였다.

고대의 이스라엘에서 솔로몬 왕은 새롭게 출발하는 왕국에 부와 권력을 집중시키기 위하여 하나님의 축복을 보장하는 성전을 건축하였다. 미국인들의 야망은 솔로몬처럼 제국의 성전을 건축하지는 못했으나 어느 정도 '개신교 수사학'(a Presbyterian rhetoric)이라고 부를 만한 국가적인 수사학의 자리에는 도달하였다.

장로교 신학적인 전통을 앞세우는 이 수사학은 로마가톨릭이나 루터교 또는 변방의 분파주의자들에게서 찾아볼 수 없는 것으로 북미권에서의 번영에 신학적인 정당성을 부여해 주었고, 장로교인들로 하여금 자신들의 늘어나는 재정과 자기만족적인 관념론은 하나님께도 기쁨이 되리라는 믿음을 고취시켰다.

고대 이스라엘에서 솔로몬이 건축한 성전이 거꾸로 왕의 관념론을 지탱해 주었듯, 신대륙에서는 장로교의 종교가 경제성장과 국가적인 안정을 추구하는 탐욕스런 상업주의와 긴밀한 보조를 맞추었다.

하지만 그러한 타협책은 분명 그만한 대가를 지불해야만 했다. 하나님의 자명한 섭리가 작용한다던 미국의 운명에 관한 신념은 서로 어울릴 수 없는 동정과 무관심과 포용성과 무감각의 기이한 혼합 덩어리였다. 그리고 결국 이러한 기이한 혼합 속에서 무관심이 동정을 압도하고 무감각이 포용성을 압도했다.

공공 질서와 제도는 변방의 소외계층을 무시하고 중심부의 기득권을 섬기도록 발전하였다. 사람들은 "자기가 세우지 않은 집에 살고 자기가 심지 않은 포도원의 포도를 먹으며 자기가 파지도 않은 샘물의 물을 마시는" 하나님의 기적을 노래하지만, 그런 경제적인 기적 속에서도 여기에서 소외된 사람들에 관한 무관심의 정도가 더욱 심화되었다.

이렇게 무비판적인 신학적인 정당화의 작업이 오래 지속되는 동안에도 불협화음의 목소리를 내는 준엄한 시인들의 목소리가 없지 않았다. 그들의 목소리는 공동의 권리와 존엄성, 그리고 정치적인 권리를 주장하는 소외계층을 대변했다. 이들의 목소리는 간헐적으로 사회 개혁과 노동자들의 권익에 대해서, 참정권과 인권에 대해서 목소리를 높이기도 했다.

하지만 우리 사회는 그러한 목소리에 대해서 지나칠 정도로 냉담하다. 우리 사회의 번영과 안정을 주도하는 엔진은 그러한 소외계층의 현실을 애써 무시하고 그러한 시인들의 불협화음에 애써 귀를 닫아버렸다. 그리고 그들의 목소리가 침묵 속으로 파묻히면서 불협화음에 무관심해지는 능력도 점차 커졌다.

오늘날 우리는 우리의 참다운 신앙과 모순되는 것들을 신학적으로 정당화하려는 유혹에 심각할 정도로 사로잡혀 있다. 공의와 포용성과 돌봄에 관한 하나님의 요구는 침묵 속에 파묻혔다. 이제 우리는 그런 요청의 말씀이 생각처럼 그렇게 쉽게 묵살될 수 없음을 똑바로 인식해야만 한다.

3) 아마도 우리는 북미권 교회의 순례 이야기에서 셋째 단계를 살고 있는 것 같다.

예전의 이스라엘 백성들이 경험했던 끔찍한 강제추방이나 유배 사건은 발생하지는 않았다. 일부 신학자들에 의하면 고대 이스라엘에서도 그렇게 엄청난 민족적인 강제추방과 같은 사건도 없었다고 생각한다. 고대 이스라엘의 유배는 실존적인 소외와 변방으로의 밀려남과 강제추방을 묘사하는 일종의 극적이고 제의적인 사건이라는 것이다.

그래서 유배 사건은 오늘날 우리가 감지하기도 전에 우리 북미권의 백인 기독교인들의 세계에서도 그대로 발생할 수 있다. 우리 가운데 유배 사건은 반드시 공산주의자들의 침략에 의하여 일어나는 거대하고 극적인 사건일 필요는 없고, 우리가 전혀 알아채거나 눈치채지도 못하는 사이에 발생할 수 있다.

오늘날 우리 가운데 유배 사건이 무자비와 무관심, 냉소주의, 그리고 절망의 형태로 나타날 수 있으며, 마약 남용과 자녀 학대, 또는 아내 학대나 끊임없는 학대와 남용의 문제로 나타날 수 있다. 이 과정에서 이제 아메리칸 드림이 종착점에 도달해서 어떻게 대처해야 할지 아무도 알 수 없고, 심지어 그러한 종말이 도래한 사실조차도 눈치채지 못하더라도 강력한 탐욕의 이름으로 인간의 복지와 존엄성, 그리고 모든 가능성이 무너질 것이다.

오늘날 우리 기독교 신자들은 하나님의 주권적인 부재에 관하여 이야기하면서 현재의 상태를 부재의 관점에서 받아들이고 정당화하려는 경향이 있다. 오늘날 현대 사회가 자기 힘으로 모든 문제를 해결해가려고 하는 모습 속에서 하나님의 부재는 더욱 분명해 보이기 때문이다. 그리고 하나님의 섭리와 보존에 대한 믿음이 부족하여 종교적인 회복을 확신할 수 없는 상태에서 오늘날 우리는 점차 이전 세대의 종교적인 양식과 실천에서 점점 멀어져가고 있다. 종교적인 수사학의 설득력도 점차 약해져가고 중요한 결정도 이전과 다른 근거 위에서 내려지고 있다. 오늘날에는 우리를 위하여 천지를 진동시켜서 참다운 진리를 설파할 시인들도 거의 남아 있지 않다.

오늘날 하나님의 부재가 강하게 느껴지는 이유가 있다. 오늘날 국가 지도자들이 우리를 위한다면서도 더 이상 신뢰를 얻지 못하는 진부하고 소심한 말잔치 만을 계속 쏟아 내놓고 있기 때문이다. 오늘날 우리는 더 이상 위력을 발휘하지도 못하고 그 힘이 거의 소진된 씁쓸하고 외로운 이야기의 마지막 단계에 와 있는 것 같다.

3. 새로움에 관한 하나님의 은사

필자는 앞에서 유배라는 주제를 멸망이 아니라 새로운 출발의 관점에서 고찰하려고 북미 유럽계 백인 개신교의 역사를 간략하게 살펴보았다. 고대 이스라엘에서 유배는 여호와 하나님에 대한 신앙에 강력한 준거체계로 작용하였다. 구약성경에서 유배 사건은 역사적으로나 신앙적으로 충격적인 사건이다. 유배의 의미는 초기에는 지리적인 이동에 관한 것으로서 물리적인 이탈을 보여준다.

하지만 유배는 단순히 지리적인 사건만이 아니라, 문화적이고 제의적이며 영적인 조건을 수반한다. 유배는 이전의 익숙한 환경에서 떠나서 적대적이고 낯선 환경에 직면하여 자신의 이전 정체성을 버리고 새로운 환경에 동화해야 한다는 강력한 유혹에 직면하는 인식을 동반한다.

유배가 요구하는 동화란 자신의 신앙이나 정체성과 잘 맞지 않는 새로운 주류 환경의 가치를 수용하고 여기에 순응해야 한다는 것이다. 동화를 거부할 때 주어지는 대안이라고는 절망뿐이다. 왜냐하면 그 상황에서는 미래 희망도 없고 아무런 도움도 없기 때문이다.

고대 이스라엘의 유배에 관한 다음 두 가지 사실이 오늘날 우리의 유배를 올바로 이해하는 설득력 있는 유비로 사용될 수 있다.

첫째, 유배 사건은 광범위한 역사적인 사실(extensive historical fact)보다는 주로 패러다임과 모델로 이해할 필요가 있다.

비록 모든 이스라엘 백성들이 전부 다 본토에서 강제로 추방된 것은 아닐지라도 모든 유대인들은 강제추방의 충격을 온 몸으로 경험하고 참여했으며 그 결과 새로운 환경으로의 동화와 절망 사이에 살면서 새로운 신앙으로 소환되었다. 그래서 당시 유대인들이 경험한 유배 사건은 오고 오는 모든 세대를 위한 일종의 신앙공동체의 결정적인 표지가 되었다.

둘째, 유배의 상황은 이스라엘 백성들 마음에 강력한 신학적인 위기의식을 초래하였고 참으로 놀라운 신학적 창의성을 이끌어냈다.

하나님의 부재 사건은 하나님의 패배와 실패, 그리고 불성실을 암시하기 때문에 이로 말미암아 이스라엘 백성들의 마음에 심각한 위기의식이 초래되었다. 그리고 그 위기의식의 반응으로 포로기 동안에 유대교(Judaism)가 탄생하였고 이 시기에 구약성경의 최종적인 형태가 완성되었다.

오늘날 우리 손에까지 전달된 구약성경은 이스라엘 백성들의 불순종 때문에 이전의 신앙 내러티브가 그 힘을 잃어버린 포로기 동안에도 여전히 신앙을 유지하려는 신학적인 시도 끝에 나온 작품이다. 유대교와 여호와 하나님에 대한 불굴의 신앙을 만들어낸 신학 전통은 포로기의 용광로에서 다듬어진 작품이다. 왜냐하면 유대의 포로민들은 현실적인 동화와 절망적인 포기의 양극단을 저항했기 때문이다.

필자는 이러한 모델의 본을 따라서, 우리 현대 기독교의 이야기가 그 힘을 다 소진한 것처럼 보일 때 이전의 이스라엘 백성들처럼 현실의 동화와 절망적인 포기의 양극단에 저항하는 것이 바로 오늘날 우리의 신학적인 소명임을 주장하고자 한다.

필자는 포로기의 은유를 사용하여 오늘날 우리 기독교 교회가 직면한 문화적인 상황은 이전의 이스라엘 백성들처럼 우리의 핵심적인 신앙의 주장이 점차 환영받지 못하며 노골적인 적대감은 아닐지라도 최소한 무관심하게 평가받는 상황에 직면해 있다. 이런 상황에서 우리는 점차 이 시대의 지배적인 가치체계로부터 소외되고 있다.

이 점이 바로 필자가 포로기는 단지 지리적인 이주의 문제가 아니라 제의적이고 문화적이며 영적인 상황의 변화에 관한 문제라고 주장하는 이유다. 오늘날 우리 기독교인들은 지리적으로 여전히 고향에 살더라도 문화적으로나 영적으로 포로민처럼 살아갈 수 있다.

어떤 사람들은 포로기의 은유가 부적절하다고 주장할 수 있다. 왜냐하면 아직도 여러 곳에서는 기독교인들이 여전히 권력을 잡고 영향력을 행사하며 소외계층으로 밀려나지도 않았기 때문이다. 이 점은 분명 정확하다. 하지만 그런 사람들조차도 이전의 신학적인 전통이 발휘했던 힘과 영향력을 그대로 가감 없이 행사하는 것이 점차로 얼마나 어려워지고 있는지를 절실히 깨닫고 있다.

오늘날 영향력 있는 기독교인들이라도 성경에 등장하는 다니엘이나 포로기의 이스라엘 백성들처럼 이 세상의 문화 속에서는 자신의 신분을 숨기고 살아야 하는 경우가 많다. 오늘날 거대 회사와 같은 일반 사회 조직에서 통용되는 수사학은 대체로 전통적인 기독교 수사학과 전혀 다른 모습으로 탈바꿈하였고, 그동안 주류 사회로부터 지배적이고 공적인 수사학으로 인정받았던 우리 교회의 연설은 오늘날 저들이 보기에 매우 이상하고 낯선 수사학으로 바뀌었다.

그래서 주류 교회들은 공공의 영역에서 제대로 설 자리를 잃어버렸다는 이야기를 오늘날 도처에서 들을 수 있다. 우리 교회들이 계속해서 고유한 수사학을 고집할 수 있겠지만, 그러나 대중적인 수사학이 우리에게 익숙한 용어들로 채워질 것이라고는 전혀 기대할 수 없다.

좀 더 심각한 문제는 우리의 신학적인 전통에 담긴 신앙적 주장들(the faith claims)이 오늘날 미국의 주류 가치들에 견주어 볼 때 점차 낯설고 기이해 보이는 주장들로 바뀌어가고 있다는 것이다. 이것이 오늘날 우리가 직면한 새로운 상황이다.

그 원인은 기독교 신앙이 이전에 비하여 좀 더 급진적으로 바뀌었기 때문이 아니라, 현대 미국인들의 반인륜적인 자율성이 이전보다 더 강력하고 대담해졌기 때문이다. 따라서 새로운 변화를 시도한다면 오늘날 우리 북미권의 기독교가 직면한 상황을 정확하게 파악하는 것이 매우 중요하다. 오늘날 우리 기독교인들은 현대 사회에서 대체로 환영받지 못하는 그런 유형의 정체성과 소명을 견지하고 있다.

이런 상황에서 우리가 제기할 질문은, 하나님의 부재가 느껴질 때 우리의 포로기(our exile)를 어떻게 받아들여야 하고 또 그렇게 낯선 주변 상황에도 불구하고 어떻게 신실한 반응으로 응답할 것인가 하는 것이다. 필자는 앞에서 3가지 방식의 대응 가능한 방식들을 소개하였다.

첫째, 세속적인 주변 상황에 대하여 동화(assimilation)의 반응이 가능하다.

예전에 바벨론에서도 적지 않은 유대인들은 유대인다운 정체성은 너무 많은 희생을 요구한다고 생각하여 자기네의 고유한 정체성을 포기하고 당시 지배적인 바벨론의 가치와 정체성을 그대로 받아들여 수용했다.

세례 받은 기독교인들도 예전의 유대인들처럼 세속적인 미국 문화에 그대로 동화하여 주변의 지배적인 미국인들의 희망과 불안을 그대로 따르면서 세상으로 하여금 더 이상 우리 기독교인들의 낯설고 기이한 세례와 정체성을 전혀 느끼지 못하도록 하는 것이다.

둘째, 포로기의 상황에 절망과 좌절로 반응할 수도 있다.

세속적인 바벨론 제국의 위력에도 불구하고 하나님은 부재하시는 상황에서 고향 상실과 강제추방은 결코 쉽게 개선되기 어려워 보일 것이다. 그래서 비록 바벨론 제국이 분명 잘못되어가고 있음에도 하나님은 당장 무능해 보이고 아무런 도움이 되지 않는다고 결론을 내릴 수 있다. 이러한 반응은 차라리 동화의 반응을 보이는 신자들보다 더 많은 것을 알고 있는 사람들이 강하게 느끼는 유혹이지만, 이들로서는 세속적인 제국에 강하게 저항하는 것도 멀리 내다볼 때는 그저 암울한 미봉책에 불과하다. 그래서 포로기에 대한 절망의 반응은 금욕주의의 의연한 결심과 매우 흡사하다.

셋째, 포로기에 대한 세 번째 가능한 반응은 동화하거나 절망을 받아들이는 대신 신선한 상상의 신학 작업을 통하여 이전의 신학적 전통을 회복하여 이를 기독교 신앙이 직면한 새로운 상황에 부합하는 방식으로 재구성하는 것이다.

오늘날 북미권의 기독교가 혼란기에 직면하여 새로운 출발을 모색하려면 그것은 교회가 직면한 주변의 문화적 상황을 종합적으로 고려하는 상상력이 가미된 신학적인 재구성 작업(imaginative theological recasting)이 요구된다는 것이다.

이러한 신학적인 재구성 작업을 위해서 오늘 우리 기독교 목회자들은 이전과 같은 국가적인 정당성을 더 이상 당연시하지 말아야 한다. 이는 넓게는 북미권의 미국인들의 입장에서 또는 좀 더 좁혀 말하자면 백인 남성 목회자들의 입장에서 볼 때 서구의 지배적인 주도권에 관한 거대 담론은 이제 더 이상 설득력을 발휘하지 못함을 의미한다. 오늘날 북미권 기독교의 입장에서 포로기 유비를 올바로 이해하려면 다음 두 가지가 특히 중요하다.

⑴ 신선한 상상력이 가미된 신학적인 재구성 작업은 이전의 전통을 내버리지 않고 오히려 밀접한 관계를 유지해야 한다.

이 작업은 새로운 사고방식으로 형성된 새로운 수사학을 추구하는 것이 아니라, 이전의 규범적인 근원으로부터 유래된 것들에 세심한 주의를 기울여야 한다.

⑵ 새로운 상상력을 통한 신학적인 재구성 작업은 현재의 고난과 강제추방의 문제에 관심을 기울여야 하고, 새로운 신앙의 표현 방식은 바로 이러한 고난의 현실로부터 시작된다는 점을 분명히 해야 한다.

현대 북미권 교회가 직면한 상황과 그에 대한 올바른 반응 이해할 수 있는 한 가지 신학적인 은유로 포로기의 모델은 이사야 40-55장에서 잘 드러난다. 물론 이를 위해서는 이 본문 이외에 특히 욥기도 세심하게 고찰할 가치가 있지만 이 단계에서 필자는 먼저 이사야서를 살펴볼 것이다. 이사야서의 운문에 관하여 두 가지 예비적인 고찰이 필요하다.

⑴ 이사야서는 세심한 신학적 상상력과 신앙적으로 잘 훈련된 지성적인 성찰에 기초하고 있다.

포로기에 대한 신학적인 재구성을 위해서는 과거와 이전에 경험해보지 못했던 현재 사이를 연결하는 잘 훈련된 지성적인 작업이 요청되며, 이를 위해서는 이전에 들어 보지 못했던 발성들을 기꺼이 감당해야 한다. 이렇게 무모한 지성적인 활동은 당연히 이전의 안정적인 확실성에 충격을 가할 뿐만 아니라 대부분의 오래된 관념들과 익숙한 논쟁들을 과감하게 거부해야 한다.
(2) 전통과 상상력의 모든 충격에도 불구하고 포로기의 강제추방에 대한 신학적인 응답으로 만들어진 운문의 핵심에는 복음주의적인 확신(focal evangelical conviction)이 자리하고 있다.

참으로 그 중심에는 하나님의 통치의 임박성에 관한 복음이 자리하고 있다. 그 밖의 모든 것들은 다만 하나님의 새로운 통치가 임박했다는 확신으로부터 파생될 뿐이다. 이토록 과감한 제의적이고 수사적인 주장이 열정적인 운문을 통해서 쏟아지면서, 포로기의 이스라엘 백성들을 새로운 세상으로 초청하며 흘러가는 세상의 역사를 재구성하고 이스라엘의 운명을 다른 관점에서 읽어내도록 안내하고, 임박한 미래에 대한 약속을 그대로 수락할 것을 요구한다.

그래서 앞서 살펴본 바와 같이 하나님의 주권적인 약속(God's sovereign promise)과 주권적인 요구(God's sovereign demand), 그리고 주권적인 부재(God's sovereign absence)에 관한 일련의 연속적인 흐름은 하나님의 주권적인 새로움(God's sovereign newness)으로 계속 이어진다.

여기에서 복음이 어떻게 포로민들을 유혹하는 두 가지 유혹, 즉 동화와 절망의 문제에 관한 탁월한 해독제로 작용하는지 살펴보자.

한편으로 여호와 하나님의 주권적인 새로움은 현실은 앞으로 결코 개선되지 않으리라는 절망의 문제를 거부하며, 또 다른 한편으로 바벨론의 주도권과 바벨론 우상들의 지배력이 행사하는 유혹도 거부한다.

다음과 같은 시인의 노래는 세상을 뒤흔들고 하나님을 향한 신앙을 새롭게 가다듬을 것을 요청한다.

> 아름다운 소식을 시온에 전하는 자여 너는 높은 산에 오르라
>
> 아름다운 소식을 예루살렘에 전하는 자여 너는 힘써 소리를 높이라
>
> 두려워하지 말고 소리를 높여 유다의 성읍들에게 이르기를
>
> 너희의 하나님을 보라 하라(사 40:9).
>
> 좋은 소식을 전하며 평화를 공포하며 복된 좋은 소식을 가져오며
>
> 구원을 공포하며 시온을 향하여 이르기를 네 하나님이 통치하신다
>
> 하는 자의 산을 넘는 발이 어찌 그리 아름다운가(사 52:7).

이 노래에서는 이스라엘 백성들이 곧 누릴 새롭고도 혁신적이며 자유로운 세상이 어떻게 그리고 왜 가능할 것인지에 관한 설명이 없다. 다만 강제추방과 유배의 사건에 직면했음에도 그 문제를 뛰어 넘는 세상이 갑자기 도입되는데, 그러한 발언의 수사적인 목적은 유배에 관한 모든 연설을 침묵시키고 그런 발화를 멈추도록 하려는 것이다.

그래서 바벨론이 침략하는 상황에도 불구하고 이스라엘 백성들이 이런 노래로부터 분명히 인식할 수 있는 것은 심지어 강대국으로의 강제추방 사건도 하나님이 가져오시는 주권적인 새로움(sovereign newness)을 가로막을 수 없다는 것이다.

이런 노래와 찬양은 분명 제의적인 상황에서 불렸고 그래서 인간 제사장들의 입술을 통해서 들려졌으며, 강대국의 폭압이라는 현실 때문에 깊은 아쉬움을 동반했겠지만 그럼에도 불구하고 하나님이 직접 선언하시고 주도하시는 하나님의 새로운 선물로 들려졌다.

4. 단련된 준비

필자는 우리 북미권 교회의 역사가 마치 고대 이스라엘의 역사처럼 토지를 향한 열망의 단계로부터 토지 남용의 단계를 거쳐 토지 박탈의 단계로, 또는 주권적인 약속의 단계로부터 주권적인 요구와 주권적인 부재의 단계로 진행되는 과정을 따라가고 있다고 생각한다.

이제 우리는 경이로움과 당혹감, 그리고 때로는 절망 속에서 지금까지의 줄거리가 한계에 봉착한 것은 아닌지, 또는 고대의 이스라엘 역사처럼 과연 우리 앞에 하나님께서 약속하시는 새로운 미래를 기대할 수 있는가 하는 의구심을 갖고 있다.

물론 우리는 그러한 미래를 확신 있게 말할 자신도 없고, 하나님께 그런 미래를 무조건 강요할 수도 없다. 왜냐하면 그 미래의 새로움은 말 그대로 하나님의 주권에 달린 것이기 때문이다. 그렇다고 그러한 미래에 대해서 그저 침묵하며 가만히 있을 수도 없다. 현재 세상의 담론이 암울한 종말에 다다른 상황에서 다만 우리는 우리가 기대할 미래의 새로움을 성찰해야 하고 그 미래의 새로움에 관한 노래를 세심하게 준비해야 한다.

그런 이유로 우리에게는 단련된 준비(disciplines of readiness)가 필요하다. 단련된 준비란 만일 하나님께서 우리를 새로운 도약으로 인도하셔야 한다면 그러한 지향성에 걸맞게 훈련하고 대비하는 것을 의미한다. 이러한 새로운 준비 자세(new readiness)를 위해서 포로민들은 주변 환경과 현실에 대한 적극적인 수용과 이를 감당하려는 열린 자세가 포함되어야 한다. 이런 자세는 포로기 이전의 백성들에게는 전혀 불필요했던 것들이다. 이러한 새로운 출발은 새로운 상황에서 시작되는 것으로 이전의 주류 신앙으로는 쉽게 용납할 수 없었던 것이다.

필자는 이사야 40-55장에서 발견되는 새로움에 관한 복음의 확언으로부터, 하나님이 준비하시는 새로운 미래를 수용하여 포로기의 상황을 고향으로의 귀향으로 전환하는데 필수적인 여섯 가지 '단련된 준비'(또는 미래에 대한 전략적인 준비, disciplines of readiness)를 다음과 같이 제안하고자 한다.

1) 포로기의 이스라엘 백성들은 먼저 예전의 가장 위험한 기억들(dangerous memories)의 자리로 소환을 받는다. 이와 마찬가지로 오늘날 우리도 포로기의 상황에 직면하여 이전의 가장 기초적인 기억들의 자리로 돌아가도록 압력을 받고 있다.

포로기 이전의 이스라엘 백성들에게는 두 가지 강력한 유혹거리가 있었다.

첫째, 한편으로 이스라엘 백성들은 예전에 하나님과 맺은 언약을 완전히 잊어버리고 과거에서 떠나서, 오직 현재만이 자신들에게 정당한 요구를 할 수 있는 것처럼 처신했다.

과거에 대한 철저하고도 조직적인 망각 때문에 이스라엘 백성들 마음에 현재가 지나칠 정도의 비중을 차지하고 심할 정도로 절대시되었다.

둘째, 또 다른 한편으로 이스라엘은 자신들의 급진적이고 당황스러운 과거 대신에 좀 더 타당하고 용납할만한 기억들로 대체하고 싶은 유혹을 받았다.

그런 상황에서도 이스라엘 백성들은 거룩한 성전 건축의 역사를 기억할 수 있었고 거룩한 왕정과 약속된 땅의 소유에 관한 역사를 기억할 수 있었음에도 불구하고, 애굽에서의 해방의 놀라움과 만나의 기적, 그리고 가나안 땅에서의 변화에 관한 이전의 기억들을 즐겨 회상하지 않았다.

하지만 포로기의 시인은 이스라엘 백성들을 익숙한 세상의 기억 저편에 있는 이스라엘의 과거 기억으로 소환한다. 제2이사야가 채택한 가장 핵심적인 기억은 아브라함과 사라에 관한 기억이다. 제2이사야의 시인은 이스라엘 백성들이 그 기억으로 돌아갈 것을 다음과 같이 초청하고 있다.

> 의를 따르며 여호와를 찾아 구하는 너희는 내게 들을지어다 너희를 떠낸 반석과 너희를 파낸 우묵한 구덩이를 생각하여 보라. 너희의 조상 아브라함과

> 너희를 낳은 사라를 생각하여 보라 아브라함이 혼자 있을 때에 내가 그를 부르고 그에게 복을 주어 창성하게 하였느니라(사 51:1-2).

만일 여호와를 찾아 구한다면 이전에 익숙하게 들어왔던 족장들처럼 가장 오래되고 가장 당황스러운 상황에서 여호와를 찾으라고 시인은 노래한다. 아브라함을 생각해보라는 것이다. 한편으로 그는 참으로 기이하고도 인상적인 믿음의 조상으로서 하나님의 명령대로 고향을 떠나 다른 사람들을 위한 축복의 말씀을 듣고 새로운 장소로 나아갔다.

그런데 이 믿음의 조상 아브라함은 위기에 직면했을 때 참으로 무능하여 두려움에 떨었으며, 자신의 가족을 지키기 위해서 거짓말을 하고 하나님이 인정하지 않은 대리모를 통해서 상속자를 낳을 정도로 그의 믿음은 형편없는 정도였고 그토록 현실에 당황했으며 미래에 대하여 불안해했었다.

아브라함에 대해서 살펴보면서 동시에 우리의 어머니인 사라에 대해서도 함께 살펴보자.

사라는 하나님 나라에 왕비이며, 그녀로부터 하나님의 약속을 진달하는 이삭이 태어났다. 하지만 사라에 관하여 명심할 것이 더 있다. 그녀는 아이를 생산할 수 없는 존재였고 무기력했으며 하나님의 약속을 비웃음으로 반응하여 약속된 미래를 제대로 감당할 능력도 전혀 없었다.

하지만 오늘날 우리가 그녀를 기억해야 하는 이유는 하나님은 생산할 능력이 전무한 비참한 여인을 통해서 새로운 미래의 문을 열어 주시고 그녀의 비웃음을 부활절 아침의 희망찬 웃음으로 바꾸셨기 때문이다. 그래서 사라는 이후에 나타날 모든 생산치 못하는 여인들의 모델이며 스스로의 힘으로는 결코 하나님을 믿을 수도 없고 그분의 은사를 감당할 수 없는 모든 불모의 인생들에 대한 모델이다. 하나님은 바로 이런 사람들 속에서 새로운 미래를 준비하신다. 하나님은 당장의 암울하고 치명적인 상황 속에서도 새로운 미래를 만들어 가신다.

그러므로 믿음의 조상 아브라함과 사라를 기억하고 '믿음으로' 살았던 과거의 모든 인물들의 이름을 떠올려보라.

> 믿음으로 아브라함은 부르심을 받았을 때에 순종하였고.. 믿음으로 장막에 거하였고... 믿음으로 사라 자신도 잉태할 수 있는 힘을 얻었으니... 이러므로 죽은 자와 같은 한 사람으로 말미암아 하늘의 허다한 별과 또 해변의 무수한 모래와 같이 많은 후손이 생육하였느니라 이 사람들은 다 믿음을 따라 죽었으며 약속을 받지 못하였으되 그것들을 멀리서 보고 환영하며 또 땅에서는 외국인과 나그네임을 증언하였으니(히 11:8-13).

이 모든 이야기는 '믿음으로' 살았던 사람들의 이야기다.

이 위험천만해 보이는 과거의 기억 덩어리를 잘 기억하자. 왜냐하면 이 이야기는 참 신앙의 모델을 제시하며 그런 신앙으로 우리를 초대한다. 그러한 기억과 수용, 회상, 그리고 노래하며 연대감을 지키는 것은 분명 새로운 미래를 훈련하는 최고의 전략이다.

이사야 51장은 포로민들을 기억의 자리로 초대한다. 이들은 하나님을 향한 신앙이 형편없어서 제국의 현실에 곧 굴복하려 하기 때문이다. 이들은 의심과 절망 때문에 주변 상황의 변화를 전혀 기대하지도 못하고 다만 여기에 굴복하고 복종하며 스스로를 포기할 뿐이다. 만일 과거의 기억이 그 강력한 힘을 발휘하지 못했더라면 이들의 운명은 자신들의 정체성을 포기하고 현실에 굴복하는 것 뿐이었을 것이다. 하지만 과거의 기억이 그들 안에 하나님의 능력에 관한 믿음을 만들어냈고 임박한 미래의 새로움을 기대하도록 만들었다. 시인은 이스라엘의 미래에 관한 불가능한 가능성을 다음과 같이 노래한다.

> 두려워하지 말라 네가 수치를 당하지 아니하리라 놀라지 말라 네가 부끄러움을 보지 아니하리라 네가 네 젊었을 때의 수치를 잊겠고 과부 때의 치욕을 다시 기억함이 없으리니 이는 너를 지으신 이가 네 남편이시라 그의 이름은 만군의 여호와이시라……여호와께서 너를 부르시되 마치 버림을 받아 마음에 근심하는 아내 곧 어릴 때에 아내가 되었다가 버림을 받은 자에게 함과 같이 하실 것임이라 네 하나님께서 말씀하셨느니라(사 54:4-6).

자녀를 낳지 못하는 자의 수치가 사라질 것이며 하나님의 위로와 넘치는 사랑이 임할 것이고 고향으로 돌아갈 것이다.

> 내가 잠시 너를 버렸으나 큰 긍휼로 너를 모을 것이요 내가 넘치는 진노로 내 얼굴을 네게서 잠시 가렸으나 영원한 자비로 너를 긍휼히 여기리라 네 구속자 여호와께서 말씀하셨느니라(사 54:7-8).

만일 오늘날 기독교 교회들이 과거 하나님의 말씀에 대한 기억의 훈련을 올바로 실행한다면 교회의 에너지와 활력이 어떻게 개선될 것인지를 생각해 보라.

우리는 오늘 이 날까지 '믿음으로' 살아왔다는 사실을 종종 잊어버리는 경향이 있다. 우리는 한편으로 끊임없이 떠오르는 '믿음대로'의 요청을 따르기보다는 오히려 '정통'이나 '도덕적 원칙'을 따라 살아가는 데 익숙하다. 그러면서도 또 다른 한편으로 효과적인 전략이나 유능성의 기초를 따라 살아가려고 한다.

하지만 '믿음대로'의 요청은 그러한 도덕적 원칙이나 야망어린 전략의 한계를 여지없이 폭로한다. 그리고 우리가 합리적으로 설명할 수도 없고 주도할 수도 없는 하나님의 능력이 작용하는 세상을 다시 성찰하도록 안내한다.

다시 기억해보는 과거의 기적들은 오늘날의 관념론에 잘 들어맞지 않지만, 세상 제국이 감당할 수 없는 가능성의 공동체를 창조한다. 과거의 기억이 없는 사람들은 현재 있는 그대로의 세상에 쉽게 안주한다. 하지만 과거의 기억과 늘 교감하는 사람들은 저 밑바닥에서부터 끊임없이 소용돌이치는 열정을 느끼며 제국의 울타리 한계 바깥의 다양한 삶의 방식들을 생각하며 준비할 수 있다.

이를 기대하는 포로민들의 열정은 너무나도 강렬하여 제국의 합리성 바깥에서 기다리고 있는 위험천만한 새로움을 기꺼이 받아들인다. 그들의 필요는 너무나도 강하여 자유를 향한 모험도 주저하지 않는다. 하지만 이러한 열망과 자유라도 과거에 대한 망각 앞에서는 어쩔 도리가 없다.

오래된 기억들이라고 항상 오래된 책 속에 갇혀 있는 것이 아니다. 교회의 역사는 항상 '믿음으로' 살아낸 사람들의 행동들로 가득하다.

만일 우리의 예배가 하나님께서 죽음에 직면한 신자들에게 생명을 연장해 주시며 아무것도 없는 중에라도 새로운 것들을 창조하시는 구체적인 증언의 자리로 바뀐다면, 그리고 미래에 아무런 희망을 얻지 못했던 신앙이 갑자기 새로운 미래의 희망을 발견하는 자리로 바뀐다면 어떻게 되겠는가?

과거의 기억은 우리 앞에 전혀 다른 현실을 허락할 뿐만 아니라 쉽게 길들여질 수 없는 미래를 우리에게 주장하며 요청한다. 이런 일이 바로 쉽게 무시될 수 없는 과거의 기억 속으로 돌아갔던 시인의 노래를 들었던 사람들에게 일어났다.

2) 포로기 동안에 동화의 유혹을 거부하면서도 절망에 빠지지 않으려면, 세상 제국의 환경에 너무 편안해지지 않도록 주의해야 한다.

포로기의 유대인들로서는 자신들의 과거 이야기와 단절된 상황에서 바벨론의 이야기를 받아들이고 자신들을 바벨론 제국의 일원으로 간주하며 살라는 것은 참으로 극복하기 힘든 유혹이었다. 하지만 자신들을 위한 새로운 미래를 미리 훈련으로 준비하려면, 그들은 자신들의 주변 상황과 비판적인 거리를 유지해야만 했고, 종종 완곡어법(euphemism)으로 정체를 숨기면서 다가오는 제국의 파괴적인 유혹을 늘 조심하도록 위험한 비평 작업(dangerous criticism)을 실행해야만 했다.

이 비평 작업을 통해서 포로민들은 제국은 여호와 하나님의 통치와 양립할 수 없다는 것과 제국은 결코 자신들에게 생명을 보장할 수 없다는 사실을 명심할 수 있었다. 제2이사야서의 찬양에서 확인할 수 있는 '위험한 비평 작업'은 포로민들과 연관성을 가지면서도 분명 구분되는 제국의 두 가지 차원과 관계된다.

첫째, 제국의 종교적인 비평에 관한 것이다.

제국 안에서 행사되는 권력을 위해서는, 항상 제국을 축복해 주고 신뢰성과 정당성을 부여하며 충성과 신뢰를 이끌어내는 우상들이 필요하다. 그래서 세상의 모든 제국에는 그렇게 정당성을 부여해 주는 우상들이 있지만, 그러한 전략들은 은밀하게 감추어져 있다.

하지만 시인들에 의하면 그러한 우상들은 실상 농담(조크, joke)이나 다름없다. 왜냐하면 우상들은 아무런 힘도 없고 죽어가는 사람을 구원하지도 못하기 때문이다. 그래서 시인은 우상들을 마음대로 조롱하면서 동료들도 우상을 무시하도록 초청한다.

> 벨은 엎드러졌고 느보는 구부러졌도다 그들의 우상들은 짐승과 가축에게 실렸으니 너희가 떠메고 다니던 그것들이 피곤한 짐승의 무거운 짐이 되었도다. 그들은 구부러졌고 그들은 일제히 엎드러졌으므로 그 짐을 구하여 내지 못하고 자기들도 잡혀 갔느니라(사 46:1-2).

시인은 우상들이 사람의 손으로 만들어진 제작 과정을 익살스럽게 묘사한다. 우상들은 창조주가 아니라 실상 피조물에 불과하다. 그들은 주인이 아니라 사람의 통제를 받는 종에 불과하며, 스스로 일을 시작하는 주인도 아니며 아무런 주도권도 발휘하지 못하기 때문에 새로운 미래를 만들 수도 없고 생명을 줄 수도 없다.

> 사람들이 주머니에서 금을 쏟아 내며 은을 저울에 달아 도금장이에게 주고 그것으로 신을 만들게 하고 그것에게 엎드려 경배하며 그것을 들어 어깨에 메어다가 그의 처소에 두면 그것이 서 있고 거기에서 능히 움직이지 못하며 그에게 부르짖어도 능히 응답하지 못하며 고난에서 구하여 내지도 못하느니라(사 46:6-7).

우상들에게는 충성이나 정절을 서약할 수도 없다. 왜냐하면 그들은 서약을 위해서 무슨 말 한 마디라도 할 수 없는 벙어리이고 서약을 이행할 아무런 힘이나 능력도 없기 때문이다. 그래서 제국의 우상들이 그토록 무능하다면 그런 무능한 우상을 의지하는 제국의 미래도 결국 무능할 수밖에 없다.

이런 사실은 아주 깊이 있는 시문학을 통해서 표현되고 있지만, 달리 생각해 보면 이 노래는 우상을 하나님처럼 의지하는 현재의 제국은 근본적으로 붕괴될 수밖에 없음을 선언하는 치명적인 비평이다.

제국의 정당성에 대한 통렬한 비평은 대안적인 해답을 위한 궁극적인 정당성을 제공하는 좀 더 대담하고도 분명한 선언을 통해서 더욱 심화된다. 사람들에게 힘을 주고 그 약속을 실현하는 이는 제국의 우상 신들이 아니라 여호와 하나님뿐이시다. 그래서 우상들에 대한 준엄한 비평은 뒤이어 여호와 하나님을 향한 경배송으로 이어진다.

> 야곱의 집이여 이스라엘 집에 남은 모든 자여 내게 들을지어다 배에서 태어남으로부터 내게 안겼고 태에서 남으로부터 내게 업힌 너희여 너희가 노년에 이르기까지 내가 그리하겠고 백발이 되기까지 내가 너희를 품을 것이라

내가 지었은즉 내가 업을 것이요 내가 품고 구하여 내리라(사 46:3-4).

이분 하나님은 과거에도 능력으로 일하셨고 지금도 능력으로 일하시는 분이시다. 행동하시는 하나님은 참으로 신뢰할 만한 분이시다. 이와 달리 행동할 수 없는 우상에게는 그 어떤 충성이나 관심을 쏟을 필요도 없다.

둘째, 우상들에 대한 시인의 비평은 이전과 전혀 다른 종류의 두 번째 비평으로 계속 진행된다.

이사야 47장에서 시인은 계속해서 신학적인 수사학을 동원하지만, 실상은 익숙해진 권력에 대한 정치적인 비평(a political critique)의 목소리를 쏟아놓고 있다.

이 시편은 제국의 수치와 붕괴에 대한 예언으로 시작하여 제국이 곧 굴욕적으로 해체될 운명이라고 말한다. 이 제국은 예전에 여호와 하나님으로부터 모든 좋은 것들을 공급 받았음에도 불구하고, 포로민들을 전혀 자비로 대우하기를 거부하여 여호와 하나님의 위임 명령을 즉각 거역하였다(사 47:6). 시인은 제국이 계속 건재할 선행 조건은 포로민들에게 자비를 보여주는 것이라고 강하게 주장한다.

제국이 역사 속에서 계속 건재하지 못하는 이유는 제국의 권력이나 지혜가 부족하기 때문이 아니라 다만 포로민들을 위한 자비의 정책이 부족했기 때문이다. 제국의 문제는 포로민들을 향한 여호와 하나님의 자비로운 목적을 제국이 잘 깨닫고 부응해야 하는데 그러지 못했다는 것이다. 제국은 스스로를 자율인 존재로 여기면서 원하는 것을 그대로 실행할 수 있을 것이라고만 생각했고, 그토록 어리석은 자율성의 원리만을 반복적으로 고집했다.

> 네가 말하기를 내가 영영히 여주인이 되리라 하고… 마음에 이르기를 나뿐이라 나 외에 다른 이가 없도다 나는 과부로 지내지도 아니하며 자녀를 잃어버리는 일도 모르리라 하는 자여…. 네 마음에 이르기를 나뿐이라 나 외에 다른 이가 없다 하는도다(사 47:7, 8, 10).

하지만 포로민들은 그토록 냉소적인 자율성의 힘은 그것이 얼마나 강력하고 인상적이든 관계없이 이 세상에서는 결국 사라질 수밖에 없음을 잘 알고 있었다. 그리고 그러한 가식은 필연적으로 끔찍한 종말을 맞이할 것이라고 시인은 노래한다.

> 보라 그들은 초개 같아서 불에 타리니 그 불꽃의 세력에서 스스로 구원하지 못할 것이라 이 불은 덥게 할 숯불이 아니요 그 앞에 앉을 만한 불도 아니니라(사 47:14).

(사 46장에서) 제국의 종교적 정당성(우상)에 관한 비평과 (47장에서의) 정치적인 정당성에 관한 두 비평 모두가 한결같이 제국의 장래는 매우 위험스럽고 허약하며 스스로를 지탱할 수 없음을 확증한다. 필자는 이러한 혹독한 비판이 바벨론 사람들의 귀에 직접 들려졌을 것이라고는 생각하지 않는다. 바벨론 사람들은 분명 그러한 말을 들어 보지도 못했을 것이고 설령 들었더라도 전혀 관심을 쏟지 않았을 것이다.

다만 이 운문은 이스라엘 사람들이 그 내용을 옆에서 엿듣는 유익을 위한 것이다. 옆에서 엿듣는 유익은 포로민 자신들을 위한 것이다. 바벨론을 향한 심판의 노래를 곁에서 엿듣는 중에 포로민들은 혹시 마음 속으로라도 제국과 함께 공모하려는 불신앙에 대하여 경고를 받았고 바벨론 사람들과 정반대 방향으로 열린 대안 세계로 초청을 받았다.

포로민들은 지금 당장 자신들의 예전 담론이 무기력한 종말을 맞이하는 것처럼 보이는 상황에서도, 이런 노래를 엿들으면서 바벨론 제국이 주려는 헛된 종교적 정당성과 유혹적인 자율성을 거부해야만 한다는 것을 깨달을 수 있었고, 결코 헛되지도 않고 기만적이지도 않은 대안을 과감히 수용할 수 있었다.

분명 바벨론 제국 속의 포로민들은 당장 변하지 않는 현실 속에서 일상의 삶을 살아가야만 했다. 하지만 그 속에서 시인의 노래와 찬양은 그러한 일상의 저변에 숨어 있는 하나님의 섭리를 지향했으며, 이스라엘 백성들의 상상력을 자극하였다. 그 노래는 이스라엘 백성들의 신학적인 감수성이 바벨론 제국의 일상적인 현실 세계로부터 한 걸음 떨어져 나오도록 유도했다. 그리고 이스라엘 사람들이 제국의 문화보다 더 탁월한 방식으로 소환되고 재구성되도록 안내했다.

하지만 그러한 탁월한 방식이라도 신학적인 비평 작업을 통해서 제국의 관념론을 해부하여 그 속에 은폐된 실상을 적나라하게 폭로하지 않으면 결코 이스라엘 백성들에게 설득력을 발휘하지 못했을 것이다. 바벨론의 문화가 매우 강력해 보이고 또 오늘날 지배적인 세속 문화의 가치가 참으로 거부하기 어려워 보일 때, 이에 대한 신학적인 비평 작업은 하나님이 예비하시는 미래의 귀향(homecoming)을 미리 훈련으로 준비하는 행위라고 할 수 있다. 포로기에 새롭게 중생하는 신자의 나아갈 방향은 세상 제국의 문화적인 영향력이 더 이상 통하지 않는 세상을 살아가는 신자의 새로운 정체성으로 거듭나는 것이다.

그래서 포로기의 신앙공동체는 분파주의적이지도 않고 과도할 정도로 당파주의자나 엘리트주의자가 아니라 사물을 본래의 정당한 이름대로 평가하는 신학적인 비평 작업대로 살아가야 한다. 이 때 명심할 진리는 세상 제국은 이 땅의 일에 열심일 뿐이고 그들의 우상은 결코 영생을 줄 수 없다는 것이다.

3) 제국 문화의 요구를 그대로 따르며 동화된 포로민들은 세상 제국을 언제든 돌아갈 수 있는 마지막 고향처럼 여긴다.

제국의 권력과 위협, 그리고 제국이 보장하겠다는 은사는 참으로 거대해 보이고 절대적인 느낌을 준다. 제국의 주장과 그 위력을 그대로 받아들이는 사람들은 제국의 한계 너머에 있는 것들을 감히 상상해 보지도 못하고, 모든 것들이 생각했던 것과 전혀 다르게 나타날 미래가 곧 닥칠 것을 전혀 생각지도 못한다.

그래서 제국은 포로민들의 신학적인 상상력을 질식시키고 미래를 희망하는 이스라엘 사람들의 능력을 무력하게 만들어서 제국의 문화에 길들이는 강력한 능력을 가지고 있다.

포로민들에게 미래 희망이 사라지면 고향으로 돌아갈 생각도 멈추고 고향에 대한 이전의 소중한 기억들도 모두 내던지고 제국을 자기 고향으로 간주하여 정착하기 시작한다. 그런 사람들은 포로민으로서의 정체성 대신 제국의 일원으로 스스로를 재정의하는 것이다. 그래서 고향의 상실은 고향으로 돌아갈 운명인 포로민들의 정체성을 박탈하는 것이고 제국의 현실을 뛰어넘는 미래 희망을 포기하는 것이다.

그토록 철저한 희망 상실에 저항하기 위해서, 포로민들은 위험한 약속(dangerous promise)을 실행하도록 초대받는다. 여호와 하나님의 주권적인 성실성과 신실한 주권의 한 가운데를 점유하는 것은 바로 그분의 약속이다. 그분은 자신이 말씀하신 바를 그대로 성취하실 것이다. 여호와 하나님을 향한 확신은 과거의 약속이 그대로 실현되었다는 성취에 대한 기억에 뿌리를 내리고 있다.

하지만 하나님에 대한 언급과 과거에 대한 언급은 이전에 경험하지 못했던 새로운 미래를 향한 예배 도중에 등장한다. 그 미래는 새롭고도 신선한 미래로서, 현재 진행되는 추세로부터 파생된 미래도 아니고 현재까지의 발전 양상으로부터 유추 가능한 다음 단계도 아니라, 전적으로 위로부터 임하는 은사(gift)이며 돌발적인 놀라움이다.

시인은 포로민들로 하여금 어리석게 들리거나 비합리적으로 들릴만한 도전적인 연설을 시도하고 그 메시지를 노래하도록 유도한다. 그 노래는 지금 당장 손에 잡히지 않은 미래를 바라보며 꿈꾸도록 하며, 제국 바깥에서 갑자기 주어질 선물을 기대하도록 한다. 제국은 그 선물을 감히 줄 수도 없고 그렇다고 감히 부정하지도 못할 것이다. 시인이 포로민들에게 제시하는 질문은 이런 것이다.

제국의 통제권 바깥에서 도대체 어떤 은사가 우리에게 주어진단 말인가?

바벨론 제국은 늘 자기네 왕국이야말로 유일하고도 모든 필요에 응답하는 보상의 원천임을 주장해 왔다. 하지만 시인은 이와 전혀 다른 약속을 소개하면서 제국과 분명한 대립각을 유지한다.

> 잉태하지 못하며 출산하지 못한 너는 노래할지어다 산고를 겪지 못한 너는 외쳐 노래할지어다 이는 홀로 된 여인의 자식이 남편 있는 자의 자식보다 많음이라 여호와께서 말씀하셨느니라 네 장막터를 넓히며 네 처소의 휘장을 아끼지 말고 널리 펴되 너의 줄을 길게 하며 너의 말뚝을 견고히 할지어다 이는 네가 좌우로 퍼지며 네 자손은 열방을 얻으며 황폐한 성읍들을 사람 살 곳이 되게 할 것임이라(사 54:1-3).

이 노래에서 시인은 포로민들에게 새로운 지위를 부여하고 있다. 잉태하지 못하며 출산하지 못한 이는 사라를 가리키며 남편 있는 자는 바로 하갈이다. 그런데 이 노래에서 시인은 '잉태하지 못하는 엄마'라는 모순형용어법(oxymoron)을 사용한다. 시인은 이런 수사법을 동원하여 사라가 지금 당장 출산하지 못하더라도 결국은 자녀를 낳은 하갈보다 더 많은 자식을 출산할 것이라고 확언한다. 물론 주전 6세기의 상황에 직면한 포로민들로서는 오래 전 하갈과 사라에 관한 이야기는 너무나도 거리가 먼 이야기이다. 이러한 거리감 때문에 이 노래는 좀 더 세심한 관찰이 요구된다.

이 노래를 좀 더 세심하게 관찰해보면 두 번째 시나리오가 눈에 들어온다. 이 구절에서 언급하는 '남편 있는 자'는 바벨론을 가리킨다. 그녀는 당시 포로민들이 보기에 사회적으로 높은 지위를 차지하고 있으며 하늘로부터도 축복을 받았고 이 세상에서도 성공적이고 안정적이며 스스로도 만족스러워 보였다.

반면에 잉태하지 못하며 출산하지 못한 사라는 다름 아닌 유배를 당하고 있는 이스라엘 백성들로서 지금 당장 그 어떤 즐거움도 없고 미래 희망과 가능성마저 박탈당하고 버림받고 말았다. 시인은 절망적인 패배와 활기 넘치는 성공을 극단적으로 대조시키면서 한쪽은 버림받아 절망적인 상황에 빠졌고 또 다른 쪽은 오만의 극치를 달리고 있음을 노래한다. 지금 당장으로서는 바벨론이 누리고 있는 성공과 복락은 앞으로도 결코 흔들림이 없어 보인다.

하지만 이 노래는 현실에 대한 그러한 확신과 자만을 혹독하게 비판한다. 이 노래에서 시인은 세속적인 가치관과 평가에 의문을 던지며 역사적인 현실 세계에 대한 충격적인 역전의 순간이 다가올 것을 예고한다. 그러면서 아이를 낳지 못하는 나이든 여인이며 희망을 잃어버린 포로민들에게 새로운 미래를 기다리며 즐겁게 노래하고 춤추라고 격려하며 초청한다.

그렇게 해야 하는 이유는 희망을 잃어버린 공동체의 자녀들이 결국은 패역하고 독선적인 바벨론의 자녀들보다 더 많아질 것이기 때문이다. 이 시는 포로민들의 미래가 바벨론 제국이 맞이할 미래보다 비교할 수 없을 정도로 즐겁고 활기 넘칠 것이라고 노래한다. 자녀를 낳지 못하여 미래 희망을 잃어버린 포로민들에게는 수 많은 자녀들이 태어날 것이고 새로운 행복이 충만할 것이다. 포로민 공동체에게 약속된 새로운 생명이 만방에 충만할 것이고 모든 제약과 울타리를 뛰어넘어 충만한 행복을 누릴 것이다.

이 노래는 아주 솔직하다. 이 노래는 한편으로 지금 당장 포로민들이 당하는 절망과 좌절을 그대로 인정한다. 현재의 상황은 하나님의 진노와 고통스런 침묵이 지배하는 시기라는 것이다.

하지만 그것도 한때일 뿐이고, 하나님의 자비와 인애가 다시 시작될 것이고 하나님의 생명이 다시 회복될 것이다. 하나님의 신실한 사랑은 결코 물러섬이 없으며 심지어 바벨론 제국에서라도 그분의 사랑은 차고 넘칠 것이다(사 54:7-8). 그 때 황폐한 땅에 생명이 다시 회복될 것이고, 나중 된 자가 처음 될 것이다.

여기에서 주목할 점은 이 시의 노래는 세상 사람들의 입장에서는 무모해보이고 비이성적이라는 것이다. 이 노래는 포로민들더러 삶의 현실에 대항하여 지금 당장 이해할 수 없더라도 하나님은 결코 이 세상 제국의 권력에 포로로 붙잡히거나 속박당하는 분이 아니시며 그를 믿는 자들에게 결국은 구원을 가져오실 것이기 때문에 그 미래를 기대하며 당장 기쁘게 춤추며 노래하도록 초청한다.

노래하고 찬양하며 춤추는 것은 미래를 희망하는 행위이며 이성적으로 설명할 수 없는 새로운 미래를 가져오실 하나님의 능력에 전부를 거는 신뢰의 행위이고, 새로운 미래를 기다리는 신앙의 행위이다. 그래서 세례 받은 백성들은 항상 하나님의 약속을 신뢰하면서 중요한 순간에는 현실 세계에 역행하는 능력을 발휘할 줄 알아야 한다.

이러한 시인의 희망찬 행위로부터 무슨 일이 일어나겠는가?

이렇게 노래하고 춤춘다고 당장 바벨론 제국이 뒤로 물러나지는 않을 것이다. 바벨론 제국을 깜짝 놀라게 만들고 비틀거리게 만들 무슨 마력이 있는 것도 아니다.

하지만 시인의 희망찬 노래 속에는 또 다른 의도가 깔려 있다. 이 노래의 목적은 현재를 불안정하게 약체화하는 것이다. 달리 말하자면 미래의 새로운 가능성을 위하여 현재 제국의 지배 체계의 허점을 찾아내어 그 틈을 깨뜨려 부수는 것이다. 이 노래의 목적은 포로민들은 제국이 의지하는 것과 전혀 다른 분, 즉 현재 제국이 결코 대적하거나 거역할 수 없는 하나님의 새로운 통치를 신뢰하고 의지해야 함을 상기시켜 주는 것이다.

오늘날 우리가 의지할 것은 그저 자유로운 시장경제체계 안에서 물질적인 번영을 누리는 것뿐이라고 주장하는 오늘의 현실에 대해서 생각해 보자.

그러한 번영은 진정한 행복이 아니라 그저 잠깐의 유익일 뿐이다. 끊임없이 목소리를 내는 이 세상 제국의 합리성은 그 꼬임에 넘어간 제국 내부자들의 활력과 제국 외부자들의 열망을 서서히 고갈시킬 뿐이다.

이런 상황에서 더 이상 무엇을 희망할 수 있겠는가?

이런 상황에서 가능한 희망은 오직 세례 받은 신자들뿐이다. 이들은 이 세상의 기술 문명을 의지하는 것이 아니라 아직은 또렷이 볼 수 없더라도 하나님이 친히 보증하신 약속의 말씀을 의지하면서 정기적으로 예배에 참석하여 거기에서 들려오는 새로운 미래의 대안적인 가능성 속으로 정기적으로 들어가서 하늘로부터 은혜로 주어진 은사를 바라보며 기뻐 노래하고 춤추는 자들이다. 하나님이 주신 약속은 이 세상의 통치자들에게 복종하기를 거부하며, 이 세상 통치자들로부터 구별된 삶을 살아갈 힘과 능력을 공급하기 때문이다.

4) 위험한 기억을 붙잡고 위험한 희망을 바라보는 사람들은 현실 세계를 살더라도 여기에 굴복하여 체념한 사람들이 아니라 현실 세계에 대한 이상하고도 낯선 입장과 거리감을 취하며 살아가는 사람들이다.

그렇게 위험한 입장을 따르는 사람들은 다른 사람들처럼 정기적으로 먹고 자고 일한다. 하지만 이들은 영적인 모국어가 들려오고 포근한 고향 같은 예배의 장소에 정기적으로 함께 모인다. 이곳에서 진행되는 예배 예전은 늘 한결같다. 예배 시간에 자녀들은 왜 이런 예배 순서를 정기적으로 반복해야 하는지 항상 궁금해 한다.

그럼에도 불구하고 이곳에 모인 사람들은 한결같이 무언가 새로운 일이 곧 일어날 것이라는 기대감과 희망을 확인한다. 예배 시간에 드럼 소리가 들리고 트럼펫이 울리며 사람들은 찬양대를 기다린다. 드디어 찬양대가 찬양을 시작하면 사람들은 일어서고 눈을 돌려 찬양대를 바라본다. 아름다운 리듬과 선율이 들려오면서 사람들은 찬양에 감동을 받는다. 몇 몇은 어설프게 박수를 치기도 하고, 또 대담한 사람들은 함께 춤을 추기도 한다. 그렇게 사람들은 찬양을 통해서 감동과 놀라움의 세계로 빠져든다.

이 과정에서 일어난 것은 무엇일까?

그것은 위험하고도 새로운 노래(dangerous new song)가 들려졌다는 것이다. 제국 속의 포로민들에게 음악은 비범한 것이고 찬양은 위험천만한 행위이다. 그들은 바벨론 제국이 감히 만들 수도 없고 공식적으로 발표할 수 없는 가사를 노래로 불렀던 것이다.

> 항해하는 자들과 바다 가운데의 만물과 섬들과 거기에 사는 사람들아 여호와께 새 노래로 노래하며 땅 끝에서부터 찬송하라 광야와 거기에 있는 성읍들과 게달 사람이 사는 마을들은 소리를 높이라 셀라의 주민들은 노래하며 산 꼭대기에서 즐거이 부르라 여호와께 영광을 돌리며 섬들 중에서 그의 찬송을 전할지어다(사 42:10-12).

천하 만민들이 노래한다. 이 노래는 이전에는 결코 들어 본 적이 없고 드디어 이 모임에서 부르도록 포로민들과 모든 이들을 초청하고 있다. 천한 만민과 함께 모든 만물이 여호와 하나님을 향한 찬양에 참여한다. 바다와 섬들과 사막, 도시들, 모든 마을들이 함께 참여한다. 천하 만물이 하나님이 가져오시는 새로운 세상을 노래한다.

이들이 한 목소리로 찬양하는 것은 여호와 하나님이 새롭게 움직이신다는 것이다. 여호와 하나님은 오랫동안 침묵하셨으나 이제 침묵을 깨고 움직이기 시작하셨다. 그동안 여호와 하나님은 부재하셨으나 이제 강력한 능력으로 일하기 시작하셨다.

> 여호와께서 용사 같이 나가시며 전사 같이 분발하여 외쳐 크게 부르시며 그 대적을 크게 치시리로다(사 42:13).

여호와께서는 강력한 전사처럼 다가오시기 때문에 천하 만민은 그 앞에 굴복해야 한다는 것이다. 또 여호와께서는 아이를 출산하는 산모처럼 다가오신다는 것이다.

> 내가 오랫동안 조용하며 잠잠하고 참았으나 내가 해산하는 여인 같이 부르
> 짖으리니 숨이 차서 심히 헐떡일 것이라(사 42:14).

여호와께서 강림하시기 때문에 모든 것이 다음과 같이 바뀔 것이다.

> 내가 산들과 언덕들을 황폐하게 하며 그 모든 초목들을 마르게 하며 강들
> 이 섬이 되게 하며 못들을 마르게 할 것이며 내가 맹인들을 그들이 알지 못
> 하는 길로 이끌며 그들이 알지 못하는 지름길로 인도하며 암흑이 그 앞에서
> 광명이 되게 하며 굽은 데를 곧게 할 것이라 내가 이 일을 행하여 그들을 버
> 리지 아니하리니(사 42:15-16).

이 노래는 여호와 하나님의 이름을 부르는 노래다.
그분의 이름은 참으로 고귀하도다!
새 노래에 등장하는 하나님의 이름은 관점에 따라서는 매우 논쟁적이다. 그 이유는 하나님의 이름이 노래로 불러질 때마다 거짓 우상들도 헛된 능력을 함께 주장하기 때문이다. 그래서 여호와 하나님의 권능을 선포하는 찬양에는 거짓 우상들을 논박하는 내용이 실려 있다. 그래서 이스라엘은 찬양 속에서 다음과 같은 대조법을 동원하였다.

> 여호와는 바알이 아니시다.
> 여호와는 다곤이 아니시다.
> 여호와는 마르둑이 아니시다.
> 여호와는 제우스가 아니시다.

여호와는 홉스도 아니시고 아담 스미스도 아니시고 조지 길더도 아니시다.
여호와는 그 어떤 유사 권력자도 아니시다.

이스라엘 백성들이 이렇게 하나님을 찬양할 이유가 있다. 그것은 생명이나 죽음도, 하늘의 천사나 권세나 그 어떤 피조물이라도 이생과 내생의 어떤 것도 하나님께 드리는 찬양을 가로막을 수도 없기 때문이다. 그래서 이 노래는 가장 절망적인 상황임에도 불구하고 '그 무엇보다도 오직 여호와 하나님'만을 감히 찬양하는 것이다.

포로기의 이스라엘 공동체는 새로운 노래로 하나님을 찬양했다. 그런데 이 찬양을 자세히 살펴보면, 새 노래의 가사는 이전의 옛날 노래의 가사로 만들어졌음을 알 수 있다. 예전의 가사가 그대로 복원되어 다시 노래되고 있는 것이다. 포로민들이 부르는 모든 노래는 임박한 귀향과 새로운 가능성에 관한 새 노래이다. 아이를 낳지 못한 이들이 약속된 출산의 미래를 노래하고 있다. 그 노래는 "지극히 높은 곳에서는 하나님께 영광"이라거나 "땅에서는 기뻐하심을 입은 사람들 중에 평화"와 같은 노래로 이어질 것이다.

하지만 우리에게도 익숙한 이런 찬송마저도 동의하지 못하는 사람들에게는 심각한 논쟁을 유발하며, 하나님께서 실행하실 새로운 미래와 새로운 세상에 대하여 거부감을 초래한다. 오늘날 북미권 사회에서 마치 이전의 포로민 신세로 밀려난 교회의 찬양도 어느덧 소심하고 무력해졌다.

그러한 수줍음과 무력감에도 불구하고 우리에게는 변혁과 치유, 용서와 해방, 그리고 부활에 관한 찬양의 모델이 있다. 우리에게는 죽음을 뛰어넘어 부활하신 예수 그리스도의 새로운 미래를 확증하는 부활절 노래가 있다. 우주적인 혼란 속에서도 새로운 메시아의 강림을 보장하는 성탄절의 노래가 우리에게 있다. 그 찬양은 한편으로는 무력감을 주면서도 또 다른 한편으로 활력을 가져다주며, 한편으로 모든 것을 헛되게 만들면서도 또 다른 한편으로 새로운 미래의 가능성을 불어넣어준다.

그렇다면 포로민들은 유배지에서 무슨 노래를 불렀을까?

> 여호와께서 영광스럽게 승리를 쟁취하셨도다. 주께서 군마와 그 위에 탄 군사들을 바다에 던지셨도다. 여호와께서 드디어 왕이 되셨도다. 그리스도께서 일어나 부활하셨도다. 그리스도께서 가난한 사람들이 사는 마을에서 나셨도다.

독자들은 위의 노래에서 성경의 구절들이 인용되고 있음을 쉽게 눈치챌 수 있을 것이다. 그럼에도 불구하고 우리는 이 노래를 '새로운 노래'라고 부를 수 있다. 분명 이전의 기사와 구절들로 만들어졌음에도 불구하고 새 노래라고 부르는 것이 전혀 이상하지 않다.

새로운 영광송은 우리가 굴복하기 전에 단단히 신뢰했던 옛날 노래로 만들어졌다. 우리가 절망하기 전에 확신했던 가사들, 우리가 세상 제국의 슬로건에 압도되기 전에 찬양했던 가사들, 그리고 우리가 세상의 지배적인 문화와 관념에 휘말려 들기 전에 신뢰했던 가사들로 만들어졌다.

포로민들은 주변의 이상한 땅에서 새 노래를 부르도록 초청을 받앉다. 새 노래를 부르는 중에 포로민들은 이 땅이 그렇게 이상한 것이 아님을 깨달았다. 버림받은 땅처럼 보이지만 이 역시 여전히 여호와께서 통치하는 땅이기 때문이다.

오늘날 어떤 이들은 노래라는 것은 그저 기분전환용이거나 현실도피주의자들에게나 어울리는 것이라고 생각한다. 하지만 그것은 그렇게 생각하도록 길들여졌기 때문이다. 새 노래가 얼마나 강력한 방식으로 새로운 현실 세계를 이끌어내는 능력으로 작용하는지를 잘 이해할 필요가 있다.

> 현대의 인권운동은 고난 중에 있는 사람들의 입술에서 탄생했다. 흑인을 차별하던 시절에 남아공에서는 성탄절에 캐럴을 부르는 것이 금지되었다. 그 이유는 캐럴이 혁명적인 사상과 동력을 끌어낸다고 생각했기 때문이다.

노래에 담긴 엄청난 위력에 대해서는 이 외에도 할 말이 많다. 금지된 것을 노래하고 불법적이고 파괴적인 것을 감히 노래하는 무질서한 상상력에 대해서는 이보다 더 할 말이 많을 것이다. 그런 노래는 새로운 왕을 세우기도 하고 기존 왕을 폐위시키기도 한다.

오늘날 포로기에 직면한 우리도 과거의 실패한 노래들을 다시 들어보면서 그 오랜 노래들이 자유로워진 입술과 통제에서 벗어난 혀로 어떤 새로운 미래와 가능성으로 우리를 다시 초대하고 있는지 잘 살펴보아야 할 것이다. 그 노래로 수천의 마비된 혀가 풀려나기를 열망하며, 고향으로 귀환하는 첫 번째 일원으로 나타나기를 소망한다.

5) 시인은 이사야 40-50장을 마무리하는 단계에서 언뜻 보기에 우발적인 것처럼 보이는 다소 파격적인 내용을 언급하고 있다. 포로민들은 위험한 음식(dangerous bread)을 먹는다는 것이다.

> 오호라 너희 모든 목마른 자들아 물로 나아오라 돈 없는 자도 오라 너희는 와서 사 먹되 돈 없이, 값 없이 와서 포도주와 젖을 사라 너희가 어찌하여 양식이 아닌 것을 위하여 은을 달아 주며 배부르게 하지 못할 것을 위하여 수고하느냐 내게 듣고 들을지어다 그리하면 너희가 좋은 것을 먹을 것이며 너희 자신들이 기름진 것으로 즐거움을 얻으리라 너희는 귀를 기울이고 내게로 나아와 들으라 그리하면 너희의 영혼이 살리라 내가 너희를 위하여 영원한 언약을 맺으리니 곧 다윗에게 허락한 확실한 은혜이니라(사 55:1-3).

이런 이미지와 초대는 필자가 앞에서 살펴본 다른 장면들과 전혀 다른 것으로, 역사적이고 신학적인 범주보다는 좀 더 구체적이고 일상의 경험에 관한 내용을 담고 있다.

이 이미지를 통해서 시인은 하나님을 향한 신앙이 뿌리를 내리고 있는 심원한 물질성을 깊이 있게 묘사하고 있다. 이 물질성은 피조물의 고유한 가치로부터 시작하여 그리스도의 성육신에서 최고조에 도달하였고 일상의 삶 속에서 우리 몸이 결정적으로 의존하는 모든 것들을 포함한다.

우리 몸에서는 무슨 일이 일어날까?

우리 몸은 한편으로 음식을 섭취한다. 우리는 음식을 먹어야 살 수 있다. 그런데 또 다른 한편으로 우리가 섭취한 음식은 우리 몸 안에서 에너지로 전환되어 그 동력으로 일하고 다른 사람들을 돌볼 수 있다.

그래서 우리가 섭취하는 음식을 제공하는 자는 우리의 헌신과 충성을 받을 자격이 있다. 우리에게 일용할 양식을 제공하는 자는 우리에게 충성을 요구할 수 있다. 그래서 우리는 우리가 먹는 것과 그 음식을 우리에게 제공하는 이에게 세심한 관심을 기울여야 한다.

이사야 55장의 노래는 출애굽기 16장에 등장하는 만나 이야기를 환기시키면서 하나님의 백성들에게 공급되는 새롭고 놀라운 음식에 우리의 관심을 집중시킨다. 이스라엘 백성들은 출애굽 사건 이전에 애굽에서 맛있는 음식을 공급받아 살았고 제국이 공급하는 맛있는 음식을 먹으면서 그 제국의 노예로 지냈다.

그러다 이들은 제국을 떠나왔다. 이들이 애굽을 떠나자마자 굶주림이 그들에게 찾아왔다. 그 때 어떤 이들은 광야에서 굶주려 죽는 것을 피할 최고의 방법으로 애굽의 노예가 되는 굴욕과 고통을 기꺼이 받아들여서라도 제국이 던져줬던 빵을 다시 먹고 싶어 했다.

그런데 결정적인 순간에 새로운 음식(만나)이 하늘로부터 내려왔다. 애굽의 빵을 만드는 사람들은 도저히 만들 수도 없고 공급할 수도 없는 음식이었다. 만나에 관하여 증언하는 이야기에 의하면, 우리는 그 빵을 먹기 위해서 애굽의 바로에 굴복할 필요가 없다는 것이다. 바로 이런 만나에 관한 기억이 이사야 55장의 저변에 깔려 있다.

동일한 노래가 과거의 만나 사건을 회고할 뿐만 아니라 다니엘 1장의 놀라운 이야기에서 다시 등장한다. 여기에서도 세상 제국은 모든 빵의 배급을 통제하는 능력자로 소개된다. 여기에서는 바벨론 제국의 느부갓네살 왕이 바로 그런 능력자이며, 제2이사야 시기에 포로민들을 통제하던 권력자였다.

다니엘의 기사에 의하면, 제국의 권력자는 자신을 도와줄 몇몇 유능한 젊은이들을 모집하였다. 그렇게 모집된 젊은이들에 대한 훈련 과정에서, 다니엘과 그의 신실한 동료들은 제국의 기름진 음식을 거부하고 채소만을 고집하였다. 훈련 과정이 끝났을 때, 다니엘과 그의 친구들은 바벨론의 기름진 음식을 섭취한 사람들보다 열 배나 더 튼튼해 보였다.

다니엘에 관한 내러티브가 이렇게 진행된다고 그리 놀랄 필요는 없다. 이사야 55장의 시인도 그 음식에 대해서는 이보다 더 많은 것을 알고 있었다. 진정한 자유와 행복, 그리고 참 능력은 애굽이나 바벨론 제국이 줄 수 없는 대안적인 음식으로만 가능하다는 것이다. 이사야 55장에는 예전의 만나에 관한 내러티브와 나중의 다니엘이 먹었던 음식에 관한 내러티브 사이에 위치한다. 이 세 본문은 한결같이 만일에 자유롭게 처신하려면 먹는 음식의 출처와 공급자를 분별할 줄 알아야 한다는 것을 강조한다.

이사야 55장의 시인은 다음과 같은 심오한 초청을 노래한다. 와서 사서 먹되, 돈을 지불하지 말고 값없이 사서 먹으라는 것이다. 이 음식은 무료 음식이며 누군가를 유혹하거나 환심을 사려고 값을 낮춘 것이 아니다. 말 그대로 공짜 음식이다. 이번에도 이 시인의 초청 속에는 강력한 논쟁을 담고 있다. 왜 그토록 만족할 수 없는 것을 얻기 위해서 수고를 하느냐는 것이다.

"음식을 다 먹어도 여전히 만족하지 못하고 여전히 배고플 텐데, 왜 그렇게 배부르게 해 주겠다는 약속을 지키지도 못할 음식을 얻으려고 그렇게 헛된 고생을 하느냐?
 그 음식은 공허한 것이고 결코 자양분을 채워주지 못한다.
 말 그대로 싸구려 음식일뿐이다."
 이렇게 시인은 독자를 새로운 세상으로 초대하고, 논쟁을 던지며 마지막으로 새로운 미래를 약속한다. 오래전 다윗 왕 시대에 이스라엘 백성들에게 베풀어졌던 하나님의 자비가 포로민들에게도 분명 공급될 것이다.
 그래서 과거의 만나와 다니엘의 희망을 함께 노래하는 시인은 포로기의 이스라엘 백성들더러 제국에서 더 이상 음식과 자양분을 얻기를 멈추도록 초청한다. 이 초청은 제국의 희망을 따르는 것을 멈추라는 것이고 제국의 축제를 더 이상 즐기지도 말고, 제국의 요청에 더 이상 충성을 바치지 말라는 것이다.
 물론 포로민들로서는 새로운 음식이 공급되지 않고서는 제국의 음식을 거부하기란 사실상 불가능하다. 이들에게 공급되어야 하는 음식은 위험한 대체 음식(dangerous alternative bread)으로 제국 바깥의 하늘로부터 내리는 복음의 음식이다.
 만일 기독교인들이 어떤 음식 때문에 자신들이 노예로 속박당하고 어떤 음식 때문에 자신들이 고통당하는지를 분별할 줄 알면 어떨까?
 신자들에게 매우 중요한 신앙적인 결정은 생존에 필요한 식량을 공급해 주는 공급자를 정하는 것이고, 우리가 섭취하는 말씀의 신학적인 섭식 장애의 원인을 정확하게 파악하는 일이다.
 그래서 우리는 매일의 양식과 대체 식량을 세심히 살펴봐야 한다. 먼저 성만찬의 빵과 포도주부터 고찰해 볼 수 있다. 우리가 자주 나누는 주님의 몸인 빵이 우리를 살리고 우리가 마시는 주님의 잔이 우리에게 새 생명을 가져다준다.

하지만 일상의 삶 속에서는 빵을 쪼개 먹고 포도즙을 따라 마시기를 거부할 수 있다. 그 결과 우리 신자들은 세상이 주는 싸구려 음식에 길들여지고 세상 문화와 세속적인 관념대로 살면서 세속적인 소비주의에 길들여지면 그 안에서 결국 영혼이 굶주려 고통당할 것이다. 세상의 모든 싸구려 음식은 결코 지키지도 못할 약속으로 사람들을 유혹하는 것을 좀처럼 눈치 채지 못할 것이다.

만일 우리가 세상의 지배적인 희망을 과감히 거부하고 우리를 둘러싸고 있는 세상의 지배적인 두려움을 거부하면 우리와 같은 포로민들에게는 어떤 자유가 주어질까?

만일 우리가 오직 복음적인 가능성만을 제공하는 영의 양식을 먹으며 오직 하나님의 신실하신 섭리만을 두려워하고 그 밖에 모든 희망과 공포를 거부한다면 우리에게 무슨 자유가 주어질까?

물론 현실적인 문제는 우리 대부분은 제국의 음식을 먹으면서도 이를 위해서 지불하는 대가를 제대로 의식하지 못한다는 것이다. 그리고 제국의 요구에 굴복하느라 자유를 희생하면서 결국 그렇게 제국의 소유물로 전락하는 것을 제대로 생각해 보지 못한다는 것이다. 그래서 애굽의 바로가 공급하는 기름진 음식을 과감하게 거부하고 하늘의 새로운 만나에 만족하기 전까지는 진정한 자유는 아직도 먼 이야기이다.

하지만 하늘에서 내리는 새로운 만나가 우리에게 공급되기 시작했다. 그래서 시인은 노래하기를 우리는 그동안 복음의 양식을 철저하게 거부하고 제국의 기름진 음식에 길들여졌다는 것이다.

그 결과 우리는 심각한 영양결핍과 불안, 공포, 절망과 좌절 속에서 고통당했다는 것이다. 하지만 주님의 성만찬이라는 위험한 대체 음식이 공급되기 시작했다는 것이고, 그 극적인 만찬이 우리를 하나님이 통치하시는 새로운 세상으로 인도하고 있다는 것이다.

마가복음 6장에서 예수님께서 제자들을 먹이신 다음에 바다에서 이들과 다시 만나는 장면은 다소 이상해 보인다(막 6:30-52). 당시 제자들은 바다에서 폭풍을 만났다. 하지만 예수님이 바람을 꾸짖자 폭풍이 잔잔해졌다. 이때 제자들은 깜짝 놀랐다. 마가는 내러티브의 마지막 장면에서 다음과 같이 간결하면서도 난해한 구절 하나를 덧붙여 놓았다.

> 그들이 그 떡 떼시던 일을 깨닫지 못하고 도리어 그 마음이 둔하여졌음이러라(막 6:52).

제자들의 둔한 마음은 당장의 폭풍 때문에 양식을 공급하시는 하나님의 은혜를 깨닫지 못하고 불안에 떠는 모습을 지적하는 것이다. 먹을 양식을 자기 힘으로 통제하려다 보면 결국 하나님의 은혜를 배척할 수밖에 없다. 잘못된 양식은 잘못된 복음과 잘못된 생명으로 인도한다. 하지만 우리는 그렇게 오류에 빠져서는 안 된다. 우리에게는 대안(another option)이 있기 때문이다.

6) 시인은 앞서 살펴본 몇 가지 위험스러운 상황을 예배로 구현한다. 예배는 신자들이 극복할 수 있는 위험을 미리 대리적으로 하나님 앞에서 구현해보는 최적의 장소다.

기독교 예배는 신앙공동체가 이상해 보이는 소명과 위험스러운 운명을 따라서 함께 모인 시간이고 장소이다. 예배를 통해 기독교 공동체는 세상 속에서 자신들의 독특한 삶을 상상력을 동원하여 미리 예상해보고 그의 독특한 고향 상실과 강제추방의 비극과, 고향을 향한 간절한 열망, 그리고 감동적인 귀향을 미리 드라마로 옮겨볼 수 있다.

이렇게 기독교 예배에서 고향 상실과 귀향에 관한 전망을 상상력이 가미된 드라마로 구현하는 일을 통해서, 거룩한 고향 땅에 관한 고귀한 기억이 거듭 확인되고 세상을 향한 대담한 비평의 목소리와 새로운 노래가 울려나고 신선한 미래의 약속이 선포되고 대체 식량이 공급된다.

하지만 이 포로 공동체는 예배가 끝난 다음에 세상으로 나가서 일상의 공적인 삶의 실체와 대면해야 하고, 바벨론의 현실에 직면해서도 바벨론 사람이 되기를 거부해야 한다. 이런 이유로 이사야서의 시인은 포로민들에게 제국으로부터의 위험한 이별(dangerous departure)을 노래한다.

> 너희는 떠날지어다 떠날지어다 거기서 나오고 부정한 것을 만지지 말지어다 그 가운데에서 나올지어다 여호와의 기구를 메는 자들이여 스스로 정결하게 할지어다 여호와께서 너희 앞에서 행하시며 이스라엘의 하나님이 너희 뒤에서 호위하시리니 너희가 황급히 나오지 아니하며 도망하듯 다니지 아니하리라(사 52:11-12).

포로기의 유대인들은 제국의 위협 속에서도 평안을 잃지 말고 위의 노래가 제시하는 새로운 세상으로 나아가야 한다. 위의 노래에서 시인은 예전의 출애굽 사건을 떠올리면서도 좀 더 강력한 이별을 재촉하고자 "떠날지어다"라는 명령을 두 차례 반복한다.

바벨론 제국의 통치로부터 두 번째 출애굽을 하는 과정에서 유대인들은 제국의 매력이나 유혹에 이끌려서 그들처럼 부정해지지 않도록 주의해야 한다. 이스라엘 백성들은 제국의 모든 문화적인 영향이나 유혹을 거부하여 그들과 전혀 다른 차별성을 지켜야 하고 그 독특성을 보존해야 한다.

포로민들이 제국으로부터 떠나는 목적은 예전의 출애굽의 경우와 마찬가지로 이스라엘 자신들을 위한 것이다. 하지만 두 번째 목적은 첫 번째 목적과 아주 다르다. 첫 번째 출애굽 때 우리 조상들은 급히 서둘러야만 했다. 그러나 두 번째 출애굽 때는 급히 서두를 필요도 없고 두려움이나 그 어떤 공포스러운 것도 없다. 굳은 결심을 가지고 떠나야 하지만 쫓겨나듯 떠나는 것이 아니라 일등석 승객처럼 당당하게 떠날 수 있다.

그렇다면 왜 이번의 출발은 그토록 고요하고 당당한 것일까?

그 이유는 여호와 하나님이 너희 앞서 나아가실 것이기 때문이고 이스라엘의 하나님이 앞장서서 길을 인도하실 것이기 때문이다. 제국의 국경 수비대나 교통경찰이라도 길을 가로막을 수 없다. 그 이유는 참으로 영광스러운 능력자 하나님께서 그 길을 보호해 주실 것이기 때문이다. 여호와의 인도하심 덕분에 이스라엘 백성들은 모든 장애물로부터 안전하게 보호를 받으며 즐겁게 나아갈 수 있었다.

그래서 이들의 여정을 묘사하는 마지막 시구는 다음과 같다.

> 너희는 기쁨으로 나아가며 평안히 인도함을 받을 것이요 산들과 언덕들이
> 너희 앞에서 노래를 발하고 들의 모든 나무가 손뼉을 칠 것이다(사 55:12).

제국에서 떠나는 사건은 대단한 일이며 이 땅의 모든 피조물들이 주목하여 볼 것이다. 땅의 모든 피조물들이 이 백성들의 귀환을 기뻐할 것이다. 왜냐하면 이들의 귀환은 여호와 하나님이 이 땅의 모든 만물을 공평과 정의로 통치하시는 표지(sign)이기 때문이다.

이사야서의 시인이 전망하는 제국으로부터의 출발과 귀향은 유프라테스로부터 가나안으로의 지리적인 사건이다. 하지만 그러한 지리적인 이동이 시작되기 전에 먼저 예전적이고 상상력이 가득한 전망 속에서 제국의 모든 든든한 지원과 안정으로부터의 과감한 단절이 선행되어야 한다.

그러한 예전적인 이별이 선행되어야 뒤이어 정치적이고 경제적이며 도덕적인 이별이 뒤따르고, 이러한 변화로부터 이스라엘 백성들은 위로부터의 소명에 부응하는 삶을 살아낼 수 있다. 그런 변화가 선행될 때 비로소 두 번째 출애굽 사건의 지리적인 변화가 의미를 가질 수 있다. 제국으로부터의 좀 더 본능적인 분리에 뒤이어 새로운 대안 세계를 향한 소명을 수용한 다음에 비로소 지리적인 변화가 제대로 이뤄질 수 있다.

만일 오늘날 북미권의 주류 개신교의 내러티브의 효력이 포로기의 이스라엘 백성들처럼 고갈된 상황이라면, 이제야말로 세상 문화로부

터의 과감한 이별이 꼭 필요한 시점이라고 생각한다. 세상 제국의 그럴듯한 관념론으로부터 과감하게 이별해야 하고, 그 끝에는 결국 두려움을 가져올 군국주의로부터 이별하며 지겨울 정도의 절망을 가져오는 현대의 소비주의로부터의 이별, 사람을 무자비하게 만드는 탐욕으로부터의 이별, 소외를 가져오는 세속적인 탐욕과 야망으로부터의 이별, 끝없는 불안으로 귀결되는 무한 경쟁으로부터 과감하게 이별해야 한다.

우리 신자들은 그리스도의 죽음과 부활에 동참하기로 서약했던 세례의 정체성과 자유를 실행에 옮겨야 한다. 이를 위해서는 세상 제국이 주는 위로와 평안으로부터 과감하게 이별해야 한다.

그러한 이별은 이사야서에서 발견되는 이별의 모델처럼 꼭 지리적인 이별일 필요는 없다. 그 이별은 무엇보다도 먼저 제의적이고 상상력이 가미된 이별이어야 하며 우리의 공통된 세례 정신을 확증할 수 있어야 하며 진정한 자유와 하늘의 기쁨을 공급해 주는 사회-정치-경제적인 이별(a social-economic-political departure)이어야 한다.

5. 신선한 시작

필자가 판단하기에 현대 기독교의 이야기들이 세속 사회에서 더 이상 이전 같은 영향력을 제대로 발휘하지 못하고 있다. 이런 암울한 상황에서 쉽고 간편한 해결책은 찾아볼 수 없다. 다만 더디고도 무모해 보이는 '시적인 대안'(poetic alternative)만 있을 뿐이다. 이 시적인 대안은 먼저 우리 현대 기독교가 직면한 상황을 정확하게 직시하는 단계로부터 시작되며, 새로운 희망과 가능성을 노래하는 급진적이고 복음적인 노래로 나아가며, 마지막에 그 노래를 계속 고집하는 새로운 사람들, 새로운 공동체, 그리고 새로운 피조물로 귀결될 것이다.

포로기의 유대인들에게는 제국으로부터의 이별은 엄청난 위험인 동시에 결정적인 기회였다. 그러한 이별 때문에 제국이 주는 행복을 포기했지만 그 결과 유대교가 탄생하였고 새로운 미래를 실현하시는 하나님의 신실한 능력이 그들의 신앙을 통해서 실현되었기 때문이다.

이러한 새로운 출발은 한편으로 과거의 고통스런 삶을 끝내려고 과거와의 단절을 시도하는 것이다. 하지만 또 다른 한편으로 그 한계에 도달한 것처럼 보이는 내러티브가 새로운 미래를 가져올 것을 기대하는 희망찬 행동이기도 하다. 새로운 신앙과 새로운 사명, 그리고 우리에게 자양분을 공급할 새로운 예배로 안내할 희망찬 행동이다.

그렇게 새로운 미래는 오직 하나님께서 주실 수도 있고 보류하실 수도 있는 하나님의 은사(God's gift)이다. 우리는 다만 하나님께서 우리를 위하여 행하실 것을 기다리며 대기할 뿐이다. 하지만 그렇게 하나님의 은사를 기다리며 대기하려면 다음과 같이 매번 위험을 동반하는 의도된 훈련(intentional disciplines)이 선행되어야 한다.

① 위험한 기억 – 자녀를 낳지 못했던 우리의 어머니 사라의 고통을 기억하기.

② 위험한 비평 – 치명적으로 악한 제국을 조롱하기.

③ 위험한 약속 – 세상 권력의 충격적인 변화를 미리 상상하기.

④ 위험한 노래 – 기대치 못했던 새로운 미래를 노래하기.

⑤ 위험한 음식 – 세상 제국이 공급하는 모든 음식을 거부하기.

⑥ 위험한 이별 – 몸과 마음을 다하여 세상 제국에 대한 신뢰와 순종으로부터 떠나기.

오늘날 절망적인 상황에서 우리가 붙잡아야 할 복음은 우리가 원래 하나님께 속했음을 확증해 주며 다음과 같이 위로의 약속과 놀라운 확신의 말씀을 들려준다.

> 야곱아 너를 창조하신 여호와께서 지금 말씀하시느니라 이스라엘아 너를 지으신 이가 말씀하시느니라 너는 두려워하지 말라 내가 너를 구속하였고 내가 너를 지명하여 불렀나니 너는 내 것이라 네가 물 가운데로 지날 때에 내가 너와 함께 할 것이라 강을 건널 때에 물이 너를 침몰하지 못할 것이며 네가 불 가운데로 지날 때에 타지도 아니할 것이요 불꽃이 너를 사르지도 못하리니(사 43:1-2).

이렇게 놀라운 약속의 말씀이 시적인 상상력이 가미된 권위 속에서 선포되고 있다.

이제 우리는 이 약속의 말씀과 함께 순례하는 신자의 정체성을 액면 그대로 수락해야 하는 상황이다. 그 약속의 말씀을 액면 그대로 수락하는 것은 불가능한 일이 결코 아니다. 하지만 말씀을 수락하는 일은 위험한 훈련(dangerous disciplines)을 수락하는 것이고, 여기에서 우리는 지나가는 성령의 바람을 신중하게 기다려야 한다.

색 인

ㄱ

가능성의 세계	169
가부장적	81
가치체계	91
강력한 미국	92
개신교 수사학	307
개인 자아의 등장	90
객관주의	85
거시적 시야	101
결의적인 행위	127
경계성	51
경계영역	51
계급적	81
계몽주의	89
계몽주의적 합리성	120, 121
계몽주의 텍스트	93
고밀도	212
고밀도 내면성	215
고밀도 본문	217
고밀도심리학	212
고밀도의 사람들	216
고밀도의 텍스트	216
고밀도의 하나님의 수렴	216
공공신학	222, 225
공공의 권력	269
공공의 세상	247, 251
공공의 영역	223
공공 이야기	227
과장	132
광야-포로 모델	297
교조주의적 환원주의	215
교차 리듬	104
교회론의 모델	274
교회의 이야기	227
구약 묵시록	288
구원 신탁	67
구원의 묘사	67
구원의 선언	67
구원의 확약	67
구체제	124
군주제 시대	292
군주제 이전의 이스라엘	274
권위주의적	81
균질집단 공동체	84
그리스도와 문화	274
그리스도의	197
근대성(modernity)의 붕괴	296
근본주의	121
근본주의적 기독교	121
긍휼히 여기는 마음	69
기계적인 실재론	110
기독교 수사학	313
기득권 교회	118
기만의 드라마	176
기억의 자리	323

ㄴ

남성 중심적	61
낭만적인 환상	78
내러티브	107
내러티브 상상력	221
내러티브 세계	149
내러티브의 발화	109
내러티브 장르	107
내부자-외부자	221
노예-내러티브	111

ㄷ

다윗 왕조 이전의 문서	292
다의성	85, 86
단련된 준비	319
대본 작업	89
대본화 작업	91
대안 공동체	280, 295
대안 공동체의 정체성	160
대안적 대본	113
대안적 상상력	100
대안적 세계	113

대안적 소명	126	문화적인 동화	126
대안적인 대본	100	문화적인 변위	194
대안적인 세상	167	문화적인 통합체	278
대안적인 실존의 삶	139	미국의 꿈	97
대안적인 윤리체계	109	미국주의	307
대안적인 텍스트	97	미드라쉬 해석 전략	86
대안적 정체성	126	미디아인의 가설	256
대안적 텍스트	116	미래의 귀향	331
대항 상상력	98		
대항은유	49		
대항적 대본	114	**ㅂ**	
대항적 삶	114	반문화적인 정체성	127
대항적 원고	114	반셈족(anti-Semitic) 해석학	285
대항적 텍스트	98	발화	79, 109
대항 주제	246	방주 내러티브	258, 259
대항 증언의 전복적인 발언	162	백인 중심적	61
대항 진리	161, 174	법정의 소송 양식	150
독백적	81	변곡지대	51
동화(assimilation)의 반응	314	변함없는 사랑	69
드라마로서의 설교	107	복음	139
드라마적 방식의 사고	106	복음을 엿듣기	219
		복음의 리듬	238
		복음의 증언	140
ㄹ		복음적인 상상력	131
레토릭	111, 191	복음주의적 언어 선포	78
레토릭 연출가	149	복의 하나님	180
레토릭 행위	162	본문 공동체	170, 289, 291
리미널리티	95	본문 배후의 세계	169, 170
		본문 안의 세계	169, 170, 172
		본문 앞에 펼쳐진 세계	169
ㅁ		본문의 폭로	166
맥락의 재배치	166	부분적 작업	102
메시아/고레스	191, 192	부호화된 눈짓	216
메시아/그리스도	197	분절 공동체	282
명제적인 신학	122	분파적인 은둔	54
모국어	79	분파적인 퇴거	54
모더니즘적(modernist) 교회	79	분파주의자	223
모순	132	불평의 넋두리	62, 79
모순형용어법	334	비교회적인 해석학	222
몰입 대화	145	비언약적 방식	74
무장해제	252	비평학	83
문법의 규칙들	234		
문어적인 담화	87		
문학적 비평	83	**ㅅ**	
문학적인 한정성	171	사회경제학적 패권	118

사회적인 극장	94
사회적인 다원주의	94
사회-정치-경제적인 이별	353
삶의 이야기	111
상대주의	85
상상력	107, 167
상상력의 계사	99
상상력이 빈곤한 사막	102
상상의 신학 작업	315
상상의 해석	289
상징의 세계	170
상호교환의 고밀도	206
새 노래	74
생존	295
설교 담론	251
설교학적 상상력	110
성경 내러티브	108
성만찬 기도문	153
성전 리더십	278
성전-왕권-선지자 모델	279
성전-왕권-선지자의 공동체	291
성전으로부터 본문까지	274
성전 프로젝트	297
성차별의 역사	82
세계들의 전환 과정	113
세계 만들기	109
세계 형성	89
세례 정체성	153
소비지상주의 세상	91
소작농의 반란	257
수사 비평	163, 164
수사적(rhetorical) 활동	108
수시적인 구성물	50
순례 여행	304
순례 이야기	304
시대 정신	121
시온-예루살렘-성전의 구조	251
시적인 대안	353
시편의 제왕시	145
시학 이론	104
신앙의 중추신경	215
신앙적 주장들	313
신학적-설교적 관행	118
신학적인 재구성 작업	315
신학적 절대 가치	81
신학적 창의성	303
신학적 환원주의	210
신화(관념)	220
실증주의	82, 83
실증주의적인 확실성	165
실향의 세계	79
심대한 재조정	266
심오한 코드	234
심층 서술	234
심층심리학	212

ㅇ

아메리카나	92
애가	62, 64, 65, 79
약속의 말들	79
얄팍한 경험주의	211
얄팍한 피상성	214
어머니 교회	89
언약 공동체	79
언약 친화적 세계	74
언어 사역	79
언어 양식	62
언어 자원	63
언어 표현	61
언어 행위	62
여호와신앙	256
여호와의 놀라운 일	150
여호와의 프락시스	248
여호와의 행동	248
여호와 하나님의 놀라운 일	145
역기능 가족	176
역기능의 드라마	176
역사 비평	82, 83
역사 비평적 환원주의	215
역사성	165
엿듣기	225
예전 공동체 회중	84
온유한 시도	160
올바른 의미	86
왕권-성전 구도	253
왕정-성전의 확립	276
위험한 기억	320, 354
위험한 노래	354
위험한 비평	354
위험한 약속	333, 354
위험한 음식	343, 354

위험한 이별	350, 354	정치적인 비평	329
위험한 훈련	355	정치적인 올바름	83
유대인의 해석 전통	86	제국의 수사법	128
유럽계 백인의 내러티브	305	제사장 문서	293
유비	112	제사장 전통의 문서	292
유월절의 상상	102	제왕 즉위시	252
유쾌한 성경 말씀	173	종결	78
유쾌한 신중성	172	종교적 비평	327
윤리적인 담론	207	좋은 소식	137, 139
은유	194	주어진 것	100
은유적인 구성물	50	주체/객체의 분열	102
의도된 훈련	354	중층기술	207
의도적인 모호성	132	증언	133, 214
이방인 메시아	192	증언 공동체	160
이스라엘 군주제	274, 275	증언의 주장	160
이야기로 형성된 공동체	283	지방화	241
이탈	227	지배력을 행사하는 극장	94
		지역화	243
		지역 회중의 다원성	84

ㅈ

자기-만족(self-sufficiency) 상태 300
자기 몰두 90
자명한 섭리 306
자본 관념 220
자본 정부 220
자유주의 기독교 121
자율성은 90
자율적인 개인주의 89
장난기(playfulness) 129
재관여 227
재묘사 61
재상상으로서의 설교 81
재앙적 상황의 묘사 70
재진술 67
재진술된 세계 73
저항의 발언 79
전복적인 증언 163

전용	87, 99		
절대적 힘	82		
절대주의	82		
절대주의적 방식	82		
정경 비평	83, 101		
정경화(canonization)의 시대	289		
정신분석 이론	166		
정치적 의무	123		

ㅊ

찬송	79
찬양송	70
찬양의 리듬	228
참 증인들	140
체류하는 이방인들	222
최대주의	208
최소주의	208
최소주의적 담론	208
최소한의 희망	250
최우선의 인물	214
최종 형태	248
출애굽 내러티브	248
출애굽 예전	280
치료요법	111

ㅌ

탈역사화	273
탈자유주의 신학	222
탈중심화된 교회	124
텍스트	87, 90
텍스트의 의도	87
텍스트의 풍부한 농도	86

텍스트 해석자	87

ㅍ

패권을 행사하는 극장	115
패권적인 양식의 설교	124
팽창주의 사상	92
평화의 언약	69
포로기	61
포로민 공동체	130
포로민들의 귀향	136
포로민들의 증언	153
포로 후기 유대교	294
포로 후기 유대주의	285
포로 후기 이스라엘	274
프락시스	248, 250
플롯	108, 154, 157

ㅎ

하나님 나라-내러티브	112
하나님의 이동성	294
하나님의 프락시스	260
하나님의 피상성	215
한계 경험	60, 61, 179
한계 부사	179
한계 표현	60, 66, 179
해석 공동체	84
해석 행위	101
허구	99
현실의 내본화 작업	103
현지화	243
호모 사피엔스	212
확언	65, 79
환원주의	128, 273
회심	266
획일적인 언어	128
후기 이스라엘의 예전	293
후기 정경화 과정	291
희문	64

CLC

하나님 나라의 권력투쟁
| 월터 브루그만 지음
| 류의근 옮김
| 사륙판 양장 | 264면

다윗의 왕위등극사를 다룬 사무엘서의 본문을 탁월하게 해석해 나가며 현대 그리스도인들과 그들의 사역에 적용되는 중요한 통찰력을 제시한다.

시편의 기도
| 월터 브루그만 지음
| 김선길 옮김
| 사륙판 | 112면

시편에서 사용되는 언어에 상상력과 자유로운 활동을 부여하면서 그리스도인의 신학과 유대인의 믿음 사이에서 대화하며 본문을 해석하므로 시편에 대한 최고의 해설을 펼쳐낸다.

도서 안내

브루그만은 역사비평의 한계와 근본주의 입장의 신학적 해석의 한계를 철저히 인정하고 신학적 명제들과 주제들을 실질적인 역사란 지평에서 이해하고자 노력했다.

구약신학
| 월터 브루그만 지음
| 류호준, 류호영 옮김
| 신국판 양장 | 1174면

탈교회 시대의 설교: 본향의 리듬
Cadences of Home : Preaching among Exiles

2017년 1월 31일 초판 발행

지 은 이	월터 브루그만(Walter Brueggemann)
옮 긴 이	이승진

편 집	변길용, 권대영
디 자 인	김스안
펴 낸 곳	사)기독교문서선교회
등 록	제16-25호(1980. 1. 18)
주 소	서울시 서초구 방배로 68
전 화	02) 586-8761~3(본사) 031) 942-8761(영업부)
팩 스	02) 523-0131(본사) 031) 942-8763(영업부)
홈페이지	www.clcbook.com
이 메 일	clckor@gmail.com
온 라 인	기업은행 073-000308-04-020, 국민은행 043-01-0379-646
	예금주: 사)기독교문서선교회

ISBN 978-89-341-1762-9 93230

* 낙장 · 파본은 교환해 드립니다.

이 도서의 국립중앙도서관 출판시 도서목록(CIP)은 서지정보유통지원시스템 홈페이지(http://seoji.nl.go.kr)와 국가자료공동목록시스템(http://www.nl.go.kr/kolisnet)에서 이용하실 수 있습니다.
(CIP제어번호: CIP2017035603)